**셀프트래블**

# 오사카

교토 · 고베 · 나라

상상출판

셀프트래블
# 오사카

초판 1쇄 | 2018년 2월 1일
초판 2쇄 | 2018년 10월 15일

글과 사진 | 안혜선

**발행인** | 유철상
**편집** | 이유나, 이정은, 김유진, 남영란
**디자인** | 디자인 我tom
**지도** | 디자인 我tom
**마케팅** | 조송삼, 최민아

**펴낸 곳** | 상상출판
**주소** | 서울시 동대문구 정릉천동로 58, 103동 206호(용두동, 롯데캐슬피렌체)
**구입 · 내용 문의** | **전화** 02-963-9891 **팩스** 02-963-9892
**이메일** | cs@esangsang.co.kr
**등록** | 2009년 9월 22일(제305-2010-02호)
**찍은 곳** | 다라니

※ 가격은 뒤표지에 있습니다.

ISBN 979-11-87795-54-4(14980)
ISBN 979-11-86517-10-9(set)

© 2018 안혜선

※ 이 책은 상상출판이 저작권자와의 계약에 따라 발행한 것이므로
본사의 서면 허락 없이는 어떠한 형태나 수단으로도 이용하지 못합니다.
※ 잘못된 책은 구입하신 곳에서 바꿔 드립니다.
※ 이 도서의 국립중앙도서관 출판예정도서목록(CIP)은 서지정보유통지원시스템 홈페이지(http://seoji.nl.go.kr)와
국가자료공동목록시스템(http://www.nl.go.kr/kolisnet)에서 이용하실 수 있습니다. (CIP제어번호 : CIP2018001476)

www.esangsang.co.kr

셀프트래블

# 오사카
교토 · 고베 · 나라

안혜선 지음

상상출판

오사카
오사카성

오사카
스미요시타이샤

오사카
신세카이

오사카
잔잔요코초

교토
키요미즈데라

아라시야마
지쿠린

교토
신넨자카

오하라
산젠인

고야산
고야시타역

나라
나라 공원

# Prologue

*"가랑비에 옷 젖는 줄 모르듯 여행도 어느 순간
우리에게 다가와 몸과 마음을 흠뻑 적셔 버렸다."*

스멀스멀 올라오는 기운을 머리가 느끼기도 전에 가슴이 먼저 반응을 한다. 여행은 그런 것 같다. 어느 순간 스멀스멀……. 
가랑비에 옷 젖는 줄 모른다는 말이 있다. 사람들은 여행을 꿈꾼다. 가랑비처럼 조금씩 늘 그렇게 여행에 젖어 든다. 그러다 옷이 흠뻑 젖어 버리면 어느새 이곳을 벗어나 새로운 여행지의 타인이 되어 버린다.
"오사카는 이제 그만, 너무 많이 가서 좀 재미없어졌어."라는 말을 분명 내 입으로 얘기해 놓고도 말하는 입과는 달리 마음은 오사카가 그리워진다. 오사카는 그렇게 나와 친구가 되어 버렸다.

일본 제2의 도시이자 맛의 천국, 볼거리의 천국, 쇼핑의 천국인 오사카는 매력적이다. 세련되고 직선적인, 그래서 왠지 좀 차갑기도 한 도쿄와는 달리 조금, 아주 조금 촌스러운 구석이 있다. 하지만 털털하고, 아기자기하고, 시끄럽고, 무엇보다 물가가 도쿄보다 낮아 쉽게 찾아갈 수 있는 친근한 곳이 되었다.

이 책은 오사카를 여행하는 사람들에게 조금이나마 안내자의 역할을 하기 위해 만들어졌다. 오사카성, 시텐노지, 유니버설 스튜디오 재팬 등을 비롯한 다양한 볼거리들과 특히 난바 지역을 중심으로 한 신사이바시, 에비스바시, 아메리카무라, 호리에 등의 쇼핑 스트리트를 집중적으로 소개하였으며 또한 간사이 지역 하면 빼놓을 수 없는 교토, 고베, 나라, 고야산, 와카야마를 소개하였다.

> "프롤로그를 쓰는 이 순간, 다시 오사카가 그리워진다.
> 여행은 문득 그런 것이다."

초보자라도 걱정할 필요는 없다. 책에 실린 다양한 코스대로 따라가다 보면 오사카와 간사이 지역을 조금 더 가까이 느끼게 될 것이다. 서둘러도 상관없다. 오늘 못 가면 내일, 이번에 못 가면 다음을 기약하면 된다. 여행은 그런 것이다.

오사카로 취항하는 다양한 저가 항공사가 생기면서 항공권 가격은 예전에 비해 저렴해졌다. 이는 많은 사람이 오사카를 자주 찾는 원동력이 되었는데 자주 가는 오사카, 덩달아 당연히 가게 되는 교토, 고베 등 이런 패턴에서 조금은 탈피하여 짧은 시간이라도 고즈넉한 고야산, 벚꽃이 매력적인 와카야마의 분위기를 느껴 보는 건 어떨까.

사람들은 누구나 여행을 꿈꾸고, 꿈꾸는 자는 행복하다고 한다. 여행을 스케치하고 있는 머릿속은 행복하고 그것이 실현되면 작은 꿈 하나 이루어 낸 기쁨을 만끽할 수 있게 된다. 여행, 그리 멀리 있는 것은 아니다. 오늘 당장 머릿속으로 여행을 스케치해 보는 건 어떨까.

\*\*\*

기다려주신 상상출판 대표님 감사합니다. 이유나 에디터님이 아니었다면 이 책은 아마 빛을 보지 못했을지도 모릅니다. 감사합니다. 이 책을 읽어 주실 독자님, 여행길에 조금이나마 보탬이 되길 바랍니다. 열심히 준비했지만 간혹 정보 변동이 있을 수 있음을 이해해 주시길 바랍니다. 감사합니다.

2018년 1월 안혜선

# c★ntents

Photo Album • 4

Prologue • 14

일러두기 • 20

All about Osaka • 22

Mission in Osaka • 24

Mission 1 　오사카·간사이 **관광명소 베스트 12** • 24
Mission 2 　오사카·간사이 **야경 베스트 6** • 28
Mission 3 　오사카 **취향 저격 명소** • 30
Mission 4 　오사카·간사이에서 **꼭 먹어야 하는 음식** • 32
Mission 5 　오사카·간사이 **가성비 좋은 음식점** • 34
Mission 6 　오사카·간사이 **베스트 숍** • 36
Mission 7 　오사카·간사이 **드러그스토어 쇼핑** • 40
Mission 8 　오사카·간사이 **대표 마츠리** • 42

# Plan, Check to go! • 44

Plan 1  3박 4일 액티비티가 있는 **가족 여행** • 44
Plan 2  3박 4일 부모님과 함께하는 **효도 여행** • 46
Plan 3  3박 4일 연인과 함께하는 **커플 여행** • 48
Plan 4  3박 4일 나 홀로 **힐링 여행** • 50
Plan 5  1일 하루종일 **쇼핑 여행** • 52
Plan 6  1일 친구끼리 **우정 여행** • 53

# Enjoy Osaka • 54

## Osaka 1. 오사카 • 54

01 오사카 북부 · 우메다 • 58
　★ 우메다 · 키타 지도 • 59
02 오사카 남부 · 난바 • 78
　★ 난바 · 신사이바시 지도 • 79
03 오사카 주변 지역(텐노지, 오사카성, 베이 에어리어) • 120
　★ 텐노지 지도 • 121
　★ 오사카성 지도 • 121
　★ 텐포잔 지도 • 132

## Kyoto 2. 교토 • 144

★ 교토 지도 • 148
01 교토역 일대 • 150
02 교토 서부 • 158
03 히가시야마 일대 • 164
04 기온 일대 • 168
05 긴카쿠지 일대 • 172
   Special Sightseeing 아라시야마 • 176
06 교토 북부 • 180
   Special Sightseeing 우지 • 183
   Special Sightseeing 오하라 • 186

## Kobe 3. 고베 • 190

★ 고베 지도 • 194
★ 산노미야·키타노 지도 • 195
01 산노미야 일대 • 196
   ★ 시티루프버스 노선도 • 197
   ★ 고베 지하철 노선도 • 197
02 베이 에어리어 • 210
   Special Sightseeing 아리마 온천 • 218
   Special Sightseeing 히메지성 • 221

## Nara 4. 나라 • 224

01 나라 공원 • 228
　★나라 공원 지도 • 229
02 니시노쿄 • 237
　★니시노쿄 지도 • 238
　Special Sightseeing 호류지 • 241

## Wakayama 5. 와카야마 • 244

01 와카야마시 • 248
　Special Sightseeing 시라하마 • 252
　Special Sightseeing 고야산 • 255

# Step to Osaka • 259

Step 1　오사카 일반 정보 • 260
Step 2　오사카 여행 준비 • 262
Step 3　오사카 출입국 정보 • 268
Step 4　오사카 교통 패스와 입장권 • 272
Step 5　오사카 여행 숙소 리스트 • 277
Step 6　서바이벌 일본어 • 281
　★ 오사카 지하철 노선도 • 285

# Self Travel Osaka
# 일러두기

## ❶ 주요 지역 소개

『오사카 셀프트래블』은 오사카를 중심으로 주변 지역인 교토, 고베, 나라를 다루고 있습니다. 이 외에도 일정에 여유가 있는 여행자들을 위해 와카야마, 시라하마, 고야산 지역까지 소개하고 있습니다.

## ❷ 철저한 여행 준비

책에 앞부분에서는 미션과 테마별 추천 일정을 안내하고 있습니다. 미션에서는 오사카에서 꼭 가봐야 하는 명소, 놓칠 수 없는 먹거리, 쇼핑하기 좋은 곳을 두루 소개하며, 추천 일정에서는 기간과 동행인에 따른 일정을 제시하고 있습니다. 책 뒷부분 스텝에서는 오사카의 일반 정보와 함께 출입국 수속, 교통 패스와 입장권, 짐 꾸리기 같은 간단한 여행 준비 과정, 알아 두면 유용한 일본어 회화를 실어 초보 여행자들도 큰 어려움 없이 여행할 수 있도록 했습니다.

## ❸ 알차디알찬 여행 핵심 정보

본격적인 스폿 소개에 앞서 각 지역별 지도와 함께 이동하는 방법을 안내한 후 관광명소, 식당, 쇼핑 명소를 보여줍니다. 특히 먹거리와 쇼핑으로 유명한 오사카는 지역을 좀 더 세분화해 소개하고, 여행지를 깊이 이해할 수 있는 이야기 페이지도 따로 정리했습니다.

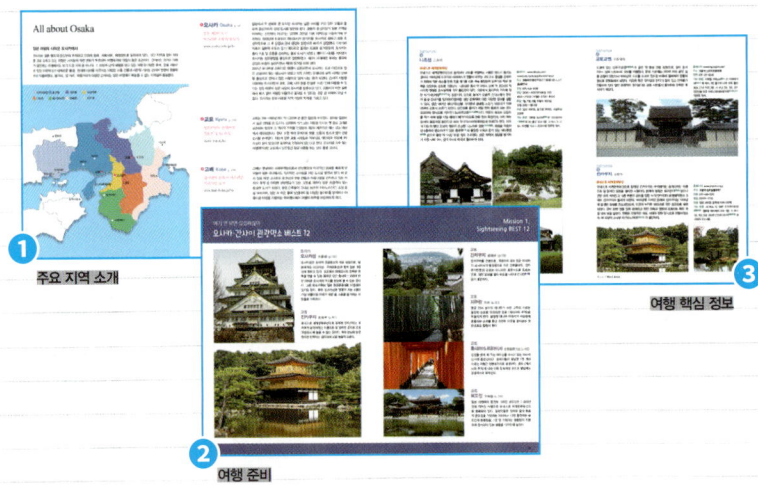

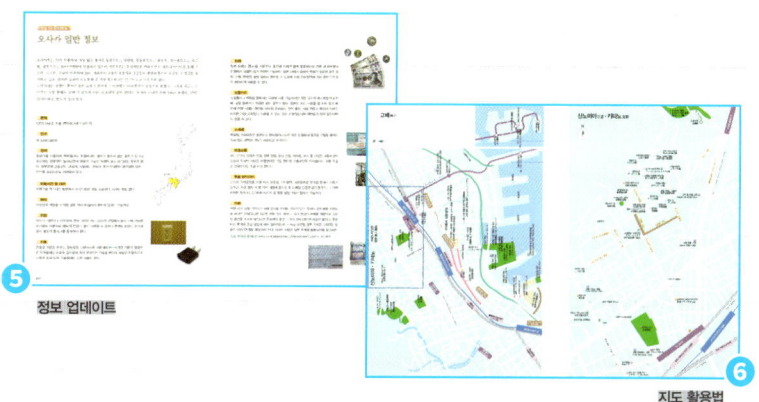

## ④ 원어 표기

최대한 외래어 표기법을 기준으로 표기했으나 몇몇 관광명소와 업소의 경우 현지에서 사용 중인 한국어 안내와 여행자들에게 익숙한 이름을 택했습니다.

## ⑤ 정보 업데이트

이 책에 실린 모든 정보는 2018년 2월까지 취재한 내용을 기준으로 하고 있습니다. 현지 사정에 따라 요금과 운영시간 등이 변동될 수 있으니 여행 전 한 번 더 확인하시길 바랍니다. 잘못되거나 바뀐 정보는 계속 업데이트하겠습니다.

## ⑥ 지도 활용법

이 책의 지도에는 아래와 같은 부호를 사용하고 있습니다.

**주요 아이콘**
- 관광지, 스폿
- ⓡ 레스토랑, 카페 등 식사할 수 있는 곳
- ⓢ 백화점, 쇼핑몰, 슈퍼마켓 등 쇼핑 장소
- ⓗ 호텔, 게스트하우스 등 숙소
- ⓜ 온천, 마사지숍 등 스파 시설

# All about Osaka

## 일본 여행의 시작은 오사카에서

간사이는 일본 열도의 중심부에 위치하고 있으며 동해, 세토내해, 태평양으로 둘러싸여 있다. 산간 지역과 평야 지대를 고루 갖추고 있는 지형은 사계절의 자연 변화가 뚜렷하여 여행하기에 더없이 좋은 조건이다. 간사이는 과거와 미래가 공존하는 세계에서도 보기 드문 지역 중 하나다. 1,000여 년의 세월을 담고 있는 사찰과 다양한 유적, 문호 개방으로 인한 이국적이고 다채로운 풍경, 현대와 미래를 아우르는 다양한 고층 건물과 세련된 거리는 간사이 발전에 원동력으로 작용하였다. 볼거리, 살 거리, 먹을거리가 다양한 간사이는 일본 여행에서 빼놓을 수 없는 지역임에 틀림없다.

### ❶ 오사카 Osaka p.54

일본 제2의 도시
먹거리와 쇼핑의 중심지

www.osaka-info.jp/kr

일본에서 두 번째로 큰 도시인 오사카는 넓은 바다를 끼고 있어 교통과 물류의 중심지이자 상업 도시로 발전해 왔다. 교통의 중심지답게 일본 전역을 이어주는 신칸센이 지나가는 곳이며 그만큼 다른 지역으로 이동하기에 편리하다. 1583년에 도요토미 히데요시가 본거지를 오사카로 정하고 성을 축성하였으며 그 후 상업과 근대 공업의 발전으로 빠르게 성장했다. 17세기에 이르러 일본의 수도는 당시 에도라고 불리는 도쿄로 옮겨졌으며, 오사카는 물자 수송 및 유통을 관리하는 중요 도시가 되었다. 메이지 시대를 거치면서 오사카는 섬유공업을 중심으로 발전하였고, 제2차 세계대전 후에는 중화학 공업의 비중이 높아지면서 제2의 도약을 이뤄 냈다.

2001년 유니버설 스튜디오 재팬이 오픈하면서 오사카는 도쿄 다음으로 많은 관광객이 찾는 대도시가 되었고 북쪽 지역인 우메다와 남쪽 지역인 난바를 중심으로 언제나 많은 사람으로 넘쳐 나는 곳이 되었다. 간사이 지방을 대표하는 도시이면서 교토, 고베, 나라 등을 전철로 1시간 안에 이동할 수 있다는 장점 때문에 많은 사람이 오사카를 방문하고 있다. 교통비가 비싼 일본에서 패스 없이 저렴한 비용으로 움직일 수 있다는 것은 큰 매력이 아닐 수 없다. 오사카는 현재 새로운 지역 개발에 박차를 가하고 있다.

### ❷ 교토 Kyoto p.144

일본인늘도 반해버린
일본의 천 년 수도

kyoto.travel/ko

교토는 794~1868년까지 약 1,000여 년 동안 일본의 수도였다. 현재는 일본에서 일곱 번째로 큰 도시다. 2,000여 개가 넘는 사찰과 신사는 옛 모습 그대로 보존되어 있으며 그 역사적 가치를 인정받아 제2차 세계대전 때는 공습 대상에서 제외되었다고 한다. 또한 역사 유적지와 벚꽃, 단풍의 명소가 많아 관광도시로 손색없다. 지방색 강한 교토 사람들은 자부심도 대단하여 이곳에 3대 이상이 살지 않았으면 토박이로 인정하지 않는다고 한다. 간사이를 자주 찾는 여행객이라면 교토에서 일주일간 힐링 여행을 하는 것도 좋을 것이다.

### ❸ 고베 Kobe p.190

동서양의 문화가 어우러진
이국적인 도시

plus.feel-kobe.jp/ko

고베는 옛날부터 국제무역항으로서 번성했으며 이국적인 문화를 빠르게 받아들여 일본 국내에서도 독자적인 스타일을 가진 도시로 발전해 왔다. 때 묻지 않은 자연 그대로의 롯코산과 오랜 전통과 아름다움을 간직하고 있는 아리마 온천 등 다양한 관광명소가 있는 곳으로 해마다 많은 관광객이 찾는 중요한 도시가 되었다. 유럽 건축물이 그대로 보존된 키타노이진칸, 쇼핑 중심 모토마치, 일본 속 작은 중국 난킨마치 등 다양한 볼거리를 만끽하고 아름다운 야경을 자랑하는 하버랜드에서 여행의 하루를 마감하도록 하자.

### ❹ 나라 Nara p.224

일본 최초의 도시이자
불교의 시작점

yamatoji.nara-kankou.or.jp

일본 문화의 발상지인 나라는 일본 최초의 국가가 세워진 곳이다. 또한 사람들이 나라 하면 가장 먼저 떠올리는 것은 세계적인 문화유산들이 아닌 사슴일 정도로 사슴이 마스코트 역할을 톡톡히 하고 있다. 나라는 우리나라 삼국시대의 영향을 많이 받았고, 교토만큼 긴 역사를 지니고 있어 일본에서 가장 오래된 사찰인 토후쿠지를 비롯한 유네스코 세계문화유산이 곳곳에 남아 있다. 다만 관광객 수는 아직까진 교토에 미치지 못하고 있다.

# 여기 안 보면 섭섭하잖아
# 오사카·간사이 관광명소 베스트 12

**오사카**
**오사카성** 大阪城 (p.126)

오사카성은 오사카 관광명소의 대표 상징으로 일본에서도 나고야성, 구마모토성과 함께 일본 3대 성에 꼽히고 있다. 도요토미 히데요시의 강력한 권력을 엿볼 수 있는 화려한 성인 동시에 1,400여 년간 이어온 오사카의 역사를 한눈에 볼 수 있는 곳이다. 그중 텐슈카쿠는 일본 중요문화재로 지정되어 있기도 하다. 특히 오사카성은 벚꽃이 피는 4월이 가장 아름다워 이때가 되면 봄 소풍을 즐기려는 사람들로 가득하다.

**교토**
**킨카쿠지** 金閣寺 (p.161)

유네스코 세계문화유산으로 등재된 킨카쿠지는 우리에게 금각사라는 이름으로 잘 알려진 곳으로 교토 여행에서 빼놓을 수 없는 곳이다. 특히 한낮에 방문한다면 반짝이는 금각사에 넋을 놓을지 모른다.

# Mission 1.
# Sightseeing BEST 12

교토
### 긴카쿠지 銀閣寺 (p.173)
킨카쿠지를 견본으로, 무로마치 8대 장군 아시카가 요시마사가 별장용으로 지은 건축물이다. 킨카쿠지만큼의 규모는 아니지만 회류식으로 흐르는 연못, 하얀 모래를 깔아 파도를 나타낸 긴샤단 등이 볼만하다.

교토
### 지쿠린 竹林 (p.177)
평균 25m 높이의 대나무가 수천 그루에 이르는 울창한 숲으로 우리에겐 영화 〈게이샤의 추억〉을 떠올리게 한다. 울창한 대나무 이파리가 바람결에 흔들리는 소리를 듣고 천천히 이곳을 걸어보는 것만으로도 힐링이 된다.

교토
### 후시미이나리타이샤 伏見稲荷大社 (p.157)
인연을 맺게 해 주는 여우신을 모시고 있는 이나리 신사의 총본산이다. 숭배자들이 봉납한 1천 개에 이르는 새빨간 센본토리이로 유명하다. 영화 〈게이샤의 추억〉에 나와 더욱 친숙해진 곳으로 평일에도 관광객으로 북적인다.

우지
### 보도인 平等院 (p.184)
일본 10엔짜리 동전에 그려진 보도인은 1,000년 전에 지어진 사원으로 유네스코 세계문화유산으로 등록되어 있다. 일본인들은 장수와 절의 문화적 중요성을 기념하는 의미에서 10엔 동전에는 보도인의 봉황당을, 1만 엔 지폐에는 봉황당의 지붕 위에 장식되어 있는 봉황을 디자인해 놓았다.

### 나라
## 나라 공원 奈良公園 (p.232)

나라 하면 가장 먼저 생각나는 대표적인 관광명소. 사슴들을 자연스럽게 방목하여 관광객과 함께 어우러질 수 있도록 만든 생태 공원이다. 공원의 규모도 규모지만 공원을 중심으로 세계문화유산인 코후쿠지, 토다이지 등이 펼쳐져 있어 구경하는 재미가 난다. 주말에는 어린아이를 동반한 현지인들도 많이 찾는 곳으로 남녀노소에게 사랑을 받는 공간이다. 나라를 방문할 계획이 있다면 절대 놓치지 말자.

### 고베
## 키타노이진칸 北野異人館 (p.198)

북쪽에서 온 이방인들의 거리라는 뜻으로 고베 개항 당시 외국인들과 영사들이 살던 곳이다. 당시에 지어졌던 건물들 그대로 보존되어 있어 18세기 무렵 외국의 문화와 삶을 느낄 수 있으며 산책하기 좋은 곳이다.

# Mission 1.
# Sightseeing BEST 12

**오하라**
### 산젠인 三千院 (p.187)
이끼 정원으로 알려진 곳으로 오하라를 들른다면 누구나 반드시 찾아가는 곳이다. 극락왕생을 기원하는 천태종 사찰로 에도 시대에 조성한 정원 슈헤키엔과 회류식 정원인 유세이엔이 아름답기로 소문났다. 가을에 특히 인상적이다.

**히메지**
### 히메지성 姫路城 (p.221)
일본에서 국보로 지정된 동시에 유네스코 세계문화유산으로 등재된 성이다. 마치 백조가 날개를 펼치고 있는 것처럼 아름답다고 하여 '백조의 성'이라고 불리는 히메지성은 일본에서 가장 아름다운 성이다.

**고야산**
### 오쿠노인 奥の院 (p.257)
진언종의 창시자인 홍법 대사 묘역이 있는 곳으로 참배로 양쪽의 아름드리 삼나무 사이로 황실, 다이묘, 승려 등의 묘와 등롱 20만 기가 세워져 있다. 참배로에는 여러 모양의 지장보살과 함께 소원을 들어준다는 미륵석이 있으니 한번 만나 보자.

**오사카**
### 유니버설 스튜디오 재팬
ユニバーサル・スタジオ・ジャパン (p.140)
2001년에 오픈한 유니버설 스튜디오 재팬은 미국 할리우드 영화를 기반으로 조성된 대형 영화 테마파크다. 할리우드 영화의 거장 스티븐 스필버그 감독이 고문을 맡았으며 다채로운 쇼와 어트랙션이 흥미진진하게 펼쳐진다.

# 반짝반짝 야경은 여기가 최고
# 오사카·간사이 야경 베스트 6

**오사카**
**공중정원 전망대** 空中庭園展望台 (p.60)
우메다 스카이 빌딩에 속해 있는 공중정원 전망대는 마치 공중에 떠 있는 듯한 착각을 불러일으킨다. 어두운 밤을 배경으로 바닥에 깔린 전구 조명이 반짝 하고 빛을 내며 분위기를 더욱 고조시킨다. 연인들의 데이트 장소로도 손색없고, 여행의 마지막을 화려하게 장식하고 싶다면 무조건 달려가야 할 곳이기도 하다. 반짝반짝 빛나는 도시의 불빛이 상당히 매력적이다.

**오사카**
**도톤보리** 道頓堀 (p.103)
오사카의 상징이자 전 세계 여행자들이 모이는 곳. 끝이 없을 만큼 이어진 상점과 열정적으로 호객 행위를 하는 상인, 그 모습을 재미있게 지켜보는 손님들로 24시간 떠들썩하다. 혼자라 해도 전혀 외롭지 않을 정도다. 상업 도시 오사카를 제대로 볼 수 있는 곳이다.

# Mission 2.
# Night View BEST 6

**오사카**
## 아베노하루카스 300
あべのハルカス 300 (p.125)

300m의 높이를 자랑하는 아베노하루카스 300은 일본에서 가장 높은 빌딩이다. 초고층 빌딩답게 전망대인 '하루카스 300'에서 오사카의 모습을 한눈에 조망할 수 있는데 단연 최고다.

**오사카**
## 신세카이 新世界 (p.124)

일본의 예스러운 먹자골목. 컬러풀한 간판과 옛 모습 그대로인 건물이 좀 촌스럽긴 하지만 친근한 매력이 넘쳐 난다. 옛 모습이 그리워 찾는 이들과 퇴근길 샐러리맨들의 모습도 만날 수 있는 곳이다.

**교토**
## 키요미즈데라 清水寺 (p.165)

유네스코 세계문화유산에 등재된 교토의 대표 명소. 사계절을 가리지 않고 많은 관광객들이 찾는데, 특히 벚꽃·단풍 시즌이 되면 기온 마츠리에 맞춰 고즈넉한 불빛의 라이트 업 행사도 만날 수 있다. 단, 엄청난 인파는 감수해야 한다.

**고베**
## 하버랜드 ハーバーランド (p.216)

백화점을 비롯한 대형 쇼핑몰, 호텔이 들어선 번화가로 현지인과 관광객의 사랑을 받는 곳이다. 낮은 낮대로 밤은 밤대로 그 빛깔을 달리하는 하버랜드는 언제나 아름답지만 특히 반짝이는 야경은 백만 불짜리라 해도 손색이 없다.

# 조금은 색다른 여행을 원한다면
# 오사카 취향 저격 명소

### 만박 기념 공원 万博記念公園 (p.136)
1970년 개최된 만국 박람회 대회장을 정비하여 조성된 공원이다. 거대한 태양의 탑이 지켜보고 있는 공원으로 둘러보는 데만 반나절 이상이 소요된다. 만화 『20세기 소년』에 열광한 사람이라면 가볼 만한 곳으로 도시락을 들고 그늘에 앉아 여유로운 시간을 가져 보자.

### 컵누들 박물관 カップヌードルミュージアム (p.73)
라멘을 발명할 당시의 모습과 자료들이 다양한 모형으로 전시되어 있으며 나만의 컵라면을 만들 수 있는 코너가 준비되어 있다. 컵 표면에 디자인까지 하고 나면 세상에 단 하나뿐인 나만의 라면이 완성되는 것이다.

### 덴덴타운 でんでんタウン (p.100)
게임 속 주인공들과 애니메이션 주인공들이 실제로 살고 있는 곳이라고 하면 어울릴까. 피규어와 프라모델 마니아라면 이곳에서 벗어나고 싶지 않다는 생각이 들 법한 곳으로 가장 일본스러운 곳 중 하나다.

### 국립 국제 미술관 国立国際美術館 (p.72)
건축의 대가라 불리는 시저 펠리에 의해 만들어진 미술관이다. 대나무의 생명력과 현대미술의 발전, 성장을 형상화하여 제작된 외관이 눈에 띈다. 현대미술을 중심으로 기획력이 돋보이는 기획전이 열려 관객들에게 호응을 얻고 있다.

# Mission 3.
# Special Corse

### 오사카 시립 과학관 大阪市立科学館 (p.73)

오사카 시립 과학관은 주말이면 아이들과 함께 방문하는 손님들로 꽉 찬다. 우주, 과학, 전기 등으로 분류된 여러 가지 체험을 통해 정보를 습득할 수 있으며, 거울이나 착시 현상을 이용한 작품으로 관람객들에게 또 다른 재미를 선사한다. 국립 국제 미술관과 가까워서 두 곳을 묶어서 구경하기에도 괜찮다. 특히 과학을 좋아하는 어린이들에겐 좋은 자극이 될 만한 곳이다.

### 오사카 시립 동양 도자기 미술관
大阪市立東洋陶磁美術館 (p.72)

국보와 중요문화재로 지정된 예술품과 2,000여 점의 도자기가 상설 전시되고 있으며 재일 교포 이병창이 평생 수집하여 기증한 한국 도자기와 중국 도자기를 전시하고 있다. 이병창이 자신의 컬렉션을 기증한 이유는 재일 교포 후세들이 한민족의 자긍심을 가질 수 있도록 하기 위함이었다고 전해진다. 독특한 개성과 섬세한 만듦새로 예술의 최고봉의 경지에 도달한 고려청자를 비롯한 다양한 도자기를 만날 수 있다.

### 빛의 교회 光の教会 (p.138)

빛의 교회는 일본이 자랑하는 세계적인 건축의 거장, 안도 다다오의 대표 작품이다. 세계 각지를 돌아다니며 독학으로 자신만의 건축 세계를 이뤄냈다는 것이 믿기지 않을 만큼 자연과 건축물의 조화가 눈에 띈다. 중세 수도원을 모티브로 빛과 노출 콘크리트의 조화가 엄숙하고 차분한 분위기를 자아내고 있다. 안도 다다오의 팬이라면 잊지 말고 방문해야 하는 곳으로 만박 기념 공원과 멀지 않으니 일정상 두 곳을 한데 묶어서 돌아보는 것을 추천한다.

# 먹고 마시고 즐기고~
# 오사카·간사이에서 꼭 먹어야 하는 음식

### 스시
일본 음식 하면 사람들이 가장 먼저 떠올리는 것이 바로 스시가 아닐까. 우리나라에도 맛있는 초밥집이 많이 있지만 이왕이면 본고장에서 맛보는 걸 추천한다. 합리적인 가격대는 물론이고, 싱싱한 재료로 여행자의 배를 든든하게 채워줄 것이다.

### 라멘
일본 음식에서 빠질 수 없는 라멘. 먹을 땐 짜고 느끼할 수 있지만 다 먹고 나면 개운한, 그래서 금세 생각나는 맛이다. 진하고 구수한 라멘 국물은 인스턴트로는 도저히 흉내 낼 수 없다. 야들야들한 차슈와 반숙, 파가 곁들여진 라멘에 시원한 생맥주 한잔은 천국이 따로 없다.

### 구시카츠
꼬치에 소고기, 닭고기, 고구마 등 다양한 재료를 꽂아 튀겨 먹는 음식으로, 오사카의 명물 요리이다. 튀김옷에 빵가루를 입혀 튀겨내 바삭바삭함이 일품. 소스가 따로 있으므로 입맛에 따라 먹으면 된다. 맥주 안주뿐만 아니라 밥반찬으로 어울린다.

### 함바그 카레
카레가 없는 일본은 상상할 수 없으며 함바그 없는 일본 또한 마찬가지다. 이 두 가지를 한 번에 맛볼 수 있는 것이 함바그 카레다. 맛은 우리에게도 꽤 익숙한 편으로, 여행 중 입맛을 잃었을 때 컨디션을 회복하기에 그만이다. 익숙한 맛 외에도 다양한 스타일의 카레가 많으므로 마음껏 도전해 보자.

# Mission 4.
# Must Eat

### 오코노미야키

밀가루 반죽에 고기, 야채 등의 재료를 넣고 철판에 구워서 먹는 요리로 '일본식 빈대떡'이라고 하면 적당할까. 맥주와의 궁합도 좋으며 보통 호불호가 갈리지 않는 편이므로 누구나 가볍게 즐길 만한 음식이다. 오사카에서 오코노미야키를 먹지 않았다면 제대로 먹은 것이 아니라는 걸 기억하자.

### 고베규

와규는 세계에서 가장 비싼 소고기에 속한다. 그 중에서도 고베 소는 일본의 3대 소 중 하나로 그 맛이 일품이다. 우리나라에도 입소문이 많이 난 음식으로 맛집을 싫어하는 여행객이라 할지라도 고베규만큼은 반드시 먹고 가야 한다.

### 니신소바

교토 지역에서만 먹을 수 있는 니신소바는 여름 별미로 청어를 얹은 소바를 가리킨다. 비린 맛이 전혀 나지 않아 깔끔하고, 소바와 청어가 이렇게 잘 어울릴 수 있다는 것에 감동하게 될 것이다.

### 다양한 디저트

일본의 제과 제빵 기술은 세계에서도 손꼽힐 정도로 유명하다. 디저트 천국이라는 말이 괜히 나온 말이 아닐 만큼 매력적인 비주얼과 다양한 종류의 디저트가 많으니 여행 중에 한 번은 꼭 맛볼 것을 추천한다. 입 안에서 스르르 녹는 달콤한 디저트가 생각나서 또 오고 싶어질지도 모른다.

저렴한 체인점에서 맛있는 한 끼 식사
# 오사카·간사이 가성비 좋은 음식점

### 스키야  すき家
일본에서 최다 점포수를 자랑하는 1위 규동 전문점으로 카레 메뉴도 사랑받고 있다. 특히 일본에서는 흔하지 않은 24시간 영업을 하고 있다. 아침 시간에는 조식 세트 메뉴가 있어서 알찬 식사로 하루를 시작할 수 있다.

### 요시노야  吉野家
중국, 홍콩, 대만, 미국 등에 지점을 가지고 있는 요시노야는 규동 체인 음식점의 원조라고 할 수 있다. 스키야와 마찬가지로 24시간 영업을 하고 있으며 오전에 조식 세트 메뉴를 좀 더 저렴한 가격에 먹을 수 있다.

### 하나마루  はなまる
하나마루는 우동 전문점으로 가장 큰 장점은 빠르다는 것. 직접 우동을 고르면 그 자리에서 바로 우동을 조리해 주며 사이드 메뉴인 다양한 튀김을 골라 계산을 하고 원하는 자리에 가서 앉아 먹으면 된다. 저렴한 가격에 쫄깃한 우동을 맛볼 수 있다.

### 야요이켄  やよい軒
정식과 덮밥을 중심으로 다양한 메뉴를 판매한다. 앞에 소개한 체인점보다는 가격이 좀 있는 편이나 정식과 조식 메뉴의 경우 공깃밥을 무료로 추가할 수 있다. 가게 입구의 자동판매기를 통해 식권을 구입하여 사용하면 된다.

# Mission 5.
# Franchise Restaurant

### 교자노오쇼 餃子の王将
중화요리 전문점인 교자노오쇼는 오쇼로 불린다. 우리에게도 친근한 음식들이 많아서 일본 여행 중 입맛을 잃었다면 찾아가볼 만하다. 점포 이름처럼 교자를 비롯해 볶음밥, 마파두부, 볶음면 등이 대표적인 베스트 메뉴이다.

### 마츠야 松屋
규동과 카레를 메인으로 하는 전문점으로 계산은 선불제이며 입구에 위치한 자동판매기에서 식권을 구입하여 사용한다. 오전에는 조식 세트 메뉴를 판매하고 있다. 어린이 메뉴와 우동 메뉴도 풍부하다. 마츠야에서는 규동이라는 단어 대신 규메시 牛めし 라는 단어를 사용한다.

### Tip 일본 편의점 빅 3!
편의점 왕국인 일본의 업계 빅 3는 세븐일레븐, 패밀리마트, 로손. 이들은 고퀄리티에 비교적 저렴한 가격의 제품으로 여행자를 유혹한다. 굳이 시간 내서 찾으려 하지 않더라도 발이 챌 만큼 있으니 심심풀이로 들르면 색다른 재미를 느낄 수 있을 것이다.

**세븐일레븐** SEVEN ELEVEN
일본에서 업계 1위를 차지하고 있는 편의점으로 다양한 자체 브랜드 상품(PB)이 많다. 그중 잘 알려진 제품이 치킨카츠 샌드위치 チキンカツサンド, 달걀 샌드위치 こだわりたまごのサンド. 특히 달걀 샌드위치의 경우 한 연예인이 일본에 가면 항상 먹는다고 해서 더욱 화제가 되기도 했다.

**패밀리마트** FAMILY MART
업계 3위에서 2위로 오른 패밀리마트. 이곳의 추천 메뉴는 맛차 푸딩 くちどけ贅沢抹茶プリン과 벚꽃 젤리 さくらゼリー다. 한 입에 스르르 녹는 고급스러운 푸딩과 아까워서 도저히 먹을 수 없을 듯한 벚꽃 젤리를 놓치지 말자.

**로손** LAWSON
업계 3위 편의점으로 디저트 제품으로 잘 알려져 있다. 특히 모찌롤 もち食感ロール 이 가장 인기가 많은데, 쫀득쫀득한 우유 크림과 부드러운 식감이 일품이다. 녹차맛, 초콜릿 맛도 있으니 취향별로 골라보자.

# 자꾸자꾸 지갑이 열려~
# 오사카·간사이 베스트 숍

## 드러그스토어

일본에서 가장 핫한 제품이 궁금하다면 찾아가야 하는 곳이 드러그스토어이다. 없는 것 빼고 뭐든지 살 수 있다는 드러그스토어는 여행 중 아무리 바빠도 한 번은 들르게 되는 곳이다. 기본적인 의약품에서부터 화장품, 과자, 음료, 생활용품까지 다양한 물건을 구입할 수 있으며 간혹 한국에서는 처방전이 있어야 구입할 수 있는 의약품도 이곳에서는 쉽게 구입할 수도 있다.
이런 여러 가지 이유 때문인지 일본 내에서도 드러그스토어가 우후죽순으로 계속 생겨나고 있는데 가격은 드러그스토어마다 조금씩 다르기 때문에 출발 전 미리 정보를 습득하고 면세가 되는지 확인하도록 하며 종종 카드 결제가 불가한 곳이 있으니 유의하자.

## 전자제품
### 빗쿠카메라 | 요도바시카메라 | 야마다덴키 라비원

빗쿠카메라, 요도바시카메라, 야마다덴키 라비원 같은 매장에서는 카메라, 노트북, 오디오, 생활가전까지 약 80만 종 이상의 전자제품을 전시 판매하고 있다. 우리나라와 가격 차이가 있는 전자제품을 좀 더 저렴한 가격에 구입할 수 있으며 각 나라의 신상품이 우리나라보다 먼저 들어오기 때문에 관심이 많은 여행자라면 놓칠 수 없는 곳이다. 꼭 구입하지 않더라도 신제품을 직접 조작해 볼 수도 있다.

# Mission 6.
# BEST Shop

## 인테리어·주방 용품
도큐핸즈 | 무지 | 프랑프랑 | 이케아

1인 가구가 많은 일본에서는 오래전부터 싱글들을 타깃으로 한 실용적이고 저렴하며 디자인까지 놓치지 않은 제품들을 많이 찾아 볼 수 있다. 그 대표적인 매장이 도큐핸즈, 무지, 프랑프랑, 이케아. 이곳의 제품들은 다양한 아이디어와 개성이 돋보이는 게 많아 꼭 구입하지 않더라도 눈여겨볼 만하다. 가격대도 다양하게 형성되어 있어 여행 기념 선물이나 결혼 선물용으로 구입해도 부담스럽지 않다.

## 슈퍼마켓
이온몰 | 구루메시티 | 스파타마데 | 슈퍼마켓 코요 | (돈키호테)

일본의 마트는 주로 외곽에 자리하고 있으며 우리가 자주 찾는 마트는 보통 '슈퍼마켓'이라 지칭한다. 주로 체인형으로 운영되며 일본인들의 삶을 들여다볼 수 있는 공간이다. 마트 쇼핑을 위한 당일치기 여행객이 있을 정도로 일본 슈퍼마켓은 핫하다. 다양한 레트로 제품, 신선한 회, 따끈따끈한 도시락 등을 구입할 수 있는데 특히 저녁 8시쯤에 찾는다면 할인된 가격으로 다양한 먹거리를 만나 볼 수 있다.

## 아웃렛

오사카 쇼핑이 좋은 이유는 거대한 규모를 자랑하는 아웃렛이 많다는 것이다. 보통 아웃렛은 도심과 멀리 떨어져 있어서 여행 중에 들르려면 관광 일정을 포기하고 하루를 꼬박 투자해야 하지만 오사카의 아웃렛은 1시간 전후면 찾아갈 수 있어서 반나절만 시간을 투자해도 된다. 아웃렛 방문 계획이 있다면 먼저 홈페이지를 방문하여 시즌별 세일이나 특별 세일, 외국인 적용 세일, 이벤트 등을 확인한 후 움직이도록 하자.

### 린쿠 프리미엄 아웃렛 Rinku Premium Outlets

린쿠 타운이라고도 불리는 린쿠 프리미엄 아웃렛은 간사이 지방 최대의 아웃렛이다. 최대 규모답게 150개의 점포가 입점하여 둘러보는 것만으로도 상당한 시간이 소요된다. 이국적인 분위기로 장식된 거리에는 아기자기한 인테리어와 야외 숍이 늘어서 있다. 린쿠 아웃렛은 간사이국제공항과 가까운 것이 가장 큰 장점이지만 주변에 다른 시설이 없어 손님의 발길이 뜸하기도 하다. 아웃렛에는 발리, D&G, 페라가모, 코치에서부터 갭, 오니츠카타이거, 나이키, 리바이스, 랄프 로렌, 타사키, 프랑프랑 등의 매장과 귀금속, 생활용품을 비롯한 잡화점으로 다양하게 꾸며져 있다.
린쿠 프리미엄 아웃렛의 푸드코트는 일식, 중식, 양식, 패스트푸드 등의 다양한 먹거리가 있어 입맛대로 골라 먹을 수 있으며 가격대도 적당하다. 아웃렛에 방문하기 전에는 꼭 홈페이지를 들러 휴일이나 이벤트, 할인 쿠폰, 선물 교환권 등을 미리 챙기는 것이 좋다. 아무 계획 없이 무작정 방문했다가 해외 여행객을 위한 20~30% 할인 쿠폰을 놓칠 수도 있기 때문이다.
린쿠 프리미엄 아웃렛은 시내에서 이동할 경우 중간에서 갈아탈 수 있는 교통수단이 거의 없으며 난바역에서 간사이국제공항행을 타고 곧장 가는 것이 가장 편하다. 간혹 직행버스로 출발하는 경우도 있으나 미리 시간을 맞춰야 하며 대개 주말에만 운영된다. 아웃렛에서 간사이국제공항으로 가는 셔틀버스가 있으니 도착하면 미리 시간을 알아두고 쇼핑하는 것이 좋겠다.

홈페이지 http://www.premiumoutlets.co.jp/rinku 주소 泉佐野市りんくう往来南 3-28 전화 072-458-4600
영업 10:00~20:00 휴일 2월 셋째 주 목요일
가는 방법 지하철 난카이南海선 린쿠타운りんくうタウン역 4번 출구에서 도보 10분.
스카이셔틀 간사이국제공항 1층 12번 정류장에서 출발 요금 200엔 운행시간 평일 09:40~19:10(30분 간격)

# Mission 6. BEST Shop

## 미츠이 아웃렛 파크 오사카 Mitsui Outlet Park Osaka

미츠이 아웃렛 파크 오사카는 아웃렛의 느낌보다는 대형 할인점의 느낌이 크다. 주로 중저가 브랜드와 일본 로컬 브랜드가 많으며 리바이스, 크록스, 아디다스, 나이키, 어반 리서치 등이 입점해 있다. 입점한 업체는 약 70여 개 정도로 린쿠 프리미엄 아웃렛에 비해 붐비지 않는다. 각 숍에서는 타임 세일이나 레이디스 세일, 데이 세일들을 실시하고 있으므로 미리 정보를 얻는 일이 중요하다. 미츠이 아웃렛 파크 오사카의 무료 셔틀버스는 카도마미나미역 3번 출구에서 운행하고 있으니 방문할 계획이라면 홈페이지에서 시간을 꼭 확인하도록 하자.

홈페이지 www.31op.com/osaka  주소 大阪市鶴見区茨田大宮2-7-70
전화 066-915-3939  영업 상점 평일 11:00~20:00, 주말·공휴일 10:00~20:00
레스토랑 평일 11:00~21:00, 주말·공휴일 10:00~21:00  휴일 한두 달 전 임의로 정해 홈페이지에 공지
가는 방법 지하철 나가호리츠루미료쿠치長堀鶴見緑地선 카도마미나미門真南역 3번 출구에서 도보 13분.

## 고베 산다 프리미엄 아웃렛 Kobe Sanda Premium Outlets

첼시가 운영하는 또 다른 아웃렛으로 프라다, 구찌, 투미, 바나나 리퍼블릭, 휴고 보스, 갭, 아디다스, 나이키, 빔스, 애프터눈 티 등 120여 개의 브랜드가 입점하여 고베를 여행하는 사람들에게 쇼핑의 즐거움을 안겨 준다. 산다 프리미엄은 이온AEON이라는 생활용품 쇼핑몰과 저스코JUSCO라는 대형 쇼핑몰로 연결되어 있다. 원스톱 쇼핑을 원한다면 고베 산다 프리미엄 아웃렛을 추천한다.

홈페이지 www.premiumoutlets.co.jp/kobesanda  주소 神戸市北区上津台7-3
전화 078-983-3450  영업 10:00~20:00  휴일 2월 셋째 주 목요일
가는 방법 JR 오사카大阪역에서 산다三田행 열차 탑승(쾌속으로 40분 소요)하여 산다역에서 하차, 밖으로 나와 10번 버스 정류장에서 버스를 타고 종점에서 하차.

## 미츠이 아웃렛 파크 마린피아 고베 Mitsui Outlet Park Marinpia Kobe

커다란 키의 야자수가 가로수로 심어진 마린피아 고베는 고베항 바로 옆에 위치해 해양 도시다운 고베의 진면목을 볼 수 있는 아웃렛이다. 특히 이곳에서 보이는 아카시 해협 대교와 정박해 놓은 요트의 모습은 어느 휴양지에서 쉬고 있다는 착각을 불러일으킨다. 100여 개의 브랜드가 보기 좋게 잘 정돈되어 있는 마린피아 고베는 시푸드 레스토랑으로도 유명하며 갓 잡은 듯 신선한 해산물은 쇼핑의 즐거움을 높여 주기에 충분하다. 해산물을 좋아하는 여행객이라면 꼭 한번 들러 그 맛을 느껴 보길 바란다. 또한 마린피아 고베의 야경은 고베에서 손꼽는 야경 중 하나로 오전에는 고베의 모토마치나 키타노이진칸 등 시내 구경을 하고 오후에 마린피아 고베로 발길을 돌려 쇼핑과 야경 감상에 푹 빠져 보는 것도 좋겠다.

홈페이지 www.31op.com/kobe  주소 神戸市垂水区海岸通12-2  전화 078-709-4566  영업 상점 10:00~20:00,
레스토랑 11:00~22:00(레스토랑의 영업시간은 일부 점포에 따라 다를 수 있음)  휴일 한두 달 전 임의로 정해 홈페이지에 공지
가는 방법 우메다 오사카大阪역에서 지하철을 타고 다루미垂水역에서 하차, 서쪽 출구로 나가 도보 15분 소요. JR을 이용할 경우에는 산요다루미山陽垂水역에서 하차, 도보 10분 소요.

# 합리적인 여행자라면 이것만은 꼭!
# 오사카·간사이 드러그스토어 쇼핑

### 휴족시간

여행에서의 발의 피로는 여행의
질을 결정하는 척도가 된다.
저녁에 발바닥과 종아리에 붙이고
자면 다음 날 시원함을 느낄 수 있다.
잘 떼어지므로 양말을
신고 자는 것이 좋다.

Cost 494엔~

### 로이히츠보코

어르신 선물로 최고인 일명 동전파스.
동그란 모양의 파스를 통증 부위에
붙이면 열이 오르면서 후끈거린다.
최근엔 차가운 쿨파스도 출시되어
많은 사랑을 받고 있다.
크기는 두 가지이다.

Cost 570엔~

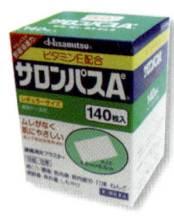

### 샤론파스

로이히츠보코와 달리 피부에
와 닿는 자극이 적은 파스로
국민파스로 불린다.
다양한 사이즈와 수량이 있어
사용 용도에 맞게 구입하면 된다.
즉각적인 효과를 느낄 수 있다.

Cost 788엔~

### 메구리즘 수면안대

눈의 피로를 덜어주는 온열 안대로
수면에 도움을 주는 라벤더, 장미,
캐모마일 등 다양한 향이 있다.
장거리 여행 시 활용하거나 잠자리가
바뀌어 잠을 이룰 수 없다면
수면안대의 도움을 받아 보자.

Cost 970엔~

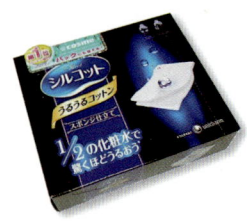

### 시루콧토 화장솜

얇은 스펀지 원단으로 만들어진
화장솜으로 적은 양의 화장수로 얼굴
전체를 촉촉하게 만들어 준다.
화장수를 듬뿍 묻혀 얼굴 위에
잠시 올려 놓으면 피부 진정
효과를 얻을 수 있다.

Cost 149엔~

### 퍼펙트 더블 워시

뽀도독 소리가 날 정도로 얼굴에
남아 있는 화장품을 싹 지워낸다는
퍼펙트 더블 워시. 적은 양으로 많은
거품을 낼 수 있어 좋다. 화장을 지울
목적이라면 퍼펙트 휩이 아닌 퍼펙트
더블 워시로 구입해야 한다.

Cost 498엔~

# Mission 7.
# Drugstore Shopping

### 카베진 알파

한국 광고에도 등장한 일본 국민 위장약. 양배추 추출물로 만들어 부작용이 거의 없고, 효과가 좋다.

Cost 1,728엔~

### 이브

효과적인 진통제로, 특히 생리통에 탁월하다. 1회 복용 시 2알, 하루 최대 3회를 넘지 않도록 주의하자.

Cost 870엔~

### 파우더 시트

땀으로 얼룩진 피부를 보송보송하게 만들어 주는 마술 같은 시트다. 여름에 없어선 안 될 가방 속 필수템.

Cost 178엔~

### 노도누루 마스크

일상용과 수면용 두 가지 제품이 있으며, 10시간 사용 가능하다. 환절기나 미세먼지가 심한 날 유용하다.

Cost 334엔~

### 비오레 유브이 아쿠아 리치

SPF50+, PA++++의 제품으로 여름의 강렬한 태양으로부터 피부를 보호한다. 바르는 즉시 흡수되어 산뜻하다.

Cost 768엔~

### 보르도 캡슐세제 젤볼 3D

빨래할 때 1개만 세탁기에 톡 하고 넣으면 되는 세제. 캡슐 제형으로, 섬유유연제가 함께 들어있어 편리하다.

Cost 398엔~

### 아이봉

눈에 들어간 이물질이나 메이크업 잔여물을 깨끗이 씻어 내는 세정액이다.

Cost 595엔~

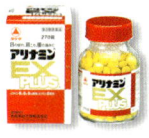

### 아로나민 EX

국내에서도 다른 이름으로 구입 가능한 제품. 고농도 비타민 B로 피로회복과 어깨 결림, 요통에 뛰어나다.

Cost 4,980엔~

### 세잔느 블러셔

부드러운 발색으로 칙칙한 안색을 환하게 만들어 준다. 색이 다양하며 가격도 저렴해 선물용으로 좋다.

Cost 360엔~

# 오사카·간사이 마츠리를 즐겨 볼까?
# 오사카·간사이 대표 마츠리

### 오사카
### 도카에비스

상업의 도시 오사카에서 펼쳐지는 상인들을 위한 축제로, 3일 동안 행사가 진행된다. 다양한 볼거리와 함께 에비스 신이 들고 있는 도미, 옛날 동전, 쌀가마 등을 본떠 장식한 복조리를 판매하는데 재물운과 상업 번창을 기원하는 마음을 담고 있다.

일정 1월 9~11일
위치 이마미야에비스 신사, 호리카와에비스 신사
가는 방법 지하철 에비스초惠美須町역 5번 출구에서 도보 7분.

### 오사카
### 텐진 마츠리

오사카의 천신제인 텐진 마츠리는 도쿄의 간다 마츠리, 교토의 기온 마츠리와 함께 일본의 3대 축제 중 하나다. 등불을 장식한 100여 척의 배가 도톤보리강을 메우는 모습이 상관이며 매년 100만여 명의 인싸가 몰려든다. 배로 도톤보리강을 순회하는 퍼레이드가 펼쳐지니 놓치지 말자.

일정 7월 24~25일  위치 오사카텐만구
가는 방법 지하철 미나미모리마치南森町역 4S 출구에서 도보 2분.

### 오사카
### 오사카 빛의 르네상스

물의 도시라 일컬어지는 나카노시마 일대를 빛과 음악으로 물들이는 오사카 빛의 르네상스는 2003년부터 시작되었다. 횟수가 거듭될수록 그 화려함은 더해지고 해마다 관광객 수가 늘어나 300만 명 이상이 찾아온다. 아름다운 조명과 함께 어우러지는 음악이 환상적인 조화를 이룬다.

일정 11월 말~12월 말
위치 이마미야에비스 신사, 호리카와에비스 신사
가는 방법 지하철 에비스초惠美須町역 5번 출구에서 도보 7분.

# Mission 8.
# Osaka Kansai Festival

### 오사카
## 미도스지 퍼레이드

오사카 시내를 관통하는 대표 거리인 미도스지에서 펼쳐지는 행사로 1983년부터 시작되었다. 일본뿐 아니라 해외 참가팀들이 춤과 아트 퍼포먼스를 펼치는 등 볼거리가 많아 해마다 축제의 규모가 커지고 있다. 축제의 일원이 되어 참여할 수 있는 공간도 마련돼 잊지 못할 기억을 만들어 준다.

일정 10월 둘째 주 일요일
위치 오사카 시청에서 난바까지 미도스지 도로 일대
가는 방법 지하철 난바難波역 14, 25번 출구에서부터.

### 교토
## 도시야
400여 년 전통을 자랑하는 활쏘기 축제.
일정 1월 15일  위치 산쥬산겐도

## 기온 마츠리
일본의 3대 마츠리 중 하나로 화려한 가마 행렬이 압권이다.
일정 7월 16~17일
위치 야사카 신사, 기온 일대

## 다이몬지고잔오쿠리비
교토 주변 다섯 산에 대大, 묘妙 자 등의 불을 놓아 조상의 넋을 기리는 행사.
일정 8월 16일  위치 교토 전역

### 고베
## 도카에비스
새해맞이 상업 번창을 기원하는 축제.
일정 1월 9~11일  위치 니시노미야 신사

## 고베 마츠리
산노미야 지역을 중심으로 펼쳐지는 화려한 퍼레이드가 일품인 마츠리.
일정 5월 중순  위치 산노미야

## 고베 루미나리에
구거류지를 중심으로 펼쳐지는 화려한 빛의 축제.
일정 12월  위치 구거류지 일대

### 나라
## 카스가타이샤 세츠분만토로
카스가타이샤에 2천여 개의 등롱을 밝히고 참배객을 맞는 행사.
일정 2월 3~4일, 8월 14~15일
위치 카스가타이샤

## 나라 등화회
나라 공원을 중심으로 방문객들의 소원이 담긴 2만여 개의 등불을 다는 행사.
일정 8월 초순~중순  위치 나라 공원

## 와카쿠사 야마야키
와카쿠사산 전체에 불을 놓는 행사. 불꽃 놀이가 인상적.
일정 1월 넷째 주 토요일  위치 와카쿠사산

액티비티가 있는 가족 여행
# 3박 4일 오사카 & 유니버설 스튜디오 코스

오사카와 유니버설 스튜디오를 둘러보는 액티비티 체험은 아이들뿐 아니라 어른들도 좋아하는 여행 코스다. 유년시절로 되돌아간 기분을 느끼면서 아이와 함께 평생 잊지 못할 추억을 남길 수 있다.

## 첫째 날

**간사이국제공항**
- 난카이선(혹은 라피트)을 타고 난바역 하차, 짐을 맡긴 후 미도스지선 혼마치역 하차, 주오선으로 환승 후 타니마치욘초메역 하차, 9번 출구에서 왼쪽으로 도보 5분

**오사카성** (p.126)
- 주오선 사카이스지역 하차, 사카이스지선으로 환승 후 닛폰바시역 하차, 10번 출구

**쿠로몬 시장** (p.102)

**점심식사**
- 도보 10분

**덴덴타운** (p.100)
- 도보 10분

**도톤보리** (p.103)
- 도보 5분

**신사이바시스지** (p.80)

**저녁식사**
- 미도스지선 타고 텐노지역 하차, 9번 출구

**아베노하루카스 300** (p.125)
(or 신세카이)
⋮
**숙소**

## 둘째 날

**유니버설 스튜디오 재팬** (p.140)
- JR 사쿠라지마선 유니버설시티역 탑승 후 니시쿠조역 하차, 오사카칸조선으로 환승, 오사카역 하차, 도보 15분

**우메다 스카이 빌딩 공중정원 전망대** (p.60)

**저녁식사 혹은 야식**
⋮
**숙소**

## 셋째 날

**컵누들 박물관** (p.73)

- 한큐 전철 다카라즈카선 이케다역에서 한큐 우메다역 하차, 한큐 3번가와 연결됨

**우메다역 주변: 한큐 3번가, 헵 파이브**

**점심식사**

- 킨테츠선을 타고 킨테츠 나라역 하차, 2번 출구에서 도보 7분

**나라 _ 코후쿠지** (p.231)

- 도보 5분

**나라 공원** (p.232)

- 도보 15분

**토다이지** (p.234)

**저녁식사**

⋮

**숙소**

## 넷째 날

**오후 출국 :**

**오사카 주택 변천 박물관** (p.75)

- 텐진바시스지로쿠초메역에서 바로

**텐진바시스지** (p.74)

- 텐진바시스지 상점가는 텐진바시스지로쿠초메역~ 오기마치역~미나미모리마치역에 이르는 거대한 상점가다. 공항으로 이동 시 어느 역에서 탑승하든 사카이스지선을 타고 닛폰바시역에서 미노오시선을 타고 난바역으로 이동 후, 난카이 공항선(혹은 라피트)을 타고 공항으로 오면 된다.

**공항**

**저녁 출국 :**

**오사카 주택 변천 박물관** (p.75)

- 사카이스지선을 타고 사카이스지역에서 주오선으로 환승. 오사카코역에서 하차, 1번 출구에서 도보 10분

**카이유칸** (p.134)

- 도보 2분

**텐포잔 마켓플레이스 내 레고랜드** (p.133)

- 주오선 혼마치역에서 미도스지선으로 환승, 난바역 하차 후 난카이 공항선(혹은 라피트)을 타고 공항으로 오면 된다.

**공항**

부모님과 함께하는 효도 여행
# 3박 4일 오사카 & 교토 코스

부모님과의 여행은 신경 써야 하는 부분들이 많지만 그중 가장 중요한 것은 이동 시간이 짧아야 한다는 것이다. 이번 여행은 도보 시간이 짧거나 버스로 바로 이동이 가능한 코스다. 부모님의 컨디션을 고려하여 가까운 거리는 택시로 이동하는 방법도 고려해 보자.

## 첫째 날

**카이유칸** (p.134)
↓ 도보 1분
**텐포잔 산타마리아호 탑승** (p.134)
↓ 도보 1분
**텐포잔 마켓플레이스** (p.132)
**점심식사**
↓ 주오선 오사카코역에서 탑승, 타니마치욘초메역 하차. 9번 출구에서 왼쪽으로 도보 5분
**오사카성** (p.126)
↓ 타니마치욘초메역에서 주오선을 타고 혼마치역에서 미도스지선으로 환승, 난바역 하차.
  14번 출구에서 도보 4분
**도톤보리** (p.103)
**저녁식사**
↓
**숙소**

## 둘째 날

**교토 _ 니조성** (p.160)
↓ 니죠조마에 정류장에서 시버스 12번 탑승 후, 킨카쿠지 정류장 하차. 도보 7분 정도
**킨카쿠지** (p.161)
↓ 킨카쿠지 정류장 앞에서 시버스 204번 탑승 후, 긴카쿠지 정류장 하차. 도보 10분
**긴카쿠지** (p.173)
**점심식사**
↓ 긴카쿠지 정류장 앞에서 시버스 100번 탑승 후, 오카자키코엔 정류장 하차. 도보 5분.
**헤이안 신궁** (p.175)
↓ 오카자키코엔 정류장 앞에서 시버스 100번 탑승 후, 키요미즈데라 정류장 하차. 도보 13분.
**키요미즈데라** (p.165)
↓ 산넨자카, 니넨자카로 내려오며 기온 거리와 만남
**기온** (p.168)
**저녁식사**
↓
**숙소**

## 셋째 날

**쿠로몬 시장** (p.102)

↓ 센니치마에선을 타고 타니마치큐초메역에서 타니마치선으로 환승, 시텐노지마에 유히가오카역에서 하차, 4번 출구에서 도보 5분

**시텐노지** (p.122)

↓ 도보 15분 혹은 택시 이동(5~10분 소요)

**신세카이** (p.124)

**점심식사**

↓ 도보 10분

**스파월드 세카이노다이온센** (p.125)

↓ 도보 2분

**잔잔요코초** (p.124)

↓ 도보 10분

**저녁식사**

**아베노하루카스 300** (p.125)

↓

**숙소**

## 넷째 날

**오후 출국 :**

**신사이바시스지** (p.80)

↓ 도보 10분

**센니치마에 도구야스지** (p.98)

↓ 난카이 난바역에서 공항선(혹은 라피트)을 탑승

**공항**

**저녁 출국 :**

**오사카 주택 변천 박물관** (p.75)

↓ 사카이스지선을 타고 사카이스지역에서 주오선으로 환승, 오사카코역에서 하차, 1번 출구에서 도보 10분

**텐진바시스지** (p.74)

↓ 텐진바시스지 상점가는 텐진바시스지로쿠초메역~ 오기마치역~미나미모리마치역에 이르는 거대한 상점가다. 공항으로 이동 시 어느 역에서 탑승하든 사카이스지선을 타고 닛폰바시역에서 미도스지선을 타고 난바역으로 이동 후, 난카이 공항선(혹은 라피트)을 타고 공항으로 오면 된다.

**공항**

# 연인과 함께하는 커플 여행
# 3박 4일 오사카 & 교토 & 나라 코스

단둘이 여행을 한다는 것만으로 설렘이 가득해진다. 낮에는 산책하기 좋은 곳을, 저녁에는 아름다운 야경을 볼 수 있는 코스를 제시한다. 누구나 가는 흔한 여행지보다는 색다른 느낌을 주는 여행지로 두 손을 꼭 잡고 떠나 보자.

## 첫째 날

간사이국제공항
↓ 난카이선(혹은 라피트)을 타고 난바역 하차. 짐을 맡긴 후 미도스지선 혼마치역 하차, 주오선으로 환승 후 타니마치욘초메역 하차, 9번 출구에서 왼쪽으로 도보 5분

오사카성 (p.126)
↓ 타니마치선을 타고 타니마치큐초메역에서 센니치마에선으로 환승, 난바역 하차. 지하로 연결됨

난바 파크스 (p.97)

점심식사
↓ 도보 10분

신사이바시스지 (p.80)
↓ 미도스지선을 타고 우메다역 하차.

우메다역 주변: 한큐 3번가, 헵 파이브, 차야마치 등
↓ 도보 8분

그랜드 프런트 오사카 (p.66)

저녁식사
↓ 도보 10분

오사카 스테이션 시티 '바람의 광장' (p.65)
↓
숙소

## 둘째 날

우지 _ 뵤도인 (p.184)
↓ 도보 10분

우지가미 신사 (p.184)
↓ JR 우지역에서 JR 나라선을 타고 JR 이나리역에서 하차, 도보 5분

이나리 _ 후시미이나리타이샤 (p.157)

점심식사
↓ JR 이나리역에서 JR 교토역 하차. 교토 버스정류장에서 205번 버스를 타고 킨카쿠지 정류장 하차. 도보 7분

킨카쿠지 (p.161)
↓ 킨카쿠지 정류장 앞에서 시 버스 204번 탑승 후, 긴카쿠지 정류장 하차. 도보 10분

긴카쿠지 (p.173)
↓ 긴카쿠지 정류장 앞에서 시 버스 100번 탑승 후, 키요미즈데라 정류장에서 하차, 도보 15분

키요미즈데라 (p.165)

저녁식사
↓ 산넨자카, 니넨자카로 내려오며 기온 거리와 만남

기온 일대, 하나미코지, 카모강 산책
↓
숙소

## 셋째 날

**나라 _ 코후쿠지** (p.231)

도보 5분

**나라 공원** (p.232)

도보 15분

**토다이지** (p.234)

**점심식사**

도보 20분

**카스가타이샤** (p.236)

긴테츠 나라역에서 긴테츠 닛폰바시역 하차.
사카이스지선을 타고 도부츠엔마에역 하차.
3번 출구에서 도보 4분

**오사카 _ 신세카이** (p.124)

도보 18분

**아베노하루카스 300** (p.125)

**저녁식사**

**숙소**

## 넷째 날

**오후 출국 :**

**덴덴타운** (p.100)

난카이 난바역에서 공항선(혹은 라피트)을 탑승

**공항**

**저녁 출국 :**

**덴덴타운** (p.100)

도보 20분

**아메리카무라** (p.110)

도보 10분

**호리에** (p.115)

난카이 난바역으로 이동. 도보 25분.
공항선(혹은 라피트)을 탑승

**공항**

## 나 홀로 힐링 여행
# 3박 4일 오사카 & 고베 & 교토 코스

나 홀로 여행의 장점은 먹고 싶으면 먹고, 쉬고 싶으면 쉬면서 누구의 눈치도 보지 않고 마음대로 할 수 있다는 것 아닐까. 아래는 저자가 처음으로 나 홀로 여행을 하면서 세웠던 여행 코스다. 지금까지도 가장 좋은 기억으로 남아 있으니 그대로 따라도 만족스러울 것이다.

### 첫째 날

**간사이국제공항**
⇣ 난카이선(혹은 라피트)을 타고 난바역 하차, 짐을 맡긴 후 미도스지선 혼마치역 하차, 주오선으로 환승 후 타니마치욘초메역 하차, 9번 출구에서 왼쪽으로 도보 5분

**오사카성** (p.126)
⇣ 타니마치욘초메역에서 주오선을 타고 혼마치역에서 미도스지선으로 환승, 신사이바시스지역에서 하차

**신사이바시스지** (p.80)

**점심식사**
⇣ 도보 10분

**도톤보리** (p.103)
⇣ 미도스지선을 타고 도부츠엔마에역 하차, 3번 출구에서 도보 4분

**신세카이** (p.124)
⇣ 도보 7분

**잔잔요코초** (p.124)
⇣ 도보 10분

**저녁식사**

**아베노하루카스 300** (p.125)
⇣
**숙소**

### 둘째 날

**고베 _ 산노미야** (p.197)
⇣ 산노미야역 앞에서 시티루프 탑승, 키타노이진칸 정류장 하차

**키타노이진칸** (p.198)
⇣ 도보 15분

**토어 로드 타루코야** (p.205)

**점심식사**
⇣ 도보 10분

**모토마치** (p.211)
⇣ 도보 10분

**난킨마치** (p.211)
⇣ 도보 10분

**메리켄 파크** (p.214)

**저녁식사**
⇣ 도보 20분

**하버랜드** (p.216)
⇣
**숙소**

## 셋째 날

**교토 _ 니조성** (p.160)
- 니조조마에 정류장에서 시 버스 12번 탑승 후, 킨카쿠지 정류장 하차. 도보 7분 정도

**킨카쿠지** (p.161)
- 킨카쿠지 정류장 앞에서 시 버스 204번 탑승 후, 긴카쿠지 정류장 하차. 도보 10분

**긴카쿠지** (p.173)
- 긴카쿠지 앞

**철학의 길** (p.173)

**점심식사**
- 긴카쿠지 정류장 앞에서 시 버스 100번 탑승 후, 키요미즈데라 정류장 하차. 도보 13분

**키요미즈데라** (p.165)
- 산넨자카, 니넨자카로 내려오며 기온 거리와 만남

**기온** (p.168)
- 도보 15분

**니시키 시장** (p.171)

**저녁식사**

**숙소**

## 넷째 날

**오후 출국 :**

**난바 파크스** (p.97)
- 난카이 난바역에서 공항선(혹은 라피트)을 탑승

**공항**

**저녁 출국 :**

**카이유카** (p.134)
- 도보 1분

**텐포잔 마켓플레이스** (p.132)

**점심식사**
- 주오선 혼마치역에서 미도스지선으로 환승, 난바역 하차. 난바 파크스와 연결됨

**난바 파크스** (p.97)
- 난카이 난바역에서 공항선(혹은 라피트)을 탑승

**공항**

## 하루종일 쇼핑 여행
# 1일 오사카 코스

오로지 쇼핑에 올인하는 여행자를 위한 코스다. 단 하루 동안의 일정이기 때문에 이곳저곳 둘러보려면 오전 일찍부터 움직여야 한다. 시간을 절약하고 싶다면 구매하려는 아이템과 가격을 미리 확인해 두는 편이 좋다.

### <u>1일</u>

한큐 3번가 (p.62) / 에스트 (p.63)

⋮ 도보 3분

누 차야마치 (p.64)

⋮ 도보 7분

그랜드 프런트 오사카 (p.66)

**점심식사**

⋮ 나가호리츠루미료쿠치선을 타고 카도마미나미역에서 하차, 도보 10분

미츠이 아웃렛 파크 오사카 (p.39)

⋮ 나가호리츠루미료쿠치선을 타고 신사이바시스지역 하차.

신사이바시스지 (p.80)

⋮ 미도스지선 타고 텐노역 하차, 9번 출구

아베노하루카스 300 주변 지역 (p.125)

**저녁식사**

⋮

숙소

## 친구끼리 우정 여행
# 1일 오사카 코스

분위기 좋은 카페에서 브런치를 즐기고 아기자기한 숍에서 예쁜 물건을 고르는 일은 여행자의 로망이 아닐까. 아래는 친구와 천천히 여행지를 즐기면서 우정을 돈독하게 다질 수 있도록 한 여행 코스다. 코스를 참고해서 친구와 오래도록 기억할 여행을 계획해 보자.

### 1일

그랜드 프런트 오사카 (p.66)

⋮ 도보 15분

츠유텐 신사 (p.70)

⋮ 히가시우메다역에서 타니마치선을 타고 나카자키초역에서 하차

나카자키초 (p.76)

**점심식사**

⋮ 나카자키초역에서 타니마치선을 타고 타니마치9초메역 하차, 9번 출구에서 왼쪽으로 도보 5분

오사카성 (p.126)

⋮ 타니마치선을 타고 텐노지역 하차, 9번 출구

아베노하루카스 300 (p.125)

⋮ 미도스지선을 타고 신사이바시지역에서 하차.

신사이바시지 (p.80)

**저녁식사**

⋮ 도보 10분

아메리카무라 (p.110)

⋮ 도보 20분

난바 파크스 (p.97)

⋮

숙소

# Osaka 오사카

저녁이 되면 반짝이는 야경이 일품인 오사카.
그 안에 펼쳐진 쇼핑과 먹거리의 천국 신사이바시스지를 비롯해
오밀조밀한 상점가 텐진바시스지에서 오사카만의 매력에 빠져 보자.

간사이 지역에서 가장 인구 밀도가 높은 일본 제2의 도시 오사카. 교통의 중심지로 해마다 오사카를 찾는 관광객의 수가 급증하고 있고 먹다 망한다는 뜻의 "구이다오레"라는 말이 있을 정도로 다양한 먹거리가 관광객들의 입맛을 사로잡는다. 또한 1시간 안에 주변 도시인 교토, 고베, 나라 등으로 여행할 수 있다는 것은 오사카를 찾는 가장 큰 매력이 아닐 수 없다. JR 간사이 와이드 패스를 이용하여 와카야마, 시라하마까지 보다 편리하고 저렴하게 여행할 수 있는 기회를 제공하고 있다. 저가 항공사의 저렴한 항공권으로 주말 여행객들이 늘고 있으며 2박 3일의 일정이라면 베이 에어리어 지역을 포함한 오사카시를 천천히 둘러보며 쇼핑을 하고 3박 혹은 4박 이상의 일정이라면 간사이 스루 패스를 이용하여 교토와 고베, 나라 중 한 곳을 선택하거나 오하라, 우지, 아라시야마 등으로 여행하는 것을 추천한다.

## 간사이국제공항에서 오사카 들어가기

**리무진버스** 우메다梅田, JR 오사카大阪역, 신사이바시心斎橋, 난바OCAT, 오사카성과 비즈니스 파크, 베이 에어리어 지역은 물론 교토, 나라, 고베 등 다양한 행선지로 출발한다. 우메다까지 약 60분이 소요되나 도로 교통상황에 따라 편차가 크다. 특히 출퇴근 시간은 피하는 것이 좋다.
**홈페이지** www.kate.co.jp  **요금** JR 오사카역 1,550엔
**위치** 입국장 1층에 승강장이 있으며 'BUS'라고 쓰인 표지판을 따라가면 쉽게 눈에 띈다.

**난카이 전철** 공항에서 오사카 시내로 들어가는 가장 빠른 방법으로 많은 여행객이 선호한다. 공항 급행(45분 소요)과 라피트 알파(29분 소요), 라피트 베타(35분 소요)가 있다. 도착 지점은 난카이 난바難波역으로 다른 곳으로 이동이 편리하다.
**홈페이지** www.nankai.co.jp  **요금** 급행, 보통 920엔 라피트 1,430엔
**위치** 간사이국제공항 맞은편 건물로 입국장에서 에스컬레이터를 타고 2층으로 올라가 오른편으로 이어진 육교를 건너면 빨간색의 난카이 전철 매표소가 있다.

### ┗ 할인 혜택이 있는 난카이 티켓

**칸쿠토쿠와리 라피트 킷푸** 関空トク割 ラピートきっぷ
간사이 공항에서 난바역으로 라피트를 타고 이동할 때 실제 라피트의 금액보다 저렴하게 이동할 수 있는 티켓이다. 편도로만 가능하며 난카이 전철 유인창구에서 구입할 수 있다. 단, 예고 없이 달라질 수 있으므로 미리 확인하거나 아니면 난카이역 창구 위에 붙어 있는 게시물을 확인하도록 하자.  **요금** 1,130엔(현지 난카이 전철매표소에서 구입 시 1,270엔)

**칸쿠치카토쿠 킷푸** 関空ちかトクきっぷ
간사이 공항에서 난바역까지 난카이 혼센(보통, 급행) 편도 이용과 오사카 시영 지하철 1회 환승이 가능한 티켓으로 반드시 난카이 난바역에서 환승해야 한다.  **요금** 1,000엔

**요코소 오사카 킷푸** ようこそ大阪きっぷ
간사이 공항에서 난바역까지 이동하는 라피트 편도와 오사카 시영 지하철 1일권이 포함된 티켓이다.
**요금** 1,500엔(당일 현지 구입 시 1,650엔)

**JR** 난카이 전철에 비해 시간도 오래 걸리고 요금이 비싸 많이 이용하지는 않지만 난바역(53분 소요), 텐노지天王寺역(43분 소요, 특급 하루카 33분 소요), JR 오사카역(65분 소요), 신오사카新大阪역(특급 하루카 49분 소요)에 정차하기 때문에 주변에 숙소가 있는 경우는 편리하게 이동할 수 있다.
**홈페이지** www.kansai-airport.or.jp/kr/access  **요금** JR 텐노지역 1,060엔  JR 오사카역 1,190엔
**위치** 난카이 전철 매표소 옆에 파란색 간판의 매표소가 있다.

# 오사카 추천 일정 1DAY

**09:30**

**오사카성**
오사카에 왔다면 오사카성부터! 오사카의 역사를 한눈에 파악할 수 있는 대표적인 랜드마크. 기념사진은 필수다.

**11:00**

**츠유텐 신사**
깊숙한 골목에 자리한 조용하고 아담한 신사. 규모는 작지만 1,300년의 역사를 지니고 있다. 아기자기하게 꾸며져 있어 구경할 만하다.

**12:00**

**한큐 3번가, 헵 파이브**
복합 쇼핑몰 한큐 3번가와 헵 파이브를 돌며 쇼핑! 오사카 시내를 한눈에 볼 수 있는 헵 파이브 옥상 대관람차도 놓치지 말자.

**17:00**

**신사이바시스지**
남북으로 길게 뻗은 600m 길이의 상점가로 대형 백화점과 각종 숍들이 많아 지갑이 나도 모르게 저절로 열린다.

**16:00**

**아메리카무라**
일본에서 미국의 분위기를 느낄 수 있는 곳. 구제 숍으로 유명하며 오가는 사람들의 스타일만으로도 눈요기가 된다.

**13:30**

**카이유칸**
일본 최대급 수족관 카이유칸에서 상어, 돌고래를 비롯한 다양한 해양생물을 만나 보자. 특히 아이들에게 인기가 많은 곳이다.

**18:30**

**도톤보리**
오사카 하면 가장 먼저 떠올리는 곳. 저렴하고 맛있는 먹거리로 유명하며 현재 오사카 최고의 유흥지로 꼽히고 있다.

**20:00**

**아베노하루카스 300**
일본에서 가장 높은 빌딩으로 오사카 시내를 한눈에 조망할 수 있으며 날이 좋으면 교토와 고베까지 볼 수 있다.

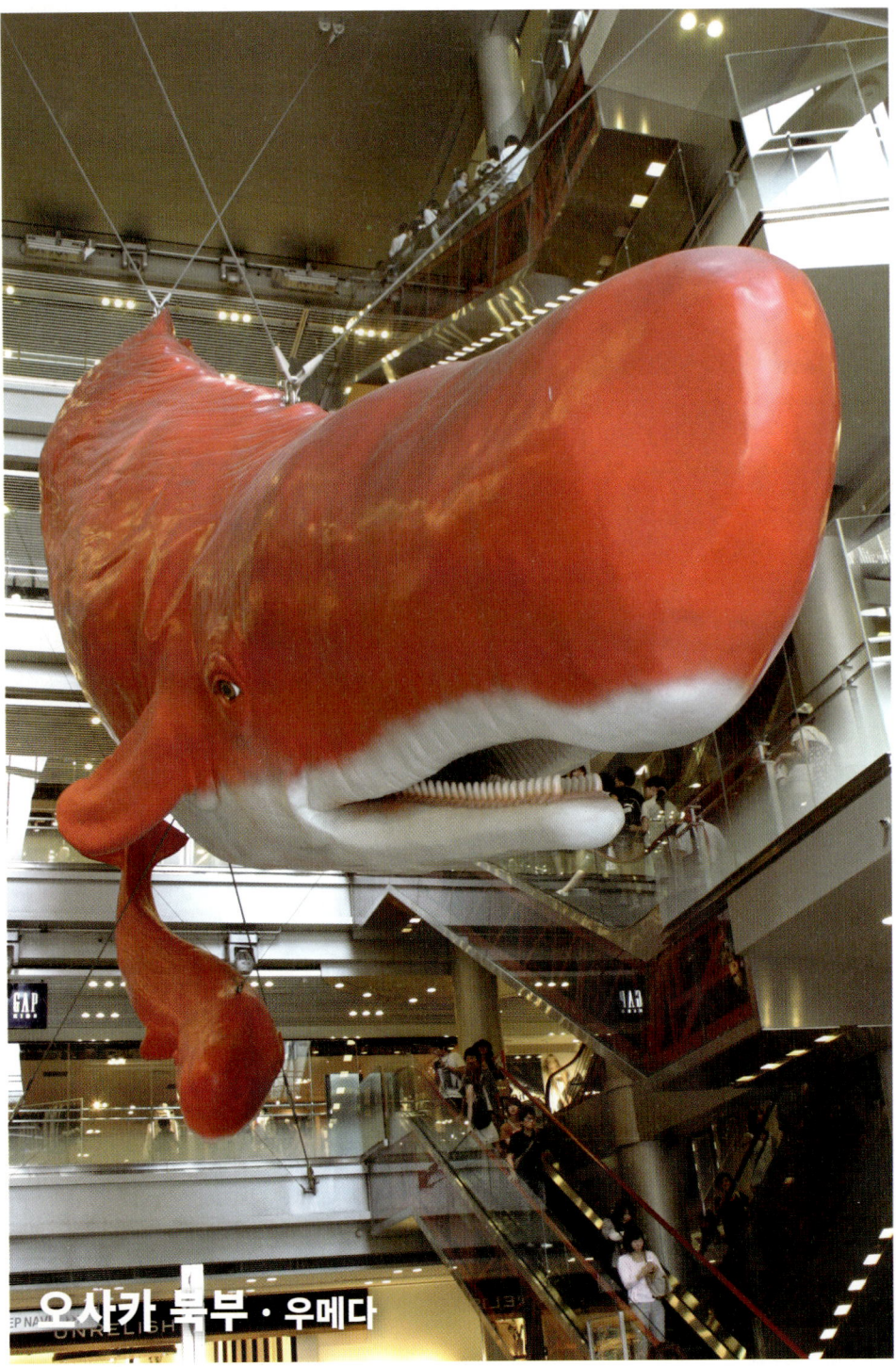

오사카 북부 · 우메다

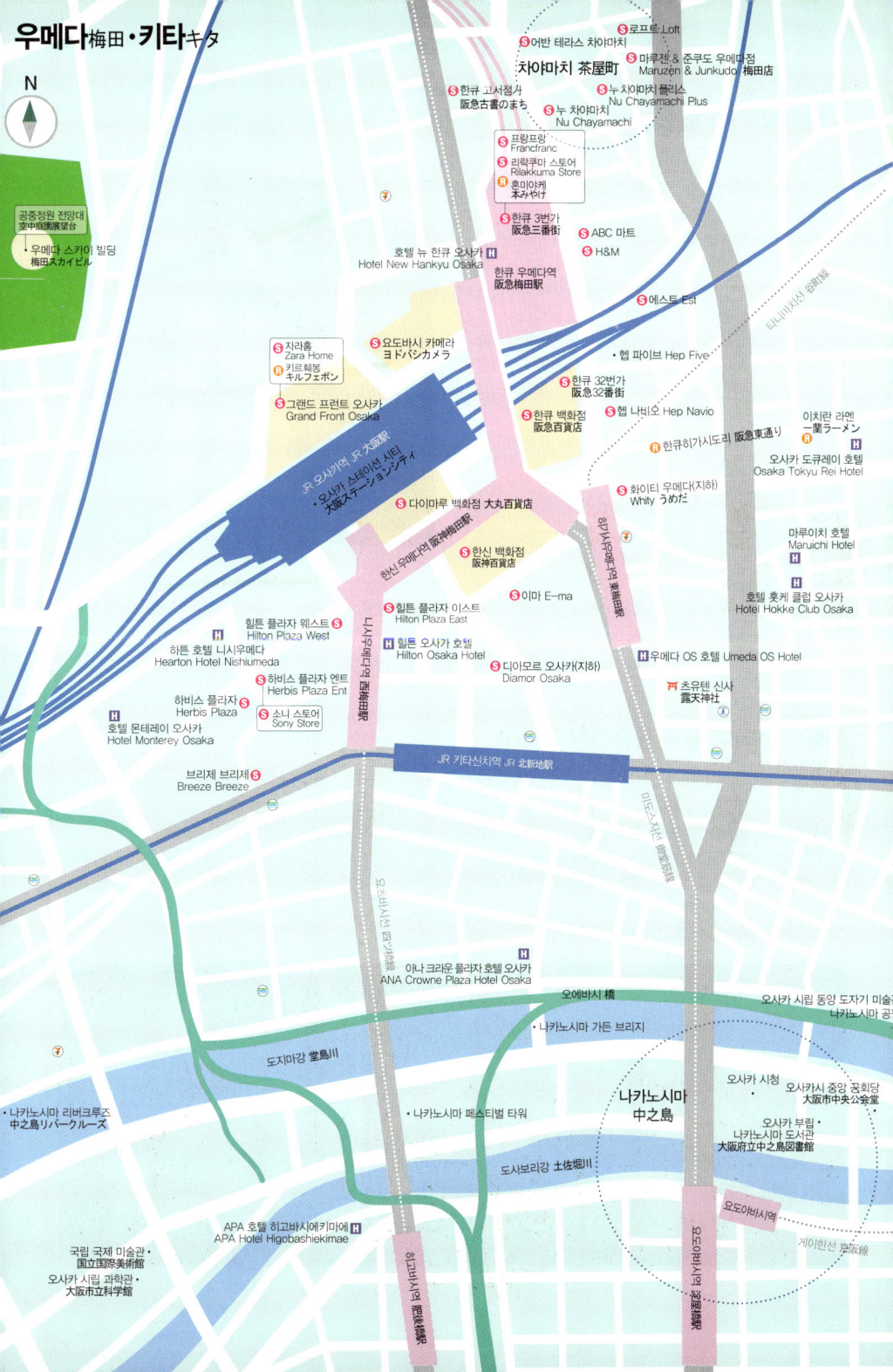

## Sightseeing

### 우메다 스카이 빌딩 梅田スカイビル

오사카시에서 일곱 번째로 높은 건물인 우메다 스카이 빌딩은 40층 높이의 고층 빌딩 2개가 연결되어 있다. 원래는 '시티 오브 에어'라는 프로젝트의 일환으로 서로 연결된 4개의 빌딩을 세우는 것으로 설계되었으나, 결국에 지금의 2개 타워로 완성되었다. 건물을 연결하는 대각선의 엘리베이터가 있고 수평선의 구조물에 원을 뚫어 놓은 우메다 스카이 빌딩은 구조적으로 세련되어 보인다. 높이 173m의 빌딩은 JR 교토역을 탄생시킨 일본의 유명 건축가 하라 히로시에 의해 설계되었고 1993년에 완공되었다. 옥상에는 개방형 전망대인 공중정원 전망대가 있으며, 1층에는 나카시젠노모리 中自然の森라는 인공 정원이 있어 도심 속 작은 쉼터를 제공한다. 200그루가 넘는 푸른 나무와 작은 폭포, 연못이 있어 자연을 느끼기에 충분하다. 지하에 있는 타키미코지 滝見小路는 1920년대 분위기를 살린 식당가로 오사카의 옛 거리를 즐길 수 있으며 옛날에 사용하던 물건들을 그대로 재현해 놓아 사진을 찍거나 식사를 하며 추억을 만들기에 좋은 곳이다.

홈페이지 www.skybldg.co.jp 타키미코지 www.takimikoji.jp  주소 大阪市北区大淀中1-1-88
전화 06-6440-3855  영업 10:00~22:30  휴일 부정기적, 연말연시
가는 방법 지하철 미도스지 御堂筋線 우메다 梅田역 5번 출구에서 도보 20분. JR 오사카 大阪역 북쪽 출구에서 도보 15분.

### 梅田スカイビル
### 우메다 스카이 빌딩 공중정원 전망대 梅田スカイビル 空中庭園展望台

높이 173m, 약 40층 높이에 2개의 동으로 나누어진 우메다 스카이 빌딩은 우메다 지역의 랜드마크다. 전망대는 360도로 탁 트여 있어 날씨가 좋은 날에는 오사카항과 저 멀리 이타미공항(오사카국제공항)까지 다이내믹한 도심을 조망할 수 있다. 우메다 스카이 빌딩의 또 하나의 백미는 공중정원과 연결된 투명 에스컬레이터로 마치 공중에 떠서 하늘로 올라가는 듯한 아찔함과 황홀함을 선사한다. 해 질 녘 공중정원은 연인들의 천국이 되고 바닥에 깔린 깨알 같은 전구들이 밤 배경과 함께 반짝이며 분위기를 더욱 고조시킨다. 러브 벤치 Fuwapica-LOVE bench에는 커플이 앉는 방법에 따라 빛의 표정이 바뀌는 장치가 설치되어 있으며 그 주변으로는 사랑의 자물쇠가 걸려 있다. 추억을 간직하기 위한 연인들의 사진 촬영으로 불꽃놀이처럼 플래시가 계속 반짝인다.

홈페이지 www.skybldg.co.jp  요금 일반 1,000엔, 중고생 700엔, 초등학생 500엔, 4세 이상 200엔

### Sightseeing

## 헵 파이브 Hep Five

헵 파이브는 옥상에 설치된 붉은색 대관람차가 먼저 눈에 들어온다. 대관람차가 가장 높은 곳에 위치할 때는 멀리 오사카만이 보이며 날씨가 좋은 날에는 고베의 롯코산까지 볼 수 있다고 한다. 1층에는 대표 상징물인 20m 길이의 거대한 붉은 고래 모형이 방문객을 맞으며, 1층에서 6층까지 중앙이 트여 있는 독특한 구조를 하고 있다. 지하 1층에서 지상 6층까지는 주로 20대를 위한 패션과 잡화 매장으로 특히 4층에 위치한 디즈니스토어는 연일 사람들로 붐빈다. 7층에는 다양한 종류의 음식점들이 입점해 있다.

홈페이지 www.hepfive.jp
주소 大阪市北区田町5-15
전화 06-6313-0501
영업 쇼핑 11:00~21:00
식당 11:00~22:30
대관람차 11:00~22:45
휴일 부정기적
요금 대관람차 600엔(5세 이하 무료), 탑승 전 촬영한 사진 500엔(선택)
가는 방법 지하철 미도스지御堂筋선 우메다梅田역 2번, 6번 출구. 2번 출구 방향으로 따라 걷다가 한큐阪急 전철 방향으로 가는 계단을 오르지 말고 계단 아래서 오른쪽으로 직진하면 헵 파이브와 연결된다.

### Shopping

## 헵 나비오 Hep Navio

헵 파이브 오른쪽에 나란히 자리하고 있는 헵 나비오. '나비오'는 '보물선'이라는 뜻으로 삼각형 모양의 건물이 마치 보물선의 앞머리와 같다는 의미에서 붙여진 이름이다. 1998년 오픈하였으며 지하 1층에서 지상 5층까지 총 3000여 개의 숍이 있는데 남성들을 위한 패션, 잡화 공간으로는 일본 최대의 규모다. 7층에 식당가가 있고 7~8층에는 10개의 영화 상영관이 있다.

홈페이지 hankyu-dept.co.jp
주소 大阪市北区田町7-10
전화 06-6361-1381
영업 11:00~21:00
휴일 부정기적
가는 방법 지하철 미도스지御堂筋선 우메다梅田역 2번 출구에서 도보 4분.

### Food

## 한큐히가시도리 阪急東通り

낮에는 썰렁하지만 저녁 시간이 되면 음식 냄새와 사람들로 북적거리는 거리가 있다. 헵 나비오에서 남쪽으로 내려가면 만나게 되는 한큐히가시도리는 샐러리맨들의 선술집으로 유명하다. 차갑게 뻗어 있는 고층 건물 사이에 따뜻한 느낌을 주는 한큐히가시도리에서 오사카인들과 동화되어 보자.

영업 정해진 시간은 없으나 대개 오후 5시 이후에 오픈
가는 방법 헵 나비오에서 남쪽으로 도보 3분. 미도스지御堂筋선 우메다梅田역에서 도보 5분.

**Shopping**

❺

## 한큐 3번가 阪急三番街

우메다역 지하의 중심 한큐 3번가는 오사카 우메다 여행 시 중심이 되는 곳이다. 한큐 3번가를 중심으로 관광 안내소가 있고 지상 1층으로 나오면 버스 터미널, 3층에는 한큐 전철 플랫폼이 있다. 한큐 3번가는 40년 이상의 역사를 가진 지하 쇼핑센터로 지하 2층에서 지상 2층까지 300여 개의 다양한 숍이 입점해 있다. 저렴한 식당도 많아 여행객과 주변 직장인들이 많이 찾는다. 1층에는 리락쿠마 스토어가 있어 언제나 많은 사람으로 문전성시를 이루며 그 외 프랑프랑, 키디 랜드 등 여성들이 좋아할 만한 매장이 가득하다.

홈페이지 www.h-sanbangai.com
주소 大阪市北区芝田1-1-3
전화 06-6371-3303
영업 쇼핑 10:00~21:00 식당 10:00~23:00
휴일 부정기적
가는 방법 지하철 미도스지御堂筋선 우메다梅田역과 연결. 지상은 2번 출구에서 도보 2분.

阪急三番街
## 혼미야케 本みやけ

혼미야케는 스테이크동과 규나베 전문점으로 한큐 3번가 지하 2층에 있으며 식사시간에는 늘 긴 줄이 형성된다. 밥 위에 구운 고기를 올리고 특제 소스를 뿌린 스테이크동은 보는 것만으로도 침이 넘어간다. 좌석이 많지 않고 주문과 동시에 고기를 굽기 때문에 기다릴 때 시간이 걸린다. 고기의 두께는 얇은 편이지만 쫄깃하고 부드러운 식감과 고기의 향이 감칠맛이 난다. 하루 한정량이 있어 늦으면 스테이크동의 맛을 볼 수 없으니 서둘러 가는 편이 좋다.

주소 大阪府大阪市北区柴田1-3
전화 06-6371-5322
영업 11:00~22:00
휴일 부정기적
가는 방법 지하철 미도스지御堂筋선 우메다梅田역과 연결. 한큐 3번가 지하 2층 식당가.

阪急三番街
## 리락쿠마 스토어 Rilakkuma Store

리락쿠마는 산엑스San-X라는 회사에서 만든 것으로 '리락'의 뜻은 '릴렉스', '쿠마'는 '곰'으로 두 단어가 합쳐져서 만들어진 이름이다. 산엑스에서 운영하는 직영점은 일본에 딱 3군데가 있는데 그중 한 곳이 바로 우메다 한큐점이다. '게을게을'과 '귀차니즘'을 대변하는 캐릭터답게 항상 맹한 표정을 짓고 있는데 그 걸로도 충분히 사랑스럽다. 매장은 작은 편이지만 인형, 문구, 잡화 등 취급하는 상품이 다양해 마니아라면 절대 그냥 지나칠 수 없을 것이다.

주소 大阪市北区芝田1-1-3
전화 06-6372-7701
영업 10:00~21:00
가는 방법 지하철 미도스지御堂筋선 우메다梅田역과 연결. 한큐 고서점가 왼쪽 입구로 들어가면 한큐 3번가 북관 입구라는 사인이 보인다. 북관 입구 안쪽에 리락쿠마 스토어와 키디 랜드가 보인다. 한큐 3번가 북관 1층.

阪急三番街

## 프랑프랑 Francfranc

군더더기 없는 모던하고 세련된 디자인으로 유명한 프랑프랑은 20~30대 여성들이 사랑하는 대표 브랜드다. 주방용품에서 욕실용품, 조명과 침구, 테이블웨어에서부터 코스메틱까지 생활에 필요한 다양한 디자인 제품을 만날 수 있다. 한큐 3번가의 프랑프랑은 2층으로 이루어져 있으며 매장이 넓은 만큼 다양한 제품들을 보유하고 있다.

주소 大阪市北区芝田1-1-3
전화 06-4802-5521
영업 10:00~21:00
가는 방법 지하철 미도스지御堂筋선 우메다 梅田역과 연결. 혹은 2번 출구로 나와 오른쪽으로 도보 3분. 한큐 3번가 북관 1층.

Shopping

## 한큐 32번가 阪急32番街

한큐 그랜드 빌딩 1층과 27~31층에 위치한 식당가이자 쇼핑몰이다. 다양한 가격대의 음식을 오사카 전망과 함께 즐길 수 있어 매력인데 특히 밤 11시까지 개방되는 무료 전망대가 많은 여행객들에게 사랑을 받고 있다. 건물 30층에는 일본 만화를 좋아한다면 익히 알고 있는 코믹하우스, 기노쿠니야 서점 등 다양한 숍이 있다.

홈페이지 www.hankyu32.hankyu.co.jp
주소 大阪市北区田町8-47
전화 06-6315-8370
영업 11:00~23:00
휴일 부정기적
가는 방법 지하철 미도스지御堂筋선 우메다 梅田역 2번 출구에서 도보 4분.

Shopping

## 에스트 EST

에스트는 10~20대의 패션 감각을 지향하며 발랄함을 연출한다. 로맨틱한 분위기의 안나수이부터 일본 로컬 브랜드까지 다양한 상점이 입점해 있다. 미로처럼 생긴 길을 따라가다 보면 보물찾기하듯 새로운 아이템들을 만나게 된다. 남성보다 여성이 주 타깃인 브랜드가 많아 구경하면서 오사카 여성들의 패션 센스도 엿볼 수 있다.

홈페이지 www.est-sc.com
주소 大阪市北区角田町3-25
전화 06-6371-8001
영업 11:00~21:00
휴일 부정기적
가는 방법 지하철 미도스지御堂筋선 우메다 梅田역 2번 출구 맞은편에서 도보 3분.

### Shopping

# 차야마치 Chayamachi
# 누 차야마치 Nu Chayamachi

갤러리 차야마치 건물을 중심으로 누 차야마치, 누 차야마치 플러스와 어반 테라스 차야마치가 나란히 있다. 특히 누 차야마치는 개성 넘치는 셀렉트 숍과 잡화점이 모여 있으며 1층에는 꼼 데 가르송과 오니츠카타이거 같은 매장이 있다. 지하에 위치한 카레 위드 리빙 하우스 매장은 'Life is Style!'을 모토로 폭넓은 인테리어 제품을 갖추고 있어 구경하기 좋다. 누 차야마치 플러스는 여성들이 좋아하는 식료품점과 인테리어 숍이 강세인 곳으로 연령 불문하고 많은 여성이 찾는다.

홈페이지 www.chayamachi.com/machi
누 차야마치 nu-chayamachi.com
주소 大阪市北区茶屋町3-2 전화 06-6374-0356
영업 11:00~21:00(점포마다 다르다) 휴일 부정기적
가는 방법 지하철 미도스지御堂筋선 우메다梅田역 2번 출구에서 도보 5분.

### Shopping

# 한큐 고서점가 阪急古書のまち

차야마치 맞은편에 위치한 한큐 고서점가는 화려한 우메다에 소박하게 자리하고 있다. 15개의 서점은 헌책과 옛 그림, 만화 등은 물론 문구용품이나 지금은 찾아보기 힘든 동전, 우표, 엽서 등 다양한 물건으로 채워져 있다. 주말이 되면 수집가들로 작은 통로가 붐빈다. 간혹 추억의 물건들을 만나게 되는 신비한 곳이다.

영업 11:00~20:00 휴일 수요일
가는 방법 지하철 미도스지御堂筋선 우메다梅田역 2번 출구에서 왼편으로 도보 4분. 차야마치 맞은편.

### Shopping

# 마루젠 & 준쿠도 우메다점
Maruzen & Junkudo 梅田店

출판 왕국이라고 불리는 일본. 어디를 가든 서점 하나쯤은 쉽게 찾아 볼 수 있다. 그중 간사이 지방에서 최대 규모를 자랑하는 마루젠 & 준쿠도 우메다점은 일본의 세계적인 건축가 안도 다다오가 설계하여 그 이름만으로도 명성을 얻고 있다. 지하 1층에서 지상 7층까지 다양한 책이 보기 좋게 구분되어 있으며 누구나 편하게 책을 읽을 수 있도록 의자가 마련되어 있다.

홈페이지 www.junkudo.co.jp 주소 大阪市北区茶屋町7-20
전화 06-6292-7383 영업 10:00~22:00 휴일 부정기적
가는 방법 지하철 미도스지御堂筋선 우메다梅田역 2번 출구에서 도보 10분.

### Shopping

# 로프트 Loft

간사이 지방에서 가장 큰 규모를 자랑하는 우메다 로프트는 편리한 라이프스타일을 모토로 인테리어 소품, 주방용품, 목욕용품, 가구 그리고 화장품과 문구류에 이르기까지 우리 생활 전반에 걸쳐 필요한 생활용품을 취급하는 대형 쇼핑몰이다. 7층에 위치한 빌리지 뱅가드는 기발하다 못해 엽기적이기까지 한 재치 넘치는 상품을 볼 수 있어 구경하는 것만으로도 만족도 100%다. 지하 1층에는 영화관이, 8층에는 무지 매장이 있다.

홈페이지 www.loft.co.jp 주소 大阪市北区茶屋町16-7
전화 06-6359-0111 영업 10:30~21:00 휴일 부정기적
가는 방법 지하철 미도스지御堂筋선 우메다梅田역 2번 출구에서 도보 13분. 마루젠 & 준쿠도 맞은편.

Shopping
⑫
## 요도바시 카메라 ヨドバシカメラ

일본에서 가장 먼저 최신 전자 제품을 만날 수 있는 곳, 신상품을 마음대로 조작해 볼 수 있어 굳이 구입하지 않아도 한 번쯤 들르게 되는 곳으로 여행자들에게 인기가 높다. 모서리가 둥근 삼각형 건물에는 지하 2층에서 지상 5층에 걸쳐 디지털 카메라, 노트북, 생활 가전, 프라모델, 휴대전화 액세서리, 각종 주변 기기용품까지 다양하게 전시, 판매하고 있다. 한국어가 가능한 직원들이 있어 물건 구입에 어려움이 없다.

홈페이지 www.yodobashi-umeda.com  주소 大阪市北区大深町1-1
전화 06-4802-1010  영업 09:30~22:00  휴일 부정기적
가는 방법 지하철 미도스지御堂筋선 우메다梅田역 5번 출구 앞.

Sightseeing
⑬
## 오사카 스테이션 시티 大阪ステーションシティ

7년이라는 시간에 걸쳐 완성된 오사카 스테이션 시티는 2011년 5월 11일에 오픈하였다. 다이마루 백화점, 호텔 그란비아 등 서비스 시설이 들어서 있는 사우스 게이트 빌딩South Gate Building과 이세탄 백화점, 루쿠아Lucua, 영화관, 레스토랑 등 쇼핑과 엔터테인먼트 시설이 있는 노스 게이트 빌딩North Gate Building으로 나뉜다. 오사카 스테이션 시티는 교통의 요충지이며 먹고 즐길 수 있는 초대형 복합 쇼핑몰이다. 오사카역의 5층에는 노스 게이트 빌딩과 사우스 게이트 빌딩을 연결해 주는 쾌적하고 넓은 광장이 있다. 높은 철골의 천장은 웅장함을 주고 광장의 양쪽 끝에는 금시계와 은시계가 설치되어 '시공의 광장'이라고 부른다. 노스 게이트 빌딩 14층에는 '천공의 농원'이 있으며 11층에 위치한 '바람의 광장'에서는 오사카 시내를 한눈에 바라볼 수 있다. 늦은 저녁까지 개방되어 밤 풍경을 즐기는 사람으로 늘 만원이다. 오사카 스테이션 시티의 3층에는 요도바시 카메라, 한신 전철, 한큐 전철, 그랜드 프런트 오사카와 연결되는 다리가 있어 보다 편리한 여행을 즐길 수 있다.

홈페이지 osakastationcity.com/kr
주소 大阪市北区梅田1-3
전화 06-6458-0212
영업 쇼핑 10:00~21:00
식당 11:00~23:00
휴일 부정기적
가는 방법 지하철 미도스지御堂筋선 우메다梅田역 3-A, 3-B번 출구 방향으로 도보 약 10분. 또는 JR 오사카大阪역 빌딩.

## Shopping

## 그랜드 프런트 오사카 Grand Front Osaka

서일본에서 가장 큰 대형 쇼핑몰인 그랜드 프런트 오사카는 2013년 4월 26일 그 모습을 드러냈다. 남관과 북관으로 이루어진 그랜드 프런트 오사카는 패션, 잡화, 레스토랑 등 전 점포가 266개라는 엄청난 규모를 자랑한다. 남관은 JR 오사카역과 연결되어 있으며 길쭉하게 뻥 뚫린 천장이 개방감을 주어 답답함을 없앴다. 북관에 비해 다양한 쇼핑몰이 밀집해 있기 때문에 낮이고 밤이고 항상 사람들로 붐빈다. 북관의 4층은 서일본 최대의 면적을 자랑하는 무지의 쇼룸 공간으로 무지를 좋아하는 이들은 꼭 들러봐야 한다. 6층은 우메키타 플로어로 '어른들이 모이는 공간'이라는 재미있는 콘셉트를 가진 곳이다. 새벽 4시까지 즐길 수 있는 레스토랑 플로어로 다양한 음식을 구입하여 테이블에서 마음대로 자리 잡고 먹을 수 있도록 배려하였다. 안내 센터에는 한국인 직원이 항시 대기하고 있어 어려움을 해결해 준다.

홈페이지 www.grandfront-osaka.jp
주소 大阪市北区大深町4-20(남관)
전화 06-6372-6300
영업 쇼핑 10:00~21:00
식당 11:00~23:00
가는 방법 JR 오사카大阪역과 연결. 2층에 연결통로가 있다.

### Grand Front Osaka
## 자라 홈 Zara Home

우리에겐 의류 브랜드로 친숙한 자라는 홈 인테리어 용품으로 일본과 홍콩에서 인기몰이를 하고 있다. 꽃무늬가 가득한 프로방스 스타일에서부터 모던하고 고급스러운 소품들까지 다양한 인테리어 제품을 선보이고 있으며 그 밖에 침구, 테이블웨어, 향초 등 적절한 가격대의 제품을 만나 볼 수 있다.

주소 大阪市北区大深町3-1 グランフロント大阪 北館 1F
전화 06-6359-2651  영업 10:00~21:00
가는 방법 지하철 미도스지御堂筋선 우메다梅田역 3-A, 3-B번 출구 방향으로 도보 약 15분. 그랜드 프런트 오사카 북관 1층.

### Grand Front Osaka
## 키르훼봉 キルフェボン

일본 최고의 디저트 전문점 키르훼봉은 타르트가 유명하다. 자리에 앉아 먹기 위해서는 최소 30분은 대기해야 할 정도로 늘 사람들로 붐빈다. 시간이 촉박한 여행자라면 테이크아웃이 정답이다. 가장 인기 있는 타르트는 제철과일이 듬뿍 올라간 타르트로 차와 함께 즐기면 입 안 가득 풍미를 즐길 수 있다.

주소 大阪市北区大深町4-20 グランフロント大阪 南館 2F
전화 06-6485-7090  영업 10:00~21:00
가는 방법 지하철 미도스지御堂筋선 우메다梅田역 3-A, 3-B번 출구 방향으로 도보 약 15분. 그랜드 프런트 오사카 남관 2층.

Shopping

## 한큐 백화점 阪急百貨店 한신 백화점 阪神百貨店

여성 여행자들에게 마트, 백화점 식품 코너 방문은 여행 중 빠져서는 안 되는 중요 리스트다. 제빵 기술이 발달한 일본에서는 관심이 없더라도 지하 식품 코너에 눈길을 주게 되기 마련인데 한신 백화점의 지하 식품 코너는 일본에서도 소문이 났을 정도로 다양한 식품군에 놀라고 맛과 모양에 또 한 번 놀라지 않을 수 없다. 무엇이 맛있는지 어느 것이 인기 좋은지는 물어보지 않아도 긴 줄이 늘어서 있는 것으로 알 수 있다. 그 밖에 일본 여행 시 선물용으로 많이 구입하는 비교적 저렴한 가격의 손수건, 스카프, 스타킹, 양산 등을 갖춘 다양한 선물 코너가 준비되어 있다. 한신·한큐 백화점은 우메다역을 중심으로 나란히 위치하고 있으니 둘 중 한 곳만 구경해도 좋겠다.

홈페이지 한큐 www.hankyu-dept.co.jp
한신 www.hanshin-dept.jp
주소 한큐 大阪市北区角田町8-7
한신 大阪市北区角田町1-13-13
전화 한큐 06-6361-1381
한신 06-6345-1201
영업 10:00~20:00(층별로 영업시간이 다른 경우가 있으니 홈페이지 참조할 것)
휴일 부정기적
가는 방법 한큐 지하철 미도스지御堂筋선 우메다梅田역 12번 출구에서 도보 3분.
한신 지하철 미도스지선 우메다역 11~18번 출구 방향에서 나오자마자 대각선 오른편 혹은 지하철 타니마치谷町선 히가시우메다東梅田역 15번 출구에서 도보 1분.

Shopping

## 화이티 우메다 Whity うめだ

총 길이 1.8km의 오사카 최대 지하 쇼핑몰로 JR 오사카역에서 우메다역까지 연결되어 있다. 때문에 지하상가를 돌아다니다 보면 자연스레 화이티 우메다와 만나게 된다. 지하 쇼핑센터에는 로코코풍 장식의 인공 분수대가 자리하고 있어 오가는 많은 사람이 약속 장소로 이용하고 있다. 고급스러운 인테리어를 갖추었으며 비교적 저렴한 쇼핑 아이템들이 있어 특히 비 오는 날 최적의 쇼핑 장소라고 할 수 있겠다.

홈페이지 whity.osaka-chikagai.jp
영업 10:00~21:00
가는 방법 JR 오사카大阪역과 우메다梅田역과 연결.

Shopping

## 이마 E-ma

디아모르 오사카와 연결되어 있는 이마는 쇼핑몰과 영화관, 레스토랑, 카페, 극장이 모여 있는 최첨단 복합 엔터테인먼트 빌딩이라고 할 수 있다. 지하 2층에서 지상 13층까지 구성된 건물의 디자인과 인테리어는 유명 아티스트의 작품이다. 20대를 주 고객으로 유나이티드 애로우즈United Arrows, 쉽스Ships 등 개성 강한 소품 숍과 셀렉트 숍 등이 입점해 있어 작지만 오사카 감각을 느끼기에 충분한 곳이다.

홈페이지 www.e-ma-bldg.com
주소 大阪市北区梅田1-12-6
전화 06-4796-6277
영업 쇼핑 11:00~21:00, 식당 11:00~23:00
휴일 부정기적
가는 방법 지하철 타니마치谷町선 히가시우메다東梅田역 9번 출구에서 도보 1분.

Shopping

## 디아모르 오사카 Diamor Osaka

이탈리아의 거리 모습을 재현해 놓은 지하 쇼핑몰로 바닥에 깔린 대리석이 디아모르 오사카를 고급스럽게 만든다. 하얀 색으로 통일된 내부와 높은 천장에서 퍼지는 빛이 지하임을 느끼지 못하게 한다. 디아모르 오사카는 캐주얼, 패셔너블, 버라이어티, 마켓이라는 4개의 테마로 구역이 나뉘어 있으며 저렴하게 한 끼 식사를 해결할 수 있는 다양한 식당과 100여 개의 상점이 들어서 있다. 최근에는 무인양품이 오픈하여 지하 쇼핑몰에 활력을 주고 있으며, 화이티 우메다와 연결되어 있어 쇼핑이 더욱 편안하다.

홈페이지 www.diamor.jp
영업 쇼핑 10:00~21:00, 식당 10:00~22:00
가는 방법 한신阪神 우메다梅田역과 연결되어 있으며 도보 3분, 한큐阪急 우메다역에서는 도보 7분, 지하철 미도스지御堂筋線선에서는 도보 5분.

Shopping

## 힐튼 플라자 Hilton Plaza

명품 쇼핑몰로 손꼽히는 곳으로 힐튼 플라자 이스트에서는 샤넬, 에르메스와 수입 브랜드, 힐튼 플라자 웨스트에서는 루이비통, 페레가모 등 우리에게도 익숙한 명품들을 만나 볼 수 있다. 힐튼 플라자 웨스트 광장에는 '녹의 캐스케이드'라는 인상적인 공간이 있다. 건물 로비의 지하 2층부터 지상 1층까지 꽃과 녹지를 도입하여 독특한 공간을 만들어 냈다.

홈페이지 www.hiltonplaza.com
주소 大阪市北区梅田1-8-16(이스트)
전화 06-6342-0002
영업 쇼핑 11:00~20:00,
식당 11:00~23:00(일부 점포는 20:00까지)
휴일 1월 1일, 6월 첫째 주 월요일
가는 방법 지하철 요츠바시四ツ橋선의 니시우메다西梅田역 4-A 출구 앞. 니시우메다西梅田역과는 지하로도 연결되어 있음.

## Shopping ⑳

## 하비스 플라자 Herbis Plaza 하비스 플라자 엔트 Herbis Plaza Ent

명품 백화점이라고 불리는 하비스 플라자와 하비스 플라자 엔트는 쇼핑센터와 고급 레스토랑 그리고 리츠칼튼 호텔이 함께 있는 복합공간이라고 할 수 있다. 하비스 플라자의 지하 1층에서 지상 2층까지는 여성복과 아동복, 주얼리 숍이 있으며, 4층에는 하비스 플라자가 자랑하는 럭셔리하고 세련된 인테리어 쇼룸이 모여 있다. 하비스 플라자 엔트는 지하 2층에서 지상 2층까지 불가리, 구찌, 막스 마라, 티파니 등 명품 브랜드가 들어서 있으며, 3~4층에는 독특하고 개성 강한 셀렉트 숍들이 모여 있다.

홈페이지 www.herbis.jp
주소 大阪市北区梅田2-5-25
전화 06-6343-7500
영업 쇼핑 11:00~20:00, 식당 11:00~23:00
휴일 부정기적
가는 방법 지하철 요츠바시四ツ橋선의 니시우메다西梅田역 4-A출구에서 도보 5분. 하비스 플라자는 니시우메다西梅田역과 지하로도 연결되어 있음.

### Herbis Plaza Ent
## 소니 스토어 Sony Store

오사카에서 소니의 신제품을 가장 먼저 만나 볼 수 있는 곳이다. 일본이 자랑하는 세계적인 기업답게 쇼룸의 분위기도 세련되고 구조적으로도 돋보이는 형태를 갖추고 있다. 다양한 소니의 제품들과 방금 막 출시된 신상품들을 친절하게 설명해 주는 직원들의 도움을 받아 마음껏 조작해 볼 수 있다.

홈페이지 www.sony.jp/store/retail/osaka
주소 大阪市北区梅田2-2-22
전화 06-6344-5410
영업 11:00~20:00
휴일 부정기적
가는 방법 지하철 요츠바시四ツ橋선의 니시우메다西梅田역 4-A 출구에서 도보 5분. 하비스 플라자 엔트 4층에 위치.

## Shopping ㉑
## 브리제 브리제 Breezé Breezé

오사카의 경치를 감상하고 싶은데 오사카 공중정원의 입장료가 아깝다면 브리제 브리제를 추천한다. 2008년 세워진 브리제 브리제는 총 34층으로 174.9m의 높이를 자랑한다. 지하 1층에서 지상 6층까지는 주로 여성들을 위한 쇼핑 공간으로 유나이티드 애로우즈와 어반 리서치, 비비안 웨스트우드, 캐스 키드슨, 그외 일본 여성들이 좋아하는 로컬 브랜드, 레스토랑 등이 있다. 전망대는 33층에 자리하고 있으며 1층에서 전망대로 가는 논스톱 엘리베이터가 있다.

홈페이지 www.breeze-breeze.jp
주소 大阪市北区梅田2-4-9
전화 06-6343-1633
영업 쇼핑 · 전망대 11:00~21:00,
식당 11:00~23:00
휴일 부정기적
가는 방법 지하철 요츠바시四ツ橋선 니시우메다西梅田역 10번 출구에서 도보 3분.

Sightseeing
㉒
## 츠유텐 신사 露天神社

우메다의 복잡한 골목 사이 깊숙한 곳에 자리하고 있는 조용하고 작은 신사답게 신사는 오밀조밀 아기자기하다. 오하츠텐진お初天神으로도 불리는 츠유텐 신사는 1,300년의 역사를 간직한 곳으로 학문의 신 스가와라노 미치자네를 모신다. 일본을 대표하는 러브 스토리인 『소네자키 정사』의 무대가 된 곳으로도 유명하다. 비극적 러브 스토리인 『소네자키 정사』는 신분의 격차로 인해 맺어질 수 없는 연인이 다음 생에서는 부부의 연으로 만나기를 소원하며 끝내 자살로 생을 마감하는 이야기다. 신사 내부에는 두 주인공의 석상이 세워져 있으며, 석상 앞에서는 많은 연인이 사랑을 맹세하기도 한다. 또한 출세와 소원을 비는 소 동상도 놓여 있어 주변 상인들이 많이 찾는다. 본전 바로 앞의 2개의 돌기둥 아래쪽에는 파인 자국이 보이는데 이는 제2차 세계대전 당시 신사에 날아든 유탄으로 생긴 자국이라고 한다. 매월 첫째 주 금요일에는 벼룩시장이 열려 작은 신사가 축제처럼 북적거린다.

홈페이지 www.tuyutenjin.com
주소 大阪市北区曽根崎2-5-4
전화 06-6311-0895
영업 06:00~24:00
휴일 연중무휴
가는 방법 지하철 타니마치谷町선의 히가시우메다東梅田역 6번 출구에서 왼쪽으로 도보 5분.

유탄의 흔적

Sightseeing
㉓
## 나카노시마 공원 中之島公園

도지마강과 도사보리강 사이에 위치한 강변 공원인 나카노시마 공원은 도심 속 오아시스라는 애칭으로 불리며 1891년 오사카시에서 최초로 탄생한 공원이다. 공원 내에는 오사카 최초로 비어 가든이 오픈하여 카페와 함께 도시적인 휴식 공간을 시민들에게 제공하고 있다. 공원 내에는 약 100여 종 4,000여 그루의 장미가 있어 5월과 10월 중순에는 장미 축제가 열린다. 연말에는 라이트 업 행사가 펼쳐져 나카노시마는 축제의 분위기로 바뀐다.

홈페이지 www.osakapark.osgf.or.jp
주소 大阪市北区中之島1
전화 06-6312-8121
가는 방법 지하철 미도스지御堂筋선 요도야바시淀屋橋역 1번 출구에서 도보 2분. 지하철 사카이스지堺筋선 키타하마北浜역 1번 출구.

Sightseeing

## 오사카 부립 나카노시마 도서관 大阪府立中之島図書館

1904년 에도 시대부터 오사카를 본거지로 사업해 온 스미토모 가문이 기증한 오사카 부립 나카노시마 도서관은 처음에는 오사카 도서관이라고 불리다가 후에 지금의 이름으로 개명되었다. 1922년 양옆의 건물도 기증받아 지금의 석조 건축물이 완성되었다. 구리 천장의 둥근 돔 형태의 지붕은 웅장함과 중후함을 느끼게 한다. 고문서와 오사카 관련 문헌, 비즈니스 관련 도서가 약 50여 만 권 소장되어 있으며 생긴 지 100여 년이 지난 지금도 동네 사람들과 책을 사랑하는 사람들이 즐겨 찾고 있다. 현재 도서관 건물은 일본 중요문화재로 지정되어 있다.

홈페이지 www.library.pref.osaka.jp
주소 大阪市北区中之島1-2-10
전화 06-6203-0474
영업 09:00~20:00(토요일은 17:00까지)
휴일 일요일, 공휴일(3, 6, 10월 둘째 주 목요일)
가는 방법 지하철 미도스지御堂筋선 요도야바시淀屋橋역 1번 출구에서 도보 4분. 출구에서 다리 건너 오른편으로 약 150m 직진.

Sightseeing

## 오사카시 중앙 공회당 大阪中央公会堂

붉은 벽돌과 청록색 돔형 지붕이 조화를 이루는 중앙 공회당은 멀리서도 눈에 들어온다. 네오르네상스 양식의 석조 건축물로 구서울역을 설계한 다쓰노 긴코의 설계로 1918년에 완공되었다. 중앙 공회당은 주식 매매로 큰돈을 벌어들인 이와모토 에이노스케가 기증한 기금으로 세워졌으며, 나카노시마 지역의 상징 건물로 지진에도 견딜 수 있도록 복원 프로젝트를 통해 2002년 11월 재개장되었다. 지하 1층에는 오므라이스로 유명한 레스토랑과 이와모토 에이노스케의 자료실이 위치해 있다.

홈페이지 osaka-chuokokaido.jp
주소 大阪市北区中之島1-1-27
전화 06-6208-2002
영업 09:30~21:30
휴일 매월 넷째 주 화요일, 12월 28일~1월 4일
가는 방법 지하철 미도스지御堂筋선 요도야바시淀屋橋역 1번 출구에서 5분. 오사카 부립 나카노시마 도서관을 지나 약 50m 직진.

### Sightseeing ㉖
# 오사카 시립 동양 도자기 미술관 大阪市立東洋陶磁美術館

1982년 중국 도자기와 한국 도자기를 모아 놓은 아타카安宅 컬렉션 1,000여 점을 오사카시가 기증받으면서 개관하였다. 특히 이병창 컬렉션으로 불리고 있는 전시 공간은 재일 교포 이병창이 평생 수집하여 기증한 한국 도자기 351점과 중국 도자기(시가 45억 엔)를 전시하고 있다. 이병창 씨가 일본에 기증한 이유는 재일 동포 후세들이 이곳 일본에서 조국의 문화를 배우고 긍지를 갖도록 하기 위함이었다. 그 밖에도 국보와 중요문화재로 지정된 예술품들과 2,000여 점의 도자기가 상설 전시되고 있다.

홈페이지 www.moco.or.jp/ko
주소 大阪市北区中之島1-1-26
전화 06-6223-0055
영업 09:30~17:00
휴일 월요일, 12월 28일~1월 4일
요금 일반 500엔, 대학생·고등학생 300엔
가는 방법 지하철 미도스지御堂筋선 요도야바시淀屋橋역 1번 출구에서 도보 5분. 지하철 사카이스지堺筋선 키타하마北浜역 26번 출구에서 도보 5분.

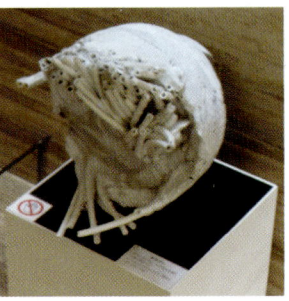

### Sightseeing ㉗
# 국립 국제 미술관 国立国際美術館

1977년에 문을 연 국립 국제 미술관은 주로 현대미술을 중심으로 한 작품을 수집, 보관, 전시하고 있으며 2007년에 지금의 자리로 이전하여 다시 문을 열었다. 미술관은 건축의 대가라 불리는 시저 펠리에 의해 대나무의 생명력과 현대미술의 발전, 성장을 형상화하여 제작되었다. 지하 1층에서 3층까지의 다양한 갤러리에서 일본뿐만 아니라 세계 곳곳의 다양한 현대미술을 소개하고 있으며 참신한 기획과 다채로움이 돋보이는 기획전이 열려 관람객에게 재미를 선사한다.

홈페이지 www.nmao.go.jp
주소 大阪市北区中之島4-2-55
전화 06-6447-4680
영업 10:00~17:00(금·토요일은 20:00까지)
휴일 월요일, 12월 28일~1월 4일(변동할 수 있음)
요금 일반 430엔, 대학생 130엔(특별전에는 별도 요금 적용), 고등학생 이하 무료, 야간할인요금(금, 토요일 17:00~20:00) 일반 250엔, 대학생 70엔
가는 방법 지하철 요츠바시四ツ橋선 히고바시肥後橋역 3번 출구에서 도보 10분. 미도스지御堂筋선 혹은 게이한京阪선 요도야바시淀屋橋역에서 서쪽으로 도보 15분.

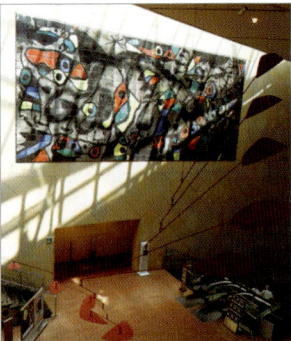

Sightseeing

## 오사카 시립 과학관 大阪市立科学館

국립 국제 미술관 옆에 나란히 자리하고 있는 오사카 시립 과학관은 주말이면 아이들과 함께 방문하는 손님들로 문전성시를 이룬다. 4층으로 된 원통형 건물로 우주, 과학, 화학, 전기, 에너지의 세상을 여러 가지 체험을 통해 자연스럽게 습득하도록 만들어졌다. 몸을 왜곡되게 비춰 주는 거울과 착시 현상을 이용한 작품은 관람객을 즐겁게 한다. 지하 1층에는 과학에 관한 영상을 상영하는 극장이 있다.

홈페이지 www.sci-museum.jp
주소 大阪市北区中之島4-2-1
전화 06-6444-5656
영업 09:30~17:00
휴일 월요일, 12월 28일~1월 4일
요금 일반 400엔, 대학생·고등학생 300엔, 중학생 이하 무료
가는 방법 지하철 요츠바시四ツ橋선 히고바시肥後橋역 3번 출구에서 도보 10분. 미도스지御堂筋선 혹은 게이한京阪선 요도야바시淀屋橋역에서 서쪽으로 도보 15분.

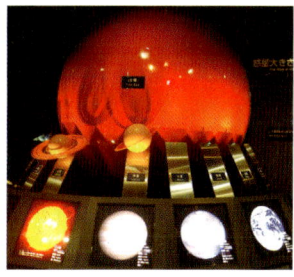

Sightseeing

## 컵누들 박물관 カップヌードルミュージアム

일본 인스턴트 라면을 처음 발명한 안도 모모후쿠와 라면을 기념하기 위해 만든 컵누들 박물관은 현재 닛신식품에서 운영하고 있다. 박물관에는 라멘을 발명할 당시의 모습과 자료들이 다양한 모형으로 전시되어 있으며 자기만의 컵라면을 만들 수 있는 코너가 준비되어 있다. 물론 여러 종류의 면이나 건더기 스프를 선택해서 컵에 넣어 주는 것으로 끝나지만 컵 표면에 디자인까지 하고 나면 세상에 단 하나뿐인 나만의 라면이 완성되는 것이다. 2층에는 면을 만들 수 있는 코너도 있지만 미리 신청해야 한다.

홈페이지 www.cupnoodles-museum.jp
주소 大阪府池田市満寿美町8-25
전화 072-752-3484
영업 09:30~16:30
휴일 화요일, 연말연시
요금 입장 무료, 라면 만들기 300엔
가는 방법 한큐阪急선 우메다梅田역에서 다카라즈카宝塚선 급행열차를 타고 이케다池田역에서 하차하여 남쪽으로 도보 8분 소요.

# 일본에서 가장 긴 쇼핑 아케이드,
## 텐진바시스지 상점가 天神橋筋商店街 걸어 보기

일본에서 가장 긴 아케이드 상점가인 텐진바시스지는 오사카 사람들의 일상을 그대로 영상처럼 보여주는 곳이다. 미나미모리마치역에서 오기마치역을 지나 텐진바시스지로쿠초메역까지 이어지는 총 길이 2.6km의 길로 600여 개의 상점들이 1번지에서 8번지까지 빼곡히 들어서 있다. 서민적인 냄새가 폴폴 나는 상점가는 의류, 주방용품, 생활용품은 물론이고 종류를 헤아릴 수 없는 잡화, 맛도 일품이고 가격도 저렴한 식당들과 군것질 거리, 그리고 무엇보다 여행자들의 발목을 잡는 드러그스토어가 발에 챌 정도로 많다. 신사이바시스지와 가격을 비교해 보면 상대적으로 좀 더 저렴하고 종류도 많다.

1번지와 2번지에는 일본 대표 조형물인 분라쿠 인형들이 장식되어 있고, 2번지에서 주문과 동시에 튀겨 내는 크로켓으로 유명한 나카무라야 中村屋가 있다. 3번지의 천장에는 빨강, 파랑, 노랑의 작은 도리이가 장식되어 있다. 4번지에는 24시간 영업하는 일본식 슈퍼마켓인 다마테 玉出가 있으며 새벽 5시부터 반값 세일에 돌입하기도 한다. 배가 좀 출출하면 4번지에 있는 타코야키도라쿠 와나카 たこ焼き道楽 わなか에서 타코센을 먹도록 하자. 타코센은 쉽게 말해 고소한 센베이 사이에 타코야키를 넣은 것으로 바삭한 맛과 고소한 맛이 일품이다. 3번지와 4번지 사이에는 일본판 '로미오와 줄리엣'이라 불리는 다리 모양의 난간과 등불이 놓인 부부다리가 있다. 이곳에는 예전

고소한 센베이 안에 따뜻하고 부드러운
타코야키의 맛이 절묘한 조화를 이룬다.

에 하천과 2개의 우물이 있었는데 외지로 일하러 간 남편이 약속 날짜가 되었는데도 돌아오지 않자 부인은 연못에 몸을 던져 죽고, 후에 돌아온 남편도 그 소식을 듣고 스스로 몸을 던져 자살했다는 슬픈 이야기가 전해지고 있다. 5번지와 6번지에는 하루코마春駒라는 입에서 살살 녹는 맛있고 저렴한 초밥집이 있다. 7번지는 지붕이 없어 비가 오면 주의가 필요하다.

가는 방법 지하철 사카이스지堺筋선, 타니마치谷町선의 미나미모리마치南森町역이나 텐진바시스지로쿠초메天神橋筋六丁目역에서 하차.

## 오사카텐만구 大阪天満宮

힉문의 신이자 문학의 신인 스가와리노 미치지네를 모시는 신사로 총본산은 후쿠오카 다자이후에 있다. 입시 철, 시험 기간이 되면 수험생과 학부모들이 모여들어 문전성시를 이루며 부적 판매도 급증한다. 정문에 커다랗게 매달린 금줄이 악귀와 액운을 막아 준다. 본전 안쪽에는 스가와라노 미치자네의 유체 운반을 거부했던 소가 한쪽에 자리하고 있다. 이 소는 스가와라노 미치자네의 뜻을 잘 알고 있던 똑똑한 소라고 여겨 숭상하고 있는데 이 소의 머리를 쓰다듬으면 똑똑해진다고 전해진다. 7월 24~25일에는 오사카 3대 마츠리 중 하나인 텐진 마츠리가 열린다.

홈페이지 www.tenjinsan.com 주소 오사카시 북구 텐진바시 2-1-8
전화 06-6353-0025 영업 09:00~17:00 요금 무료
휴일 연중무휴 가는 방법 지하철 사카이스지堺筋선, 타니마치谷町선 미나미모리마치南森町역 4-A 출구에서 오른쪽으로 도보 3분.

## 오사카 주택 변천 박물관 大阪くらしの今昔館

이름 그대로 오사카 시민들의 19세기 생활 모습을 그대로 재현해 놓은 오사카 주택 변천 박물관은 8층은 모형과 영상을 통해 오사카의 변천을, 9층은 1900년대의 오사카 거리를 그대로 재현해 놓았다. 특히 기모노 체험을 할 수 있어 많은 여행객들에게 인기다. 30분간 기모노를 입고 전시관을 돌며 1830년대 일본 옛 영화의 주인공이 된 양 오사카 시민들의 삶 속에 빠져들 수 있다. 당시 생활 모습을 그대로 옮겨 놓은 가구, 가재도구들은 물론 사람과 기르던 가축 모형까지 그대로 재현해 놓아 생동감 있다.

홈페이지 www.konjyakukan.com
주소 大阪市北区天神橋6-4-20 大阪市立住まい情報センタービル8階
전화 06-6242-1170 영업 10:00~17:00
휴일 화요일, 12월 29일~1월 2일
요금 일반 600엔, 대학생·고등학생 300엔, 중학생 이하 무료
가는 방법 지하철 타니마치谷町선, 사카이스지堺筋선 텐진바시스지로쿠초메天神橋筋六丁目역 3번 출구 바로 앞.

## 오사카 골목 산책, **나카자키초** 中崎町

오사카의 옛 모습을 그대로 간직하고 있는 나카자키초의 거리 모습은 사진을 찍은 블로거들을 통해 알려지기 시작했다. 상업 도시로 변한 현대적인 오사카 지역에 시간이 잠시 머물고 있는 듯한 나카자키초는 호기심을 갖기에 충분했다.

나카자키초는 도요토미 히데요시가 오사카성을 지키기 위해 성 외곽에 만든 작은 마을이었다. 나무로 지어진 집들의 오래된 반질반질함과 집마다 꾸며 놓은 작은 정원, 오래되어 부식된 소박한 창틀이 정감 있게 다가온다. 오래되고 낡은 건물들을 허물지 않고 약간의 수리를 통해 재탄생시킨 카페나 상점이 입소문이 나면서 계속 새로운 상점들도 늘어나고 있다. 특히 참신한 신진 디자이너들의 밀집장소가 되면서 오사카에서 가장 핫한 일본 스타일의 신상품을 만나 볼 수 있는 곳이기도 하다.

낮에는 한적한 골목을 거닐면서 산책하기에 좋으며, 낭만적이고 캐주얼한 분위기를 원한다면 주말 오후에 방문하는 것이 좋다. 상점들은 대개 11시 이후에 문을 열기 시작하지만 카페나 레스토랑, 펍은 오후 5시가 돼야만 문을 열기 때문이다. 나카자키초에서 유명한 곳으로 꼽히는 잼팟Jam Pot은 오사카에서 활동하는 신진 디자이너의 작품과 프랑스에서 가져온 물건, 개성이 강한 액세서리 등을 판매하는 잡화 전문점이다. 구입 목적이 아니더라도 구경하는 데만 많은 시간이 걸릴 정도로 알차다. 컨테이너Container는 빈티지 룩을 선보이는 곳으로 미국에서 가져온 다양한 구제의류와 액세서리를 판매한다. 우리나라와 달리 일본의 구제품 사랑은 대단하다. 나카자키초에도 구제 물건을 판매하는 상점들이 많다. 어느 정도 산책을 즐겼다면 주변 카페에서 차 한잔과 달달한 케이크로 마무리하는 것도 좋겠다. 미무Mi-mu는 플라워 카페로 다양한 꽃과 부케를 판매하며 카페도 겸하고 있어 향기로운 꽃 향과 함께 몸도 마음도 편안해진다.

**가는 방법** 지하철 타니마치谷町선 나카자키초中崎역 2번이나 4번 어느 출구든 상관없다.

# 여성 가극단의 고향, 아톰의 고향 다카라즈카 宝塚

일본 여성 가극단의 고향인 다카라즈카는 오사카 외곽에 있는 작은 도시지만 관광객 수는 100만이 넘을 정도로 알찬 관광 도시다. 관광객 대부분은 일본 지역인들로 1914년 첫 공연을 펼친 여성 뮤지컬 팀 다카라즈카 가극단의 공연을 보기 위함이다. 그 밖에 아톰의 작가인 데즈카 오사무의 기념관이 눈길을 끈다.

**가는 방법** 한큐 우메다梅田역에서 다카라즈카宝塚 급행을 타고 종점에서 하차. 정면 오른쪽으로 나가면 길 건너에 하나노마치와 연결되어 있다.

## 하나노마치 花の街

벚꽃명소인 하나노마치는 길가에 심어진 다양한 꽃들과 유럽풍의 주변 건물이 묘한 조화를 이루고 있다. 다카라즈카 가극단에서 펼쳐진 주요 장면들을 동상으로 재현해 놓아 또 다른 볼거리를 제공한다.

**가는 방법** 다카라즈카宝塚역에서 오른쪽으로 나가면 길 건너 하나노마치와 연결되어 있다.

## 다카라즈카 대극장 宝塚大劇場

다카라즈카 대극장은 공연 관람뿐만 아니라 배우들의 화보집과 캐릭터 상품을 판매하는 상점과 카페, 레스토랑이 있다. 공연스케줄은 수시로 변동이 있으니 관람 전 확인하자.

**홈페이지** kageki.hankyu.co.jp
**주소** 兵庫県宝塚市栄町1-1-57　**전화** 057-000-5100
**영업** 10:00~18:00　**휴일** 수요일　**가는 방법** 하나노마치 길을 따라 직진하면 오른편에 보인다. 도보 10분 소요.

## 데즈카 오사무 기념관 手塚治虫記念館

아톰, 레오를 탄생시킨 데즈카 오사무의 일생을 소개해 놓은 기념관이다. 입구에는 불새의 동상이 세워져 있고 1층에는 캡슐이 담긴 그의 사진과 작품들이, 2층에는 책으로 펴낸 작품들과 스케치가 있다. 그 밖에 작은 카페와 기념품관도 있다.

**홈페이지** www.city.takarazuka.hyogo.jp/tezuka/
**주소** 兵庫県宝塚市武庫川町7-65
**전화** 079-781-2970　**영업** 09:30~17:00
**휴일** 수요일, 연말연시(2019년 1~3월까지 임시휴관)
**요금** 일반 700엔, 중고생 300엔, 초등학생 100엔
**가는 방법** 하나노마치 길을 따라 직진하면 길 건너 왼편에 있다. 도보 15분 소요.

## 네이처 스파 다카라즈카 Nature Spa Takarazuka

1~4층으로 이루어진 다카라즈카의 유일한 온천시설이다. 2층 여성 전용 시설에는 마사지 효과가 탁월하다는 9가지 효능의 온천이 있어 여성 고객들에게 입소문이 나 있다.

**홈페이지** www.naturespa-takarazuka.jp
**주소** 兵庫県宝塚市湯本町9-3　**전화** 079-784-7993
**영업** 09:30~23:00(주말·공휴일은 21:00까지)
**휴일** 첫째 주 목요일
**요금** 남성 820엔, 여성 1,020엔, 초등학생 이하 510엔
**가는 방법** 한큐 다카라즈카宝塚역에서 정면 오른쪽으로 나와 도보 5분.

오사카 남부 · 난바

# 신사이바시스지 상점가 心斎橋筋商店街

오사카 미나미의 대표적인 지역 신사이바시스지는 오사카 여행의 시작점이라고 할 수 있다. 도톤보리 입구를 보고 섰을 때, 도톤보리강 건너 왼편이 신사이바시 상점가로 입구에는 H&M의 거대한 숍이 서 있다. 남북으로 길게 뻗은 약 600m 길이의 신사이바시 상점가는 다이마루 등 대형 백화점과 독특한 건축물을 자랑하는 자라와 유니클로 등의 다양한 숍이 여행객의 지갑을 열게 한다. 신사이바시가 자랑하는 것 중 하나는 마츠모토키요시, 파워드러그 원즈 같은 드러그스토어들이다. 화장품과 식품, 특히 다양한 약품을 비교적 저렴한 가격에 판매하는 곳이 많아 쇼핑을 원하는 여행객들은 주

변 드러그스토어와 가격 비교 후 구입하는 것이 좋다. 그 외에 크고 작은 숍들과 맛집들이 서로 어우러져 원스톱 쇼핑이 가능하며, 특급 브랜드는 아니지만 대중적으로 잘 알려진 브랜드 숍들이 많아 만족할 만한 쇼핑을 즐길 수 있다.

**가는 방법** 지하철 미도스지御堂筋선 신사이바시心斎橋역, 나가호리츠루미료쿠치長堀鶴見緑地선의 신사이바시역을 중심으로 형성.

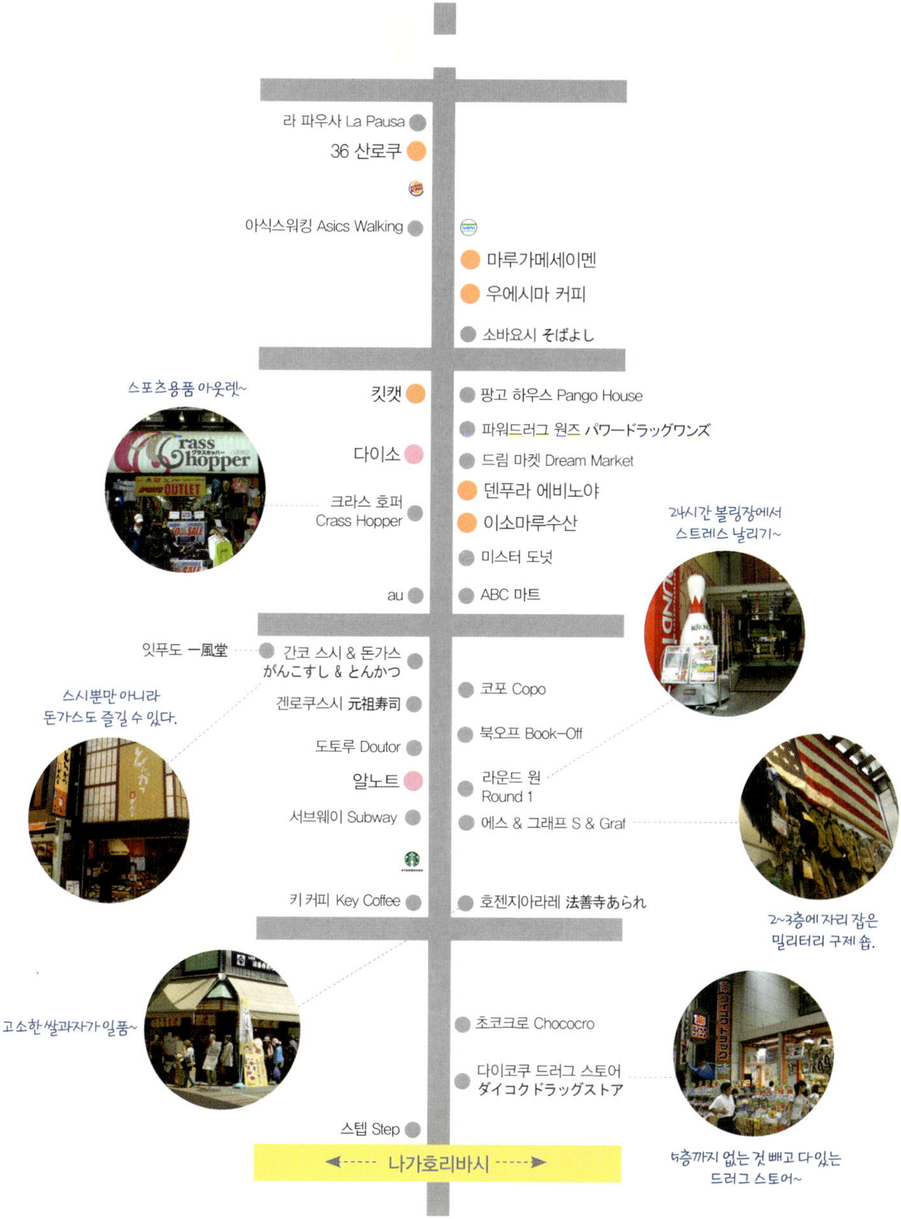

- 라 파우사 La Pausa
- 36 산로쿠
- 아식스워킹 Asics Walking
- 마루가메세이멘
- 우에시마 커피
- 소바요시 そばよし
- 스포츠용품 아웃렛~
- 킷캣
- 팡고 하우스 Pango House
- 파워드러그 원즈 パワードラッグワンズ
- 다이소
- 드림 마켓 Dream Market
- 덴푸라 에비노야
- 크라스 호퍼 Crass Hopper
- 이소마루수산
- 24시간 볼링장에서 스트레스 날리기~
- 미스터 도넛
- au
- ABC 마트
- 잇푸도 一風堂
- 간코 스시 & 돈가스 がんこすし & とんかつ
- 스시뿐만 아니라 돈가스도 즐길 수 있다.
- 겐로쿠스시 元祖寿司
- 코포 Copo
- 도토루 Doutor
- 북오프 Book-Off
- 알노트
- 라운드 원 Round 1
- 서브웨이 Subway
- 에스 & 그래프 S & Graf
- 키 커피 Key Coffee
- 호젠지아라레 法善寺あられ
- 2~3층에 자리 잡은 밀리터리 구제 숍.
- 고소한 쌀과자가 일품~
- 초코크로 Chococro
- 다이코쿠 드러그 스토어 ダイコクドラッグストア
- 스텝 Step
- ◀----- 나가호리바시 -----▶
- 4층까지 없는 것 빼고 다 있는 드러그 스토어~

다양한 쇼핑점과 음식점, 맛집이 들어선 미나미 신사이바시 스지에 비해 키타 신사이바시스지는 관광객이 적은 편이다. 주로 관광객 위주의 상품보다는 오사카에 거주하는 일본인들을 위한 생필품 숍이 많다. 좀 촌스러워 보이긴 하지만 독특한 디자인의 애정이 가는 소품들. 저렴하게 한 끼 식사를 할 수 있는 맛있는 식당들을 키타 신사이바시스지에서 만날 수 있다. 한적하게 키타 신사이바시스지를 걸으며 새로운 핫 플레이스를 찾아보는 것도 오사카에서 보물찾기하는 것처럼 신선할 것이다.

*** 신사이바시스지의 상점 개점시간은 대개 오전 10~11시이며, 폐점시간은 오후 8~9시이다. 물론 상점마다 약간의 차이는 있다.

### Shopping

### 알노트 Arenot

생활용품을 중심으로 상상을 뛰어넘는 독특한 아이디어 제품을 판매하는 숍이다. 안고 자면 잠이 잘 올 것 같은 동물 그림이 프린트 된 쿠션은 알노트의 베스트 상품으로 꾸준한 인기를 얻고 있다. 난바 파크스에도 입점해 있다.

영업 11:00~21:00

### Food

### 이소마루수산 磯丸水産

초밥, 스시, 덮밥, 해산물 구이, 탕, 술 등 다양한 음식을 저렴하게 즐길 수 있다. 시끌벅적한 실내 분위기가 친근함으로 다가오고 저녁 시간에 기분 내며 즐기기에 그만이다. 점심식사로 많이 선택되는 덮밥류는 550엔 이상이다.

영업 24시간

### Food

### 덴푸라 에비노야 天麩羅 えびのや

덴동 맛집으로 주로 새우를 이용한 덴동을 선보인다. 하얀밥 위에 양념이 버무려진 커다란 새우는 보는 것만으로도 배가 부르다. 새우는 추가할 수 있으며, 달걀, 호박, 각종 야채 튀김이 얹어진 덴동도 있으니 입맛에 따라 고르면 된다. 쿠로몬시장점에도 입점해 있다.

홈페이지 fujiofood.com
영업 11:00~22:00

### Shopping

### 다이소 Daiso

2013년 2월 오픈한 다이소는 신사이바시스지뿐만 아니라 오사카에서 규모가 큰 다이소 중 하나다. 총 4층으로 구성되어 있으며 없는 것 빼고는 다 있는 보물 창고로 구경하다 보면 몇 시간이 금방 지나쳐 간다.

홈페이지 daiso-sangyo.co.jp  영업 10:00~21:00

### Shopping

### 킷캣 Kitkat

초콜릿으로 유명한 킷캣의 초콜릿과 그 외 다양한 초콜릿, 스낵, 사탕 등 달콤한 먹거리를 판매하는 숍이다. 일본 전역에서 판매되고 있는 초콜릿은 물론 수입 초콜릿도 판매하고 있다. 제품마다 가격이 붙어 있으며 시중보다 5~20% 저렴하게 판매한다.

영업 09:00~20:30(일요일은 20:00까지)

## Food
6

### 우에시마 커피 上島珈琲

우리에게 흑당커피로 유명해진 우에시마 커피. 달달한 갈색 설탕을 넣은 아이스커피를 구리잔에 서빙해 준다. 맛은 개인 차가 있지만 우리나라 믹스커피를 진하게 타서 얼음을 동동 띄운 맛이랄까. 커피마니아라면 들러보는 것도 좋다.

영업 월~금 07:00~21:00(토·일 08:00부터)

## Food
7

### 마루가메세이멘 丸亀製麺

하나마루 우동처럼 입구에서부터 튀김이나 면의 종류를 선택해서 우동을 즐길 수 있는 곳이다. 사누키 우동 특유의 쫄깃함이 일품. 면을 만들고 있는 장인들의 솜씨도 직접 볼 수 있어 더 믿음이 간다.

영업 11:00~22:00(토·일 10:00부터)

## Food
8

### 36 산로쿠 36 San Roku

치즈 타르트 전문점으로 부드럽고 따뜻한 치즈의 풍미를 느낄 수 있다. 그 밖에도 치즈가 베이스로 된 푸딩과 다양한 파이들이 인기 메뉴. 달달하고 고소한 냄새가 지갑을 열게 만든다. 파블로 치즈 케이크가 부담스럽다면 이곳을 추천한다.

홈페이지 sanroku36.shop
영업 11:00~21:00

## Shopping
9

### 시모지마 Shimojima

생활용품, 문구, 팬시용품 등을 갖춘 소품 아웃렛으로 도큐 핸즈나 로프트에서 판매하고 있는 상품과 시중에서 판매하는 물건들이 10~30%씩 저렴하게 판매되고 있다. 회원제로 운영되지만 비회원도 구입할 수 있다. 도매 상품으로 묶음 판매로 사야 더 저렴하다.

영업 월 09:00~19:30, 화~토 09:30~19:30, 일·공휴일 10:00~18:20

## Shopping
10

### 쿠스리 クスリ

신사이바시스지에서 가장 저렴한 곳이라 자부할 수 있다. 현금으로만 계산이 되고 물건이 다양하지 않다는 단점을

가지고 있지만 다른 드러그 스토어와 비교하면 100엔에서 많게는 500엔까지 저렴하게 구입할 수 있다. 쿠스리는 미나미 신사이바시스지와 에비스바시스지에도 있으니 꼭 가격 비교를 한 후 구입하도록 하자.

영업 09:00~18:45

## Shopping
11

### 아카짱혼포 アカチャンホンポ

1941년 오사카에서 창업한 출산용품, 유아용품 체인점으로 일본 전역에 80여 개의 매장을 운영하고 있다. 혼마치에 위치한 아카짱혼포는 1호점으로 맞은편의 매장이 하나 더 있어 일본에서 가장 많은 용품들이 구비되어 있다.

영업 10:00~20:00

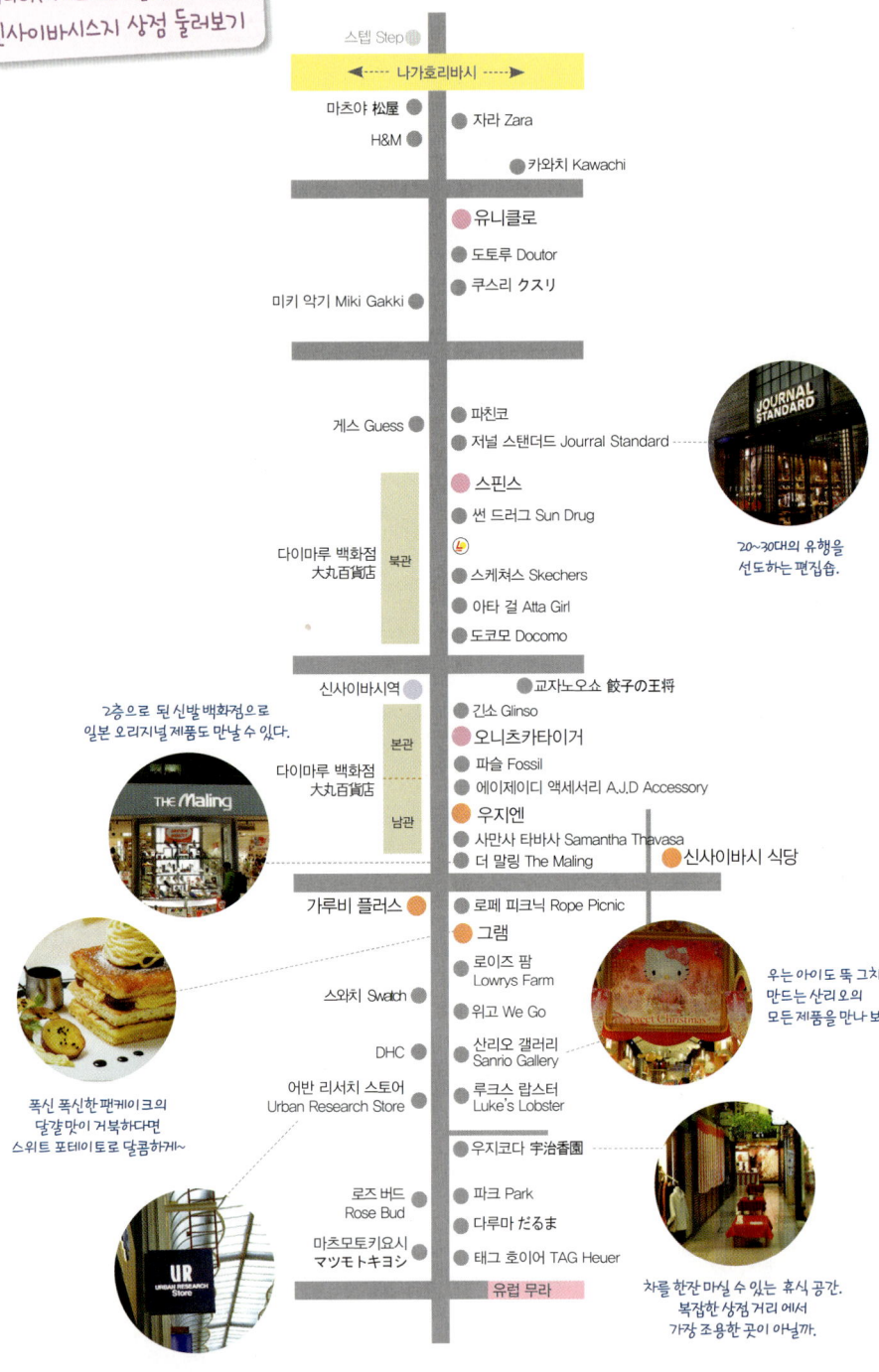

다양한 회지로 만든
일본 전통 부채와 엽서 등
고전미 나는 문방용품들이 가득~

마츠모토키요시
マツモトキヨシ

유럽 무라

파블로
다케미도리쇼인
竹翠書院
퀘스천 마크

랄프 로렌 Ralph Lauren
베이비 돌 Baby Doll
디즈니 스토어
Disney Store

미국 디즈니사의
캐릭터를 만날 수 있다.

ABC 마트
스리코인 플러스 3COINS+plus
고쿠민 コクミン

마츠모토키요시
マツモトキヨシ

한정판 스포츠 브랜드
스니커즈를 만나 보자.

하나마루&요시노야
진스 Jins
신사이바시 니시가와

지걸 G.girl
지유

마스다 칠기점
増田漆器店

달로와요
후지야 不二家
나이스클럽 Nice Claup

세상에 단 하나만 있는
핸드폰 케이스를 만날 수 있다.

이치바즈시 市場ずし

로테 로사

센스 오브 플레이스 Sense of Place
그린 바 Green Bar
스포츠 랩 바이 아트모스 Sports Lab by Atmos

아디다스 Adidas

I♡한류 I♡韓流

한국 아이돌 가수들의
노래가 들린다.

스마트 랩 Smart Lab

메종 드 지지

러브스타일 Love Style

펫 파라다이스

신큐 숍 390円 Shop
쉐키즈 피자

자라 Zara

100엔 다이소도 아니고,
300엔 스리코인도
아닌 390엔의 매력!

버쉬카 Bershka

코포 Copo
토키아 Tokia
엑셀시오르 카페
Excelsior Cafe
더 바디 숍 The Body Shop

타미 힐피거
Tommy Hilfiger

미츠야 ミツヤ
아타 걸 Atta Girl

빙글빙글 돌아가는 인형이
눈에 들어오는 음식점.

오사카를 대표하는
만남의 장소.

위고
마츠모토키요시 マツモトキヨシ

러쉬
만과당
파블로

소에몬초

H&M
H&M
이치란 라멘

글리코 간판 ★
도톤보리강
돈키호테
ドン・キホーテ

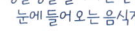

← 도톤보리 →

츠타야 Tsutaya

에비스바시스지

Shopping

## 유니클로 Uniqlo

유행을 타지 않는 스타일로 전 세대를 아우르는 글로벌 브랜드다. 지하 1층의 언더웨어와 아동복에서부터 4층의 여성 의류, 남성 의류, 정장, 다른 브랜드와의 컬래버레이션을 통한 다양한 티셔츠 UT까지 다양한 상품을 소개한다. 우리나라 매장과의 가격은 비슷하거나 부분적으로 좀 더 저렴한 상품이 많다.

영업 11:00~21:00

Shopping

## 스핀스 Spinns

강렬한 색상에 팝아트 작품을 연상케 하는 디스플레이는 스핀스의 특징을 그대로 보여주고 있다. 2층에 자리한 스핀스는 사랑스럽기도 하고 개구지기도 한 의류들과 알록달록한 컬러의 매장의 인테리어가 돋보인다.

영업 월~금 12:00~21:00
토~일 11:00~21:00

Shopping

## 오니츠카타이거 Onitsukatiger

아식스의 운동화 브랜드로 오니츠카타이거는 1949년에 태어났다. 일본에서만 자체 생산하는 것으로 유명하다. 고전적인 실루엣의 재해석부터 새로운 스타일 그리고 다양한 아티스트들과의 협업에 이르기까지 다양한 아이디어가 담겨 있다. 몇 개 생산하지 않는 한정판을 구입하기 위해서는 밤샘을 각오해야 할 정도로 인기다.

영업 11:00~21:00

Food

## 우지엔 宇治園

녹차 전문점 우지엔은 차를 시음하고 구입할 수 있으며 구수한 오차 향이 마음에 편안함을 준다. 상점 안쪽에는 작은 카페가 마련되어 있는데 녹차와 떡, 녹차 쿠키, 녹차 아이스크림 등 다양한 단품과 세트 메뉴를 판매하고 있다. 소량 포장도 가능하며 선물용으로 구입하기 적당하다.

영업 10:00~20:30

Food

## 신사이바시 식당 心斎橋食堂

하나마루가 셀프 우동집이라면 신사이바시 식당은 셀프 일본 가정식이라 할 수 있다. 입구에 비치된 쟁반을 들고 고기볶음, 생선조림, 샐러드, 밑반찬 등과 국이나 수프, 밥의 크기를 선택 후 계산하면 된다. 라멘이나 우동도 주문 가능하다.

영업 05:00~24:00

Food

## 가루비 플러스 Calbee Plus

쟈가비, 포테이토칩, 완두콩 스낵으로 유명한 스낵 전문 회사 가루비의 판매숍이며 한동안 유행한 허니버터칩의 원조 회사이다. 감자를 베이스로 한 스낵은 방금 튀겨내어 고소하다. 특히 쟈가비의 식감은 최고. 사라다맛, 치즈맛, 피자맛 등이 있으며 선물용도 준비되어 있다.

홈페이지 www.calbee.co.jp
영업 11:00~21:00

### Food
**⑱ 그램** Gram

하루에 3번 20개씩만 한정 판매하는 그램의 프리미엄 팬케이크를 먹을 계획이라면 서둘러야 한다. 이곳에서만 맛볼 수 있는 부드럽고 포근한 팬케이크는 입에 들어가자마자 녹아버린다. 그램은 덴덴타운점, 아메리카무라점, 우메다점 등에서 인기몰이 중이다.

영업 11:00~22:00

### Food
**⑲ 파블로** Pablo

갓 구운 치즈 타르트의 진한 냄새가 신사이바시스지를 가득 채운다. 파블로는 오지상 치즈 케이크의 폭신한 질감과 부드러운 맛과는 다른 좀 더 강렬한 맛으로 유혹한다.

영업 10:00~23:00

### Shopping
**⑳ 퀘스천 마크** Question Mark

독특함을 지향하는 슈즈숍 퀘스천 마크는 신발을 리폼하는 콘셉트로 각자의 개성이 드러나는 다양한 신발들을 볼 수 있다. 설마 신고 다닐 수 있을까 싶을 정도로 상상을 초월하는 신발들을 구경하는 재미도 쏠쏠하다.

영업 10:00~21:00

### Food
**㉑ 하나마루 & 요시노야** はなまる & 吉野家

맛도 좋고 가격도 저렴한 하나마루 우동과 덮밥으로 유명한 요시노야가 한 지붕에 가게를 차렸다. 셀프로 원하는 것을 선택해서 먹을 수 있다는 것이 하나마루 우동의 장점. 우동보다는 밥이 간절하다면 든든한 규동이나 오야코동을 먹자.

영업 10:00~22:00

### Shopping
**㉒ 지유** G.U.

유니클로의 세컨드 브랜드로 중저가에서 한 단계 더 착해진 저가를 지향한다. 그렇다고 제품의 질이 결코 떨어지진 않는다. 지유 물건 대부분의 가격은 990엔. 여기에 세일까지 들어가면 그 가격은 더 내려가니 가성비 최고다.

영업 11:00~21:00

### Shopping
**㉓ 신사이바시 니시가와** 心斎橋西川

홈웨어, 침구, 홈데코와 출산용품 등 가정과 관련된 물건을 전시 판매한다. 귀여운 캐릭터를 이용한 다양한 소품들을 이것저것 구경하다 보면 작은 공간임에도 시간이 금방 흘러간다.

영업 11:00~21:00

## Food
### 24
### 달로와요 Dalloyau

신사이바시스지를 지나가다 보면 한 번쯤 예쁜 모양의 케이크 때문에 시선이 멈추는 곳이다. 달로와요는 프랑스에서 온 수제 베이커리로 200년 이상의 역사를 지니고 있다. 시즌 한정으로 출시되는 케이크와 마카롱이 인기 있으며, 특히 과일 타르트와 초콜릿이 유명하다.

영업 11:00~21:00(토, 일은 10:30부터)

## Shopping
### 25
### 로테 로사 Rote Rosa

젊은 감각의 캐주얼 의류를 판매하고 있는 로테 로사는 10~20대를 겨냥한 상큼하고 입기 편한 옷을 선보인다. 파스텔 톤의 부드러운 느낌이 활동적인 디자인과 어울려 묘한 매력을 발산하며 귀여움을 더해준다.

영업 10:00~21:00

## Food
### 26
### 메종 드 지지 Maison de gigi

메종 드 지지는 벨기에 전통 와플의 맛을 느낄 수 있는 디저트 카페다. 지지라고 불리는 고양이가 이 카페의 벽면 디자인을 담당하고 있는 게 눈에 띈다. 1층에서 주문하면 2층으로 가져다주며 와플 음료 세트가 500엔이라는 비교적 저렴한 가격도 매력적이다.

영업 10:00~22:00

## Shopping
### 27
### 펫 파라다이스 Pet Paradise

펫 파라다이스는 애견용품 전문 숍이다. 무심코 지나치다 보면 유아용품 숍으로 착각할 정도로 사랑스럽고 아기자기한 상품이 가득하다. 날개 달린 애견 의류, 모빌이 달린 애견 유모차, 다양한 유기농 애견 먹거리 등 숍에 들어서면 괜스레 내가 키우는 강아지에게 미안해지는 말 그대로 애완견들의 파라다이스다.

영업 11:00~20:30

## Food
### 28
### 쉐키즈 피자 Shakey's Pizza

정해진 시간 동안 다양한 종류의 피자와 음료, 주류 등을 무한정으로 먹을 수 있다. 그 외에도 파스타, 스파게티, 커리, 샐러드 등도 사이드 메뉴로 준비되어 있다. 특히 얇은 씬피자가 주는 아삭함이 일품이다. 기간 한정이므로 입구에서 가격이나 시간 등을 확인해야 한다.

영업 11:00~23:00

## Shopping
### ㉙ 러쉬 Lush

러쉬 제품을 구입하러 오사카로 출국하는 여행자들이 있을 정도로 그 인기는 대단하다. 러쉬는 동물 실험을 반대하고, 환경보호를 하는 친환경 보디용품을 판매한다. 입욕제, 샴푸, 비누 등 향도 좋고 몸에도 좋은 제품들은 한국보다 가격이 저렴하기 때문에 꼭 한번 들러볼 만하다.

영업 11:00~21:30

## Shopping
### ㉚ 위고 We Go

마츠모토키요시 2층에 위치한 위고는 구제의류 숍으로 유명하다. 패션 잡지에도 자주 소개되어 유행에 민감한  일본인들이 굳이 구입할 게 없어도 한 번씩 꼭 들르는 유명한 곳이다. 다양한 구제 제품과 자체 디자이너 오리지널 상품, 액세서리 등이 인기 아이템이다.

영업 10:00~21:00

## Food
### ㉛ 만과당 万菓堂

달콤한 모찌와 먹음직스러운 센베이를 판매하고 있다. 특히 모찌 안에 꿀이 있어 우리나라 꿀떡과 닮아 있다. 상  점 앞에서는 점원이 시식하고 가리며 연신 큰 목소리로 손님을 불러 모은다. 제품의 유통기한이 일주일 이내로 길지 않지만 오사카 기념 선물로는 제격이며 나이 드신 분의 선물로도 손색이 없다.

영업 10:00~21:00

## Shopping
### ㉜ 에이치앤엠 H&M

SPA 브랜드로 자라, 유니클로와 함께 많은 사랑을 받고 있다. H&M은 스웨덴의 브랜드로 다양한 디자인과 신  선한 아이디어가 돋보여 10~20대 사이에서 선풍적인 인기몰이 중이다. 세일 기간에는 할인에 할인으로 매장 입구에 긴 줄이 늘어선다. 한국에는 없는 일본스러운 제품들을 저렴한 가격에 만나 볼 수 있다.

영업 10:00~22:30

## Food
### ㉝ 이치란 라멘 一蘭ラーメン

일명 '독서실 라멘집'이라고 이름 붙여진 이치란 라멘은 라멘의 맛에만 집중하라는 콘셉트에 맞게 자리를 독서실처럼 1인석으로 배치해 두었다. 먼저 자판기에서 식권을 뽑은 뒤 표시등이 켜지면 순  서대로 그 자리에 앉는다. 자리에는 주문 용지가 있는데 원하는 스타일대로 체크해서 종업원에게 건네주면 끝. 한국인이라고 얘기하면 한국어 주문 용지를 준다.

영업 24시간 영업

## 나가호리바시 長堀橋

미도스지선을 가로지르는 나가호리바시는 미도스지선과 나가호리츠루미료쿠치선이 만나는 지점으로 유동 인구가 많은 곳이다. 나가호리바시 대로변을 중심으로 양쪽 거리에는 오피스 빌딩들이 주로 자리하고 있으며 빌딩 사이의 작은 골목마다 우리가 알지 못했던 다양한 상점과 레스토랑이 자리 잡고 있다. 시간적 여유가 허락되는 여행자라면 골목 탐험에 나서 보는 것도 좋다. 지하에는 크리스타 나가호리, 지상에는 갭, 도큐 핸즈, 야마야 주류 도매점 등이 있다.

가는 방법 지하철 미도스지御堂筋선, 나가호리츠루미료쿠치長堀鶴見綠地선 신사이바시心齋橋역 하차, 크리스타 나가호리 상가와 바로 연결됨. 지상은 나가호리바시.

### Shopping
## 크리스타 나가호리 Crysta 長堀

크리스타 나가호리는 신사이바시역에서 나가호리바시역까지 이어진 지하 쇼핑센터다. 중저가 로컬 브랜드 의류숍과 액세서리 숍, 잡화 숍, 편의점, 음식점으로 구성되어 있으며 다른 지하상가에 비해 마주 보고 있는 공간이 넓어좀 휑하고 간혹 어두운 느낌이 든다. 지하철 환승 시 쇼핑센터와의 거리가 멀어 유동 인구는 많지 않지만 덕분에 여유롭게 천천히 걸으며 둘러볼 수 있어서 좋다.

홈페이지 www.crysta-blog.jp  전화 06-6282-2100
영업 쇼핑 11:00~21:00(일요일은 20:30까지), 식당 11:00~22:00
휴일 2월 셋째 주 월요일, 12월 31일, 1월 1일

### Shopping
## 도큐 핸즈 Tokyu Hands

DIY용품부터 생활용품에 이르기까지 다양한 제품을 아우르는 거대 잡화점이다. 실용성이 뛰어나며 아이디어가 돋보이는 제품들이 보기 좋게 진열되어 있다. 디자인도 모던하여 쉽게 질리지 않고 견고해서 오래오래 사용할 수 있다. 파티용품 코너의 상상을 초월하는 다양한 가면을 쓰고 기념 촬영을 해 보는 것도 좋겠다. 물론 다른 사람에게 피해를 주지 않는 범위 내에서.

홈페이지 www.tokyu-hands.co.jp  전화 06-6243-3111
영업 10:00~21:00(일요일은 20:30까지)  휴일 부정기적

### Shopping
## 야마야 Yamaya

나가호리바시에 위치한 대표적인 주류 마트로 와인, 일본주, 맥주, 알코올이 섞인 다양한 음료 등을 취급해 그야말로 알코올의 천국이라 할 수 있다. 그 외에도 일반적으로 마트에서 판매되고 있는 커피, 카레, 스낵, 음료 등과 주류에 따라 붙는 안주거리들을 시중보다 10~20% 할인된 저렴한 가격에 판매하고 있다. 공항버스 정류장인 OCAT에도 체인점이 있다.

전화 06-6265-1615  영업 10:00~22:00

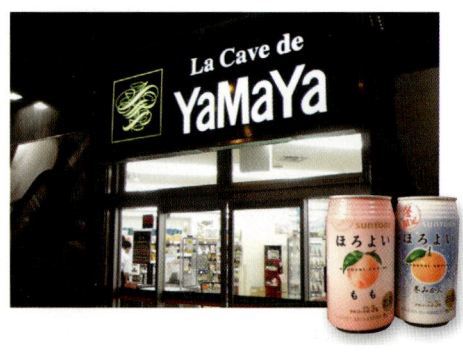

# 에비스바시스지 상점가 戎橋筋商店街

신사이바시스지 상점가, 도톤보리와 이어진 에비스바시스지는 신사이바시 상점가와 마찬가지로 다양한 숍이 빼곡히 자리하고 있다. 신사이바시 상점가보다는 좀 차분한 분위기로 주로 옛 정서를 풍기는 숍들과 신발, 가방, 모자, 액세서리 등 패션 소품 위주의 숍이 대부분이다. 골목마다 들어선 작은 선술집, 호젠지요코초와 연결되는 골목길은 퇴근 후 주변 샐러리맨들이 찾는 작은 사랑방이 된다.

가는 방법 난카이南海 난바難波역, 미도스지御堂筋선 난바역 14번 출구로 나와 왼쪽 뒤로 돌아 들어가면 된다.

## Shopping

### 컬러 박스 Color Box

컬러풀한 가방이 매장 가득 화사한 웃음을 보낸다. 컬러 박스는 가방 전문 숍으로 가격대도 고루 분포되어 있어 선택의 폭이 넓다. 편안하게 맬 수 있는 다양한 크기의 쇼퍼백이 주를 이루고 있으며, 여행자에게 편리한 크로스백과 귀여운 디자인의 체인백들이 소녀들의 눈을 반짝이게 한다.

영업 10:00~21:00

## Shopping

### 로코 시라 Roko Shira

일본은 중고 물건 거래가 활발히 이루어지고 있으며 그중 로코 시라는 중고 명품 거래 시 믿을 만한 곳이다. 중고 명품은 제품의 상태에 따라 등급이 S(미사용), A(약간 사용), B(사용해서 태닝됨), C(가죽이 갈라짐)로 나뉜다.

영업 11:00~20:00

## Shopping

### 스마트 라보 Smart Labo

핸드폰 관련 액세서리 숍이다. 특히 핸드폰 케이스의 다양한 디자인은 상당히 고가임에도 불구하고 지갑을 열게 만든다. 디즈니 시리즈와 일본 애니메이션 시리즈, 헝겊에서 가죽, 큐빅까지 그 재료도 어마어마하다.

영업 11:00~21:00

## Shopping

### 튜튜아나 Tutuanna

50엔부터 시작하는 저렴한 패션 양말 전문점 튜튜아나는 세상 어디에도 없는 단 하나의 독특한 디자인의 양말을 판매한다. 레이스가 달린 공주풍의 양말과 독특한 프린트, 다양한 색감의 스타킹이 인기 많은 상품이다. 여행 기념으로 독특한 양말을 선물하는 것도 좋은 방법이다.

영업 11:00~22:00

신사이바시스지 끝,
에비스바시스지의 시작!
도톤보리와 연결되는 약속 장소.

도톤보리강 | 도톤보리 | 츠타야 Tsutaya | 고쿠민 コクミン | 로코 시라 | 아트모스 Atmos | 스마트 라보 | 무 Mu | 호젠지요코초 法善寺橫丁 | 북오프 플러스 | 산마르코 카페 サンマルクカフェ | 다이소 | 킨노토리카라 | 고가

← 신사이바시스지 방향

토키아 Tokia | 컬러 박스 | 랭크인 Rank-in | 튜튜아나 | 이치비리안 いちびり庵 | ABC 마트 | 하트댄스 | 키엘 Kiehl's | 탑투탑 Top to Top | 도토루 Doutor

각종 브랜드 시계의 전시장이자 판매 숍!

오사카 먹거리 선물 가게라고 하면 적당할까?

## Shopping ⑤

### 하트댄스 Heartdance

붉은색의 철판으로 만들어진 독특한 외관이 눈에 띄는 하트댄스는 귀엣속과 액세서리 전문 매장이다. 작은 큐빅으로 장식된 가게 이름이 건물 전체를 휘감는다. 저렴한 가격에서 고가까지 다양한 액세서리가 반짝반짝 빛난다. 메이드 인 코리아 제품도 다수 차지하고 있으니 구입 시 확인하는 것도 잊지 말자.

영업 11:00~21:00

## Shopping ⑥

### 북오프 플러스 Book-Off PLUS

중고 서적, CD, DVD를 판매하는 곳으로 책을 좋아하는 사람이라면 들러보길 추천한다. 모든 책은 섹션별로 보기 편하게 구분되어 있으며, 1층은 만화의 나라답게 만화책들이 자리 잡고 있다. 105엔의 저렴한 책이 다수를 차지하고 있어 일본어를 공부하는 사람이라면 몇 권 구입해도 좋지 않을까.

영업 10:00~23:00

## Food ⑦

### 킨노토리카라 金のとりから

치킨 너깃 스틱 모양의 킨노토리카라는 요즘 일본에서 인기몰이 중인 길거리 간식이다. 바삭하게 방금 튀겨 낸 닭 가슴살에 다양한 소스를 뿌려 먹는데, 초콜릿, 레몬, 타르타르, 카레 등 소스의 종류가 무려 20여 가지다. 짭조름한 맛은 맥주하고도 잘 어울린다.

영업 12:00~22:30 (토, 일은 11:00부터)

## Shopping ⑧

### 다이소 Daiso

2013년 초 문을 열었으며 다양한 생필품과 문구류, 잡화, 식품들이 손님을 맞는다. 현지인들보다는 주로 중국과 한국 관광객들이 손님의 대부분이다. 골목에 위치하고 있지만 붉은색의 간판 덕분에 쉽게 찾을 수 있다.

영업 10:00~23:00

## 에비스바시스지 상점 둘러보기

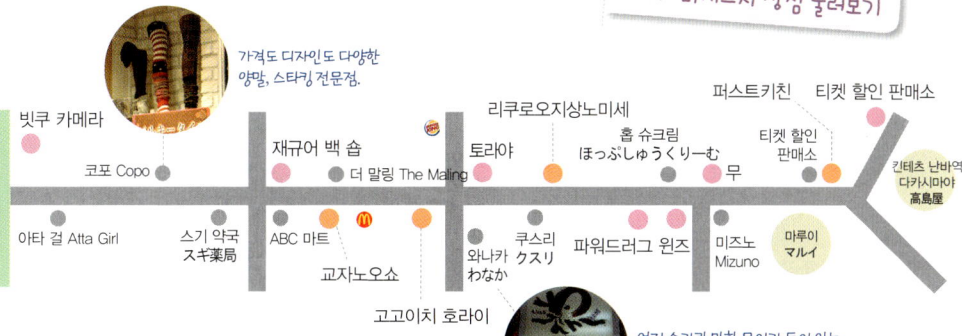

---

### Shopping ⑨
# 빗쿠 카메라 ビックカメラ

컴퓨터, 노트북, 카메라, 게임기 등 전자제품에 관한 모든 것이 준비된 곳으로 다양한 제품은 물론 신제품들을 그 자리에서 만져 볼 수 있어서 마니아들에게는 천국과 같다. 8층에는 100엔 숍인 다이소가 있다.

영업 10:00~21:00

### Shopping ⑩
# 재규어 백 숍 Jaguar Bag Shop

오사카에서 가장 저렴하게 다양한 가방을 구입할 수 있는 곳. 1년 365일 휴일 없이 세일하는 가방은 크기, 용도, 가격이 다양하다. 특히 어머니들이 좋아하는 크로스백 종류가 많다. 맞은편에는 ABC 마트가 있다.

영업 11:00~21:00(토, 일은 10:00부터)

### Food ⑪
# 교자노오쇼 餃子の王将

일본 내 수많은 체인점이 있고 한국에도 들어와 있는 오사카 교자노오쇼는 교자 전문점이다. 만두피가 얇고 위쪽만 바싹 구워 내어 아래는 수분이 많아 쫄깃하고 감칠맛이 난다. 가격도 적당하고 양이 많은 편이라 배고픈 여행자에게는 이만한 식당이 없다. 볶음밥, 야채 볶음, 라멘 등이 있으며 출출한 저녁 생맥주에 교자로 하루를 마감해 보자.

영업 10:00~익일 03:30(변동 있으니 확인 필수)

### Food ⑫
# 고고이치 호라이 551蓬莱

오사카의 명물로 만두의 나라 중국 관광객도 반하게 한 돼지고기 왕만두 부타만. 함께 주는 겨자를 곁들여 먹으면 느끼하지 않고 더욱 고소하고 담백하다. 고고이치 호라이는 지하철역, 백화점, 시내 곳곳에서 만날 수 있다.

영업 11:00~22:00

#### Food
⑬
### 리쿠로오지상노미세 <small>りくろーおじさんの店</small>

덴마크에서 직수입한 치즈와 홋카이도의 우유로만 만든 치즈 케이크는 부드러운 맛에 촉촉함이 더해져 중독성 있는 매력적인 맛을 낸다. 식어버린 치즈 케이크는 전자레인지에 20초 정도 돌려 먹으면 된다.

영업 12:00~18:00(토, 일은 19:00까지)

#### Shopping
⑮
### 파워드러그 원즈 <small>パワードラッグワンズ</small>

의약품, 영양제, 화장품, 욕실용품, 소소한 먹거리 등 다양한 제품을 한곳에서 구입할 수 있도록 구성해 놓았다. 상품의 대부분은 할인 판매되지만 드러그 스토어는 숍마다 가격이 조금씩 다르니 주변 드러그 스토어와 비교해서 구입하는 것이 좋다.

영업 10:00~23:00

#### Food
⑰
### 웬디스 퍼스트키친 <small>Wendy's First Kitchen</small>

우리에겐 잊혀진 웬디스와 퍼스트키친이 함께 운영 중인 패스트푸드점이다. 다양한 햄버거와 샐러드가 있으며 타임세일이나 기간한정, 저렴한 점심 메뉴들이 많다.

영업 07:00~22:00

#### Shopping
⑭
### 토라야 <small>とらや</small>

에비스바시스지를 걷다 보면 알록달록 천들이 나부끼는 상점을 만나게 된다. 토라야는 1950년에 창업한 포목 전문점으로 다양한 천을 구입할 수 있다. 1~2층은 양복지, 가죽을 판매하고, 3층은 커튼과 다양한 옷감, 바늘, 실, 단추와 같은 부속품을 판매한다.

영업 10:00~20:00

#### Shopping
⑯
### 무 <small>Mu</small>

모자를 좋아하는 나라 일본에서 모자 가게는 흔히 볼 수 있다. 일반적인 야구모자에서 파티에나 어울릴 법한 장식이 화려한 모자, 겨울용 앙고라털이 사랑스러운 모자, 캐릭터 모자 등 다양한 모자를 선택할 수 있다.

영업 11:00~21:00

#### Shopping
⑱
### 티켓 할인 판매소

킨테츠 난바역과 마주하고 있는 티켓 할인 판매소는 열차 티켓에서부터 입장권 등 다양한 티켓을 5%에서 많게는 20%까지 저렴하게 판매하고 있다. 그런 이유 때문인지 종일 사람들로 붐빈다. 단, 외국인들을 위한 곳이라기보다는 현지인들을 위한 판매소이기 때문에 간혹 한국에서 구입한 것보다 훨씬 비싼 티켓도 있으니 구입하기 전에 가격 비교는 필수다.

영업 10:00~19:00

# 호젠지요코초 法善寺橫町에서 한잔 어때?

좁다란 골목에 다다미처럼 판판한 바닥이 깔려 있는 호젠지요코초는 오사카의 예스러운 분위기를 자아낸다. 좁은 골목에서 기념사진이라도 찍을라치면 뒤에 오는 사람에게 양해를 구해야 할 정도다. 호젠지요코초는 선술집이 모여 있는 골목으로 낮보다는 밤의 분위기가 좋다. 퇴근 시간, 샐러리맨들과 오늘의 여정을 마친 여행객들이 하나둘 모여들면 도톤보리 못지않게 시끌벅적해진다. 다양한 간판과 외형 또한 눈요기가 된다. 호젠지요코초는 호젠지라는 작은 사찰이 있어 붙여진 이름이다. 골목 한가운데 위치한 절에는 초록색의 이끼 옷을 입고 있는 '미즈카케 부동존水掛不動'이 있다. 가운데 항아리에 담긴 물을 떠 미즈카케 부동존에 끼얹은 후 소원을 빌면 이루어진다고 한다. 주로 사업과 연애에 관련된 소원을 들어준다고 하니 지나가는 길에 만나게 된다면 소원을 빌어 보자.

## 메오토젠자이 夫婦善哉

메오토젠자이가 유명해진 것은 오사카 출신의 소설가 오다 사쿠노스케의 소설 『메오토젠자이夫婦善哉』에 등장한 단팥죽 가게 이름이기 때문이다. 소설이 영화화되면서 많은 사람이 이 가게를 찾는 계기가 되었고, 이곳은 일본인의 전통 디저트 가게로 자리 잡게 되었다. 1883년 창업한 메오토젠자이에서는 부부나 연인이 나눠 먹으면 금슬이 좋아진다는 메오토젠자이(800엔)가 인기다. 하나를 주문하면 두 그릇이 나오기 때문에 '부부 단팥죽'이라는 뜻의 '메오토젠자이'라 불렀다. 젠자이는 팥알이 살아 있는 단팥죽으로 단맛이 강하지만 칼로리가 높진 않다. 함께 나오는 소금에 절인 미역과 차는 단팥죽을 다 먹은 후에 입가심으로 먹으면 된다. 벽에 걸린 <메오토젠자이>의 영화 장면이 제법 분위기를 그윽하게 만든다.

홈페이지 sato-res.com/meotozenzai  주소 大阪市中央区難波1-2-10
전화 06-6211-6455  영업 10:00~22:00  휴일 연중무휴
가는 방법 각 지하철 난바難波역 14번 출구에서 나와 왼쪽 골목 도보로 5분. 호젠지의 미즈카케 부동존 바로 옆.

### Sightseeing

## 우키요코지 골목 浮世小路

좁은 골목에 양쪽으로 늘어선 목조 건물들이 인상적이다. 우키요코지는 도톤보리의 20세기 초반 풍경을 재현해 놓은 곳으로 일본인들에게 향수를 불러일으킨다. 둥근 모양의 흰색 초롱과 붉은색 초롱, 옛 모습이 담긴 그림과 광고 포스터, 사진들이 전시되어 있다. 50m도 안 되는 짧은 거리지만 제작 기간만 6년이 걸렸다고 한다. 길의 끝은 호젠지요코초와 연결되어 있다.

가는 방법 각 지하철 난바難波역 14번 출구에서 나와 왼쪽 골목 도보 5분.

### Shopping

## 난바 마루이 なんばマルイ

마루이 백화점의 오사카 첫 지점인 난바 마루이는 비교적 가격 부담이 크지 않은 중저가 브랜드 제품을 판매하고 있다. 난바역을 나서면 가장 눈에 띄는 건물로 의류, 액세서리, 화장품, 잡화 등 다양한 상품을 구비하고 있다. 대상은 주로 20~30대로 편안하게 입을 수 있는 캐주얼 라이프스타일을 지향한다. 여행객들이 선물용으로 좋아하는 수건과 스카프, 스타킹류는 지하 1층 잡화 코너에 마련되어 있다.

홈페이지 www.0101.co.jp 주소 大阪市中央区難波3-8-9
전화 06-6634-0101
영업 11:00~20:30(일요일, 공휴일은 20:00까지) 휴일 부정기적
가는 방법 각 지하철 난바難波역 1번 출구를 나와 바로, 난바역과 지하로 연결되어 있으며 지상에서는 맞은편에 있다.

### Shopping

## 오사카 다카시마야 大阪高島屋

1831년에 교토에서 창업한 헌옷, 목면 등을 취급하던 포목 상점 다카시마야가 전신이다. 지하 1층에서 지상 9층까지 명품에서 중저가 의류, 화장품, 생활용품, 잡화 등이 있고 지하 1층은 식료품 매장으로 아름다운 일본식 화과자와 각종 베이커리, 튀김류, 기념으로 구입할 만한 먹거리들이 가득하다. 7~9층까지는 레스토랑가로 특히 1897년에 창업한 동양정東洋亭 햄버거 스테이크에서 점심 메뉴를 추천한다.

홈페이지 www.takashimaya.co.jp/osaka
주소 大阪市中央区難波5-1-5 전화 06-6631-1101
영업 쇼핑 10:00~20:00(금・토요일은 20:30까지),
식당 11:00~23:00 휴일 부정기적
가는 방법 각 지하철 난바難波역 1번 출구를 나와 왼쪽으로 도보 2분.

### Shopping

## 무인양품 無印良品

라이프스타일 전문 브랜드인 무인양품은 심플함과 모던함으로 소비자들을 사로잡고 있다. 의류에서부터 가전제품, 인테리어, 문구, 식품, 각종 소품에 이르기까지 다양한 상품을 선보인다. 특히 식품의 경우 1인 가정에 맞는 소비 패턴을 파악하고 그에 맞는 제품을 선보이고 있어 흥미롭다. 지하 1층은 남성복, 아동복, 문구류와 카페가 있으며 1층은 여성복, 화장품, 패션 잡화, 2층은 침구, 가구 등 인테리어 소품을 판매한다.

홈페이지 www.muji.net
주소 大阪市中央区難波千日前12-22 難波センタービル
전화 06-6648-6461 영업 10:00~22:00 휴일 부정기적
가는 방법 각 지하철 난바難波역 1번 출구를 나와 왼쪽으로 도보 5분.

## Shopping

### 난바 힙스 なんば Hips

레스토랑, 파친코, 게임 센터, 오피스 등이 위치해 있는 복합건물인 난바 힙스는 대형 어뮤즈먼트 센터이자 독특한 건축 디자인으로 많은 사람의 주목을 받아 왔다. 건물 한 가운데 놀라움을 뜻하는 느낌표 모양과 영원을 새기는 모래시계라는 모티브로 만든 외관이 독특하다. 그 사이에는 빨간색 기둥이 중심을 잡을 수 있도록 설계되어 있는 것이 눈에 띈다. 오사카를 대표하는 건물이다.

홈페이지 www.namba-hips.com   주소 大阪市中央区難波1-8-16
전화 06-6213-4500   영업 10:00〜23:00(상점마다 다름)
가는 방법 지하철 미도스지御堂筋선, 센니치마에千日前선, 킨테츠近鉄 난바難波역 15-B 출구와 연결됨.

## Shopping

### 난바 워크 なんばウォーク

지하철 미도스지선을 중심으로 동서 길이 약 715m에 달하는 지하상가다. 동쪽 닛폰바시역에서 서쪽 JR 난바역까지 하나로 연결되어 있다. 오사카의 도착, 출발을 함께하는 곳인데도 불구하고 그냥 지나치기 쉬운 곳이기도 하다. 지하상가에는 드러그스토어와 화장품, 의류, 잡화, 식당 등 약 230여 개의 숍이 입점해 있다.

홈페이지 walk.osaka-chikagai.jp
주소 大阪市中央区千日前2-1-15   전화 06-6643-1641
영업 쇼핑 10:00〜21:00, 식당 10:00〜22:00   휴일 부정기적
가는 방법 지하철 미도스지御堂筋선, 센니치마에千日前선, 요츠바시四ツ橋선 난바難波역과 연결되어 있음.

## Shopping

### 난바 파크스 なんば Parks

난바 시티와 연결된 난바 파크스는 후쿠오카의 캐널시티를 설계한 미국 건축가 존 저드Jon Jerde의 작품이다. 꼼 데 가르송, 비비안 웨스트우드, 빔스, 스투시, 마리메꼬 등이 입점해 있으며, 하브스, 베이글&베이글 등 브런치 카페와 6, 7층에는 다양한 레스토랑이 있다. 5층에 있는 플러스 서점은 카페와 책이 함께 있는 공간으로, 누구의 간섭도 받지 않고 편안한 시간을 가질 수 있다.

홈페이지 www.nambaparks.com
주소 大阪市浪速区難波中2-10-70   전화 06-6644-7100
영업 쇼핑 11:00〜21:00, 식당 11:00〜23:00   휴일 부정기적
가는 방법 지하철 미도스지御堂筋선, 센니치마에千日前선, 요츠바시四ツ橋선 난바難波역 1번 출구로 나와 왼쪽으로 도보 5분 소요. 난카이南海선 난바역과 연결.

## Shopping

### 난바 시티 なんば City

난바 시티는 지하 1〜2층으로 구성된 원스톱 쇼핑센터다. 레스토랑과 카페, 다양한 상점이 마치 미로처럼 늘어서 있어 지루할 틈이 없다. 지하철과 연결된 통로이다 보니 출퇴근하는 사람들의 충동구매가 자주 이루어지는 곳이기도 하다. 애프터눈 티 리빙, 라운드리, 빌리지 뱅가드, 무지 등이 입점해 있다.

홈페이지 www.nambacity.com
주소 大阪市中央区難波5-1-60   전화 06-6644-2960
영업 쇼핑 10:00〜21:00, 식당 10:00〜22:00   휴일 부정기적
가는 방법 지하철 미도스지御堂筋선, 센니치마에千日前선, 요츠바시四ツ橋선 난바難波역 1번 출구로 나와 왼쪽으로 도보 5분 소요. 난바 파크스와 연결됨.

## 센니치마에 도구야스지 상점가 千日前道具屋筋商店街

오사카의 부엌을 책임지고 있는 도구야스지는 가정에서 사용하는 식기와 도기, 접시, 냄비, 베이킹 도구에서부터 타코야키를 굽는 기계, 영업용 식탁과 의자, 장식용품 등 전문적인 영업용 장비까지 식당에서 필요로 하는 모든 전문 집기들을 판매하고 있다. 저렴한 가격의 식기들은 메이드 인 재팬으로 여성 쇼핑객이라면 도구야스지는 꼭 한번 들러야 하는 쇼핑 명소 중 하나다. 최근에는 입구에 돈키호테가 오픈하여 주변이 더욱 시끌벅적하다.

홈페이지 www.doguyasuji.or.jp
주소 大阪市中央区千日前  전화 06-6633-1423
영업 10:00~21:00(영업점마다 다름)  휴일 부정기적
가는 방법 지하철 센니치마에千日前선, 사카이스지堺筋선의 닛폰바시日本橋역 5번 출구로 나와 오른쪽으로 도보 8분.

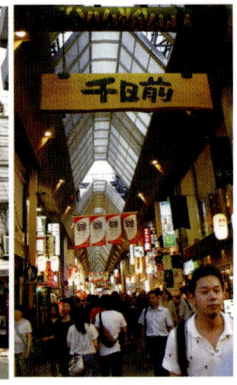

### Shopping
### 미츠야 みつや

손님의 시선을 끌기 위한 다양한 등과 장식용으로 사용되는 다양한 크기의 모형들 그리고 가게에서 사용하는 각종 스티커와 계산서, 볼펜 등 미츠야에서는 음식을 만들기 위한 식기류보다는 음식점을 알리거나 그곳에서 사용되는 여러 가지 도구를 판매한다.

영업 월~금 09:00~18:00, 일 · 공휴일 11:00~18:00

### Food
### 마츠야 松屋

24시간 운영하는 일본 3대 규동 체인점이다. 맛은 모두 비슷하나 그중 마츠야가 가격 면에서 가장 저렴하게 한 끼를 해결할 수 있는 곳이다. 우동, 소바 등을 100~200엔대에 해결할 수 있다는 건 즐거운 일이다.

영업 24시간 영업

### Shopping
### 나카오 Nakao

커피와 관련된 로스팅 등 조리도구를 판매하는 곳이다. 오래 사용해도 색이 바래지 않으며 맛을 그대로 유지하는 스테인리스가 도구의 대부분을 차지한다. 세련된 숍의 분위기가 한 번쯤 돌아보게 만든다.

영업 10:00~19:00

### Shopping
### 야마카 도기 山加陶器

각종 컵, 잔, 그릇, 술병 등 식기를 판매하는 곳으로 상점 내부에는 재미난 그림이 그려진 컵이 많이 있다. 가격도 저렴하여 기념품이나 선물로 구입하기에도 만족스럽다.

전화 06-6643-3581
영업 월~금 09:00~18:00, 일 · 공휴일 10:00~18:00

### Shopping

## 에이프라이스 A-プライス

도구야스지에 위치한 식품 매장으로 주로 음식점에 들어가는 대용량의 식품을 판매한다. 종류는 대형 할인마트만큼 다양하지는 않지만 각종 소스와 장류, 면류, 커피 등이 다른 곳에 비해 훨씬 저렴하다.

전화 06-4396-5501  영업 10:00~19:30

### Shopping

## 구디스 Goodies

초록색 간판이 산뜻하게 다가오는 구디스는 소품 숍으로 도구야스지가 리뉴얼되면서 문을 열었다. 앞치마, 도시락, 냅킨, 접시, 포크, 나이프, 다용도 그릇, 분쇄기 등 주로 주방 관련 소품들을 판매하고 있다.

전화 06-6632-7531
영업 09:30~18:30

### Shopping

## 다이세이숏키 太星食器

도구야스지가 리뉴얼되면서 오사카 마켓과 나란히 등장한 숍이다. 다양한 형태와 가격의 접시, 컵 등은 기념품으로 구입하기 좋다. 가벼운 재질로 만들어진 라면 그릇도 디자인이 다양하니 재미 삼아 구경해 보자.

영업 월~금 09:30~18:30, 토·일·공휴일 10:00~18:00

### Shopping

## 노렌 공방 のれん工房

노렌은 가게 입구에 걸어 두는 천을 말하는데 노렌이 묶여 있거나 올라가 있으면 지금은 영업 준비를 하고 있다는 표시다. 더 노렌 공방의 노렌은 예술 작품 같다. 계절에 맞게 그려진 다양한 그림, 일본 전통 색판화인 우키요에 그림 등 일본 느낌이 제대로 느껴진다.

영업 10:00~19:00

### Shopping

## 데자인 포켓 デザインポケット

실제보다 더 실제 같은 음식 모형 전문점이다. 군침이 돌 정도로 사실적인 모습에 여기저기서 감탄이 절로 나온다. 주로 상인들이 가게 앞에 놓아두기 위해 구입하지만 오사카 기념으로 구입할 만한 열쇠고리 등도 있다.

전화 06-6586-6251  영업 10:00~18:00

### Food

## 나가사키 짬뽕 링가하토
長崎ちゃんぽんリンガーハット

나가사키에서 전해진 하얀 국물에 맵지 않은 나가사키 짬뽕을 즐길 수 있다. 그릇 한가득 담아 주는 흰 국물과 야채, 해산물은 맛이 개운하고 시원하다. 이 집의 특징은 대, 중, 소 크기에 관계 없이 가격이 동일하다는 것이다.

영업 11:00~22:30

## 덴덴타운 でんでんタウン

도쿄의 아키하바라 다음으로 두 번째로 큰 전자 상가 거리인 덴덴타운은 사카이스지 길을 따라 전자 제품, 카메라, 게임 관련 상품, 피규어, 프라모델 숍들이 들어서 있는 거대한 타운이다. 이곳에서는 이른 아침 피규어 숍 앞에서 문이 열리길 기다리는 손님들을 만날 수 있으며 10대~50대까지 성별 연령층이 다양하다. 상가 대부분이 비슷한 물건을 팔고 있지만 발품을 팔지 않고는 저렴하게 구입하기 어렵고 원하는 제품이 있으면 반드시 다른 곳과 가격 비교 후 흥정을 해야 한다. 여행 전 사이트를 통해 구매 장소를 확인하는 것이 시간을 절약하는 길이다.

홈페이지 www.denden-town.or.jp
가는 방법 지하철 사카이스지堺筋선의 에비스초惠美須町역 1번 출구. 사카이스지선, 센니치마에千日前선의 닛폰바시日本橋역 10번 출구에서 도보 7분 소요.

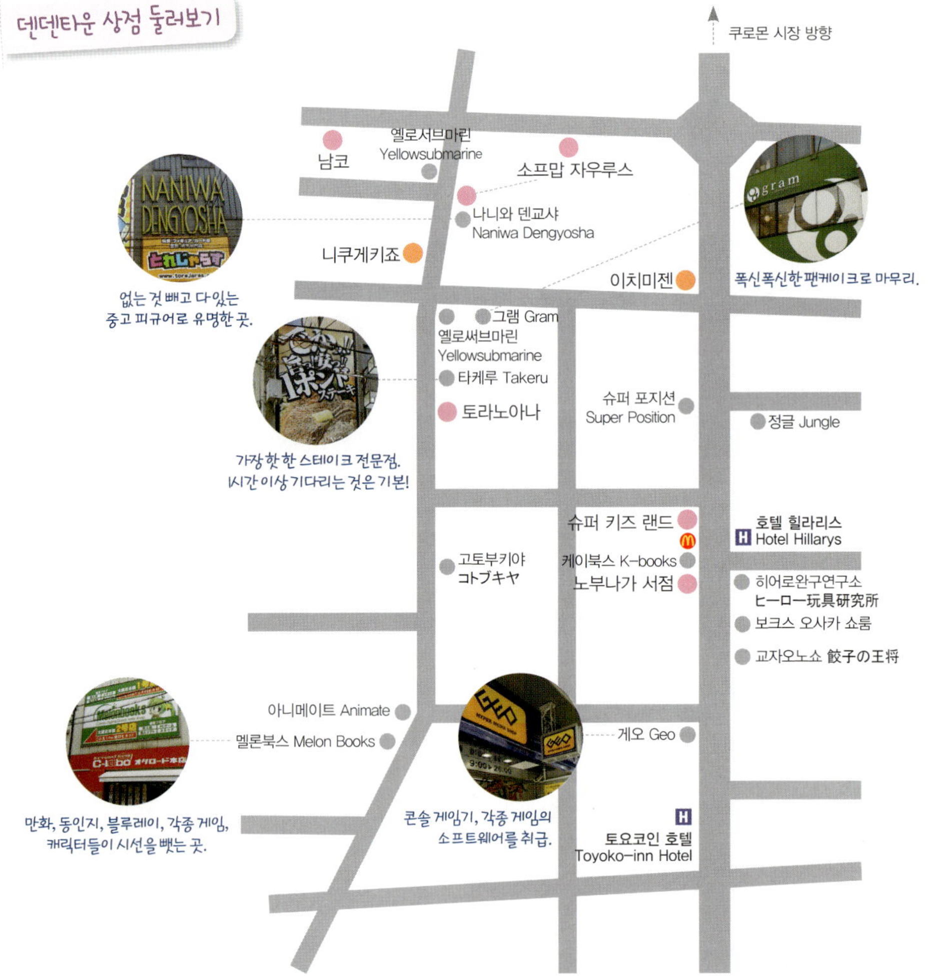

### 덴덴타운 상점 둘러보기

쿠로몬 시장 방향 →

- 남코
- 옐로서브마린 Yellowsubmarine
- 소프맙 자우루스
- 나니와 덴교샤 Naniwa Dengyosha
- 니쿠게키죠
- 이치미젠
- 그램 Gram
- 옐로써브마린 Yellowsubmarine
- 타케루 Takeru
- 토라노아나
- 슈퍼 포지션 Super Position
- 정글 Jungle
- 슈퍼 키즈 랜드
- 케이북스 K-books
- 노부나가 서점
- 고토부키야 コトブキヤ
- 호텔 힐라리스 Hotel Hillarys
- 히어로완구연구소 ヒーロー玩具研究所
- 보크스 오사카 쇼룸
- 교자오노쇼 餃子の王将
- 아니메이트 Animate
- 멜론북스 Melon Books
- 게오 Geo
- 토요코인 호텔 Toyoko-inn Hotel

없는 것 빼고 다있는 중고 피규어로 유명한 곳.

폭신폭신한 팬케이크로 마무리.

가장 핫한 스테이크 전문점. 1시간 이상 기다리는 것은 기본!

만화, 동인지, 블루레이, 각종 게임, 캐릭터들이 시선을 뺏는 곳.

콘솔 게임기, 각종 게임의 소프트웨어를 취급.

### Shopping

## 남코 닛폰바시점 Namco 日本橋店

덴덴타운에서 가장 먼저 문을 여는 숍이다. 1층에는 경품 피규어를 전시하고 있으며, 2층은 크레인 게임, 파친코, 3층은 트레이딩 카드 등의 대전 게임 장소다. 올라가는 방향 에스컬레이터 앞에는 잠시 쉴 수 있는 의자가 마련되어 있다. 무료 와이파이 사용이 가능하며 게스트 계정으로 등록하면 2시간까지 사용할 수 있다.

홈페이지 www.namco.co.jp/amusement/loc/nipponbashi
주소 大阪市浪速区難波中2-1-17 コスモビル1~3F
전화 06-7656-3885   영업 09:00~24:00

### Shopping

## 소프맙 자우르스 Sofmap Saurus

소프맙은 종합 취미 숍으로 다양한 제품들을 판매하고 있으며 무엇보다 가격의 부담을 덜어 주는 상품군이 있다. 피규어 신품도 할인가로 구입 가능하다. 1~2층에는 신품 콘솔 게임기, 신품 콘솔 게임 소프트, PC 게임, 3층에는 도서, 만화, 콘솔 게임 공략집, 4층에는 신품 DVD, 블루레이, 음악 CD, PC 게임, 5층에는 신품, 중고 피규어를 전시, 판매, 6층에는 신품 성인 PC 게임, 성인 DVD, 성인 도서, 7층에는 중고 성인 PC 게임, 성인 DVD 등이 있고 8층은 이벤트 장소로 쓰인다.

홈페이지 www.sofmap.com/tenpo/topics/exec/_/id=shop/-/sid=nanba_1
주소 大阪市浪速区日本橋3-6-18
전화 06-6634-0075   영업 11:00~20:00

### Food

## 니쿠게키죠 肉劇場

치맛살 스테이크 덮밥을 790엔에 먹을 수 있다는 건 행복이다. 긴 줄이 어디까지 이어져 있는지 알 수 없을 정도로 아침이고 저녁이고 늘 사람으로 가득하다. 입구에 있는 자판기에서 주문을 하면 되는데 사진이 잘 나와 있기 때문에 주문은 어렵지 않다. 자리에 앉아 표를 건네면 절반을 가져가고 소스를 선택한다. 더운 여름에는 생맥주와 함께 즐기면 좋다.

주소 大阪府大阪市浪速区難波中2-4-4 田原ビル
전화 06-6631-2951   영업 11:00~23:00
휴일 연중무휴

### Food
## 이치미젠 一味禅

밥 위에 올라앉은 커다란 튀김의 비주얼이 미각을 자극한다. 케이블 방송에서 소개된 이치미젠의 장어덮밥인 교텐동(1,000엔)이다. 커다란 장어 한 마리가 통 크게 올라가 있고, 새우, 소고기, 피망 혹은 가지, 단감 등의 튀김이 올려져 있는 교텐동은 이 집의 인기 메뉴. 입구에서는 주인 아저씨가 나고야식 새우튀김 주먹밥인 덴무스를 팔고 있다. 양은 무척 많은 편이니 덴덴타운을 들른 김에 든든하게 점심 식사를 해결하도록 하자.

주소 大阪市浪速区日本橋3-6-8
전화 06-6643-2006   영업 11:00~20:30
휴일 월요일   가는 방법 힐라리즈 호텔 맞은편

Shopping

### 토라노아나 とらのあな

동인지 전문 숍으로 만화 단행본, 만화 잡지 등 만화와 관련된 상품을 판매하고 있다. 전국에 체인점을 두고 있으며 덴덴타운의 토라노아나 1층에는 CD, DVD, 잡화, 캐릭터 자판기들이 배치되어 있고, 2층에는 동인지, 상업 잡지, 피규어, 세일 코너 등이 있으며, 3층 역시 동인지와 상업 잡지, 중고 동인지, 게임 관련 소프트웨어를 판매하고 있다. 가격이 상당히 높은 편으로 실제 구매까지 이어지지 않더라도 구경만으로도 기분이 좋아진다.

홈페이지 www.toranoana.jp/shop/nanba/index.html
주소 大阪市浪速区日本橋3-8-16 安田ビル 2F~3F
전화 0800-1004-3150  영업 11:00~21:00(변동 있음)

Shopping

### 슈퍼 키즈 랜드 Super Kids Land

슈퍼 키즈 랜드는 본관과 별관으로 나누어져 있다. 1층은 장난감과 피규어, 2층은 모형 총과 범선, 3층은 밀리터리 모형, 4층은 자동차와 오토바이, 비행기 모형, 5층은 전 세계의 기차 모형 등을 갖추고 있어 층별로 다양하게 구경할 수 있다. 슈퍼 키즈 랜드의 강점은 다양한 건프라를 판매하고 있다는 것으로 모형에서부터 프라모델, 관련 소품이나 의류까지 갖추고 있다. 건담을 좋아하는 사람이 아니더라도 한 번은 둘러볼 만하다.

홈페이지 shop.joshin.co.jp/shopdetail.php?cd=1665
주소 大阪市浪速区日本橋4-10-1  전화 06-6648-1411
영업 10:00~20:00

Shopping ⑦

### 노부나가 서점 信長書店

애니메이션 관련 각종 DVD와 잡지, 동인지, 미소녀 화보집은 물론이고 미소녀 연애 시뮬레이션 게임 등을 판매하는 곳이다. 멜론 북스, K-북스와 어깨를 나란히 하고 있으며 19세 미만에겐 판매 금지 품목이 있다.

홈페이지 www.e-nobunaga.com/shop/nipponbashi
주소 大阪市浪速区日本橋4-10-5 マトウビル
전화 06-6647-6441  영업 10:00~23:00

Food

### 쿠로몬 시장 黒門市場

오사카의 부엌을 책임지고 있는 170년 전통의 재래시장인 쿠로몬 시장. 식재료를 중심으로 생활용품 등을 판매하고 있으며 예전 어시장 명성에 걸맞게 어패류를 도매로 판매하는 상점이 많다. 시장 내에는 다양한 할인점과 대형 마트가 입점해 있어 물건 구입 시 선택의 폭이 넓다. 쿠로몬 시장에서 유명한 것은 튀김으로 둘이 먹다 하나가 기절해도 모를 정도로 끝내준다. 음식점을 제외하고는 대부분 5시쯤에 문을 닫기 시작한다.

홈페이지 www.kuromon.com  주소 大阪市中央区日本橋2-4-1
전화 06-6631-0007  영업 10:00~20:00(점포마다 다름)
휴일 매월 둘째 주, 넷째 주 일요일(점포마다 다르ել)
가는 방법 지하철 센니치마에千日前선, 사카이스지堺筋선 닛폰바시日本橋역 10번 출구.

# 도톤보리 道頓堀

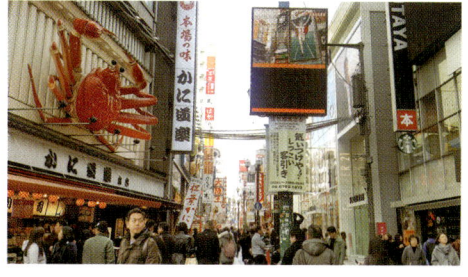

거대한 입체 간판들이 즐비하게 늘어서 있는 도톤보리는 오사카의 랜드마크다. 도톤보리는 오사카를 동서로 가르며 흐르는 도톤보리강을 가리키는 말로, 당시 물자를 수송하던 상인들을 위해 음식점과 술집들이 들어서기 시작했다. 주머니 얄팍한 상인들에게 저렴하고 맛있는 음식을 대접하던 도톤보리는 현재 오사카 최고의 유흥지로 자리 잡게 되었다. 도톤보리강을 중심으로 북쪽은 고급 바와 클럽 등이 모여 있는 소에몬초宗右衛門町로 주변에 비즈니스호텔과 한국 분식점들이 있다. 남쪽은 스타벅스와 츠타야가 있는 먹거리 골목이다. 낮에는 낮대로, 밤에는 밤대로 각기 다른 매력을 가진 도톤보리는 일본의 미식 고장으로 꼽히는 오사카에서도 최고를 자랑하는 미식 천국임에 분명하다. 주변 상점들은 9시면 문을 닫기 시작하며 음식점은 12시, 바와 카페, 술집들은 새벽 4~5시까지 영업한다.

홈페이지 www.dotonbori.or.jp
가는 방법 지하철 미도스지御堂筋선, 센니치마에千日前선, 요츠바시四ツ橋선 난바難波역 14번 출구를 나와 왼쪽 뒤로 돌아 도보 2분. 혹은 센니치마에선, 사카이스지堺筋선 닛폰바시日本橋역 2번 출구로 나와 왼쪽으로 도보 4분.

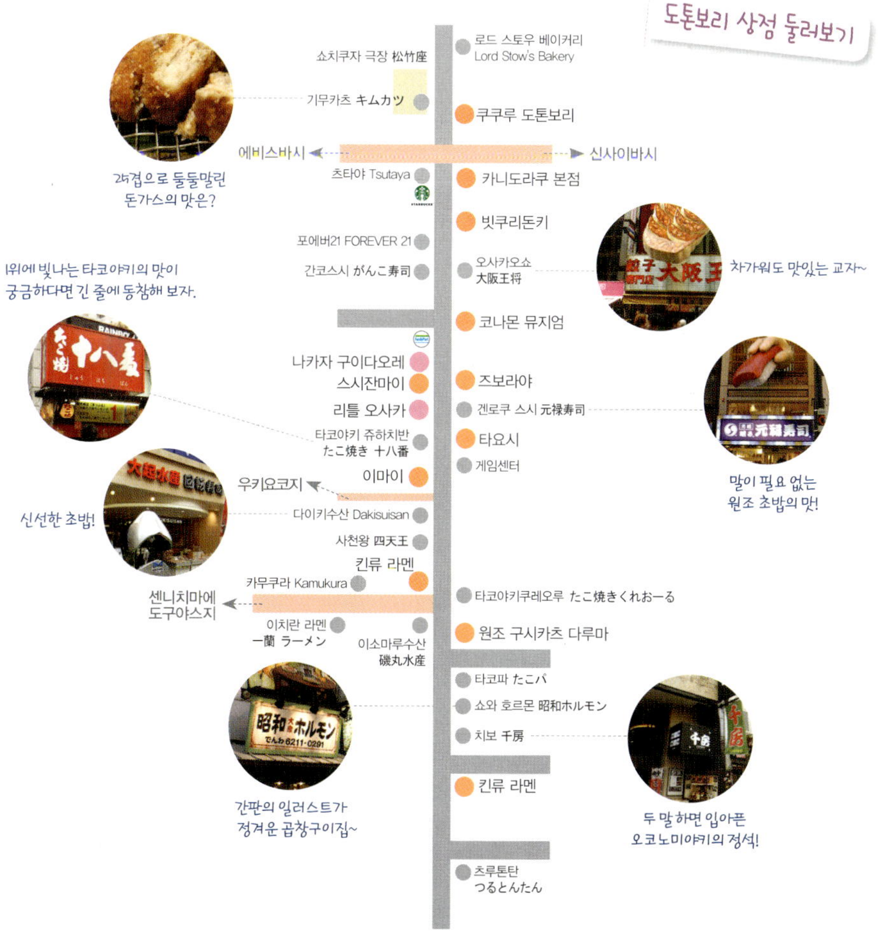
도톤보리 상점 둘러보기
쇼치쿠자 극장 松竹座
로드 스토우 베이커리 Lord Stow's Bakery
기무카츠 キムカツ
쿠쿠루 도톤보리
에비스바시
신사이바시
2cm겹으로 돌돌말린 돈가스의 맛은?
츠타야 Tsutaya
카니도라쿠 본점
빗쿠리돈키
포에버21 FOREVER 21
1위에 빛나는 타코야키의 맛이 궁금하다면 긴 줄에 동참해 보자.
간코스시 がんこ寿司
오사카오쇼 大阪王将
차가워도 맛있는 교자~
코나몬 뮤지엄
나카자 구이다오레
스시잔마이
리틀 오사카
즈보라야
겐로쿠 스시 元禄寿司
타코야키 쥬하치반 たこ焼き 十八番
타요시
게임센터
이마이
우키요코지
말이 필요 없는 원조 초밥의 맛!
신선한 초밥!
다이키수산 Dakisuisan
사천왕 四天王
킨류 라멘
카무쿠라 Kamukura
센니치마에 도구야스지
타코야키쿠레오루 たこ焼きくれおーる
이치란 라멘 一蘭 ラーメン
이소마루수산 磯丸水産
원조 구시카츠 다루마
타코파 たこパ
쇼와 호르몬 昭和ホルモン
치보 千房
킨류 라멘
간판의 일러스트가 정겨운 곱창구이집~
두 말하면 입아픈 오코노미야키의 정석!
츠루톤탄 つるとんたん

#### Food ①

## 쿠쿠루 도톤보리 くくる道頓堀

쿠쿠루 도톤보리는 일반 타코야키와는 달리 국물에 적셔 먹는 아카시야키明石燒き가 유명한 곳이다. 육수에 적셔 나온 타코야키는 계란이 많이 들어 있어 부드럽고 깔끔한 맛을 자랑한다. 맥주와 잘 어울려 좋은 안주가 된다.

영업 월~금 12:00~22:30, 토·일 11:00~21:30

#### Food ②

## 카니도라쿠 かに道楽

상하로 움직이는 게 다리의 모습이 인상적인 카니도라쿠는 오사카를 대표하는 게 요리 전문점이다. 간판에 걸려 있는 모형 게는 15,000명이 먹을 수 있는 크기라고 한다. 대표 요리인 게 전골 요리와 정식, 대게구이, 대게회, 대게 초밥 등 50여 종의 요리가 있다. 가격대가 높은 편이므로 런치 시간을 이용하는 것이 좋다.

영업 11:00~23:00

#### Food ③

## 빗쿠리돈키 びっくりドンキー

1968년 12월 이와테현 모리오카의 햄버그스테이크와 샐러드 가게 베루에서 시작한 빗쿠리돈키는 전국에 체인점을 두고 있다. 맛뿐만 아니라 가격 대비 양과 질적인 면에서 월등하여 식사 시간에는 대기하는 줄이 길다.

영업 07:00~익일 05:00

#### Food ④

## 코나몬 뮤지엄 コナモンミュージアム

박물관 형식의 이색 타코야키 전문점. 대형 문어 간판은 상하이 만국박람회에 전시되기도 했다. 1층은 타코야키 테이크아웃점, 2~3층에는 타코야키를 먹을 수 있는 테이블과 의자가 있다. 3층에는 타코야키 갤러리와 타코야키 음식 모형 만들기 체험 공방이 있다.

영업 11:30~19:15(토, 일은 10:30부터)

#### Food ⑤

## 즈보라야 づぼらや

즈보라야는 복어 요리 전문점으로 단품 요리와 코스 요리, 가정식 정식, 런치 메뉴 등 선택의 폭이 넓다. 2,500엔 이상이면 시원한 복어 요리를 맛볼 수 있다. 즈보라야의 마스코트인 복어를 이용한 다양한 기념품도 판매하고 있다.

영업 11:00~23:00

#### Shopping ⑥

## 나카자 구이다오레 中座くいだおれ

피에로 복장을 하고 북을 치는 구이다오레는 1950년 오사카에서 가장 먼저 입체 간판으로 등장해 많은 사람의 사랑을 받았다. 한때 없어질 위기에 놓였으나 다시 그 자리를 지키게 되었다. 최근에는 구이다오레 옆에 자리를 마련하여 같은 안경을 쓰고 기념 촬영을 할 수 있게 만들어 놓았다. 구이다오레가 서 있는 빌딩은 종합 쇼핑몰이다.

영업 24시간

### Food
**❼**
## 스시잔마이 すしじゃんまい

24시간 영업하는 초밥집인 스시잔마이는 엄지손가락을 '척' 하고 들어줄 수 있을 만큼 참치의 맛이 대단하다. 보통 가격대는 2,000~3,000엔대로 예상하면 되지만 좀 더 저렴하게 먹고 싶다면 점심 세트메뉴를 이용하는 게 좋다. 도톤보리 구이다오레 인형이 있는 건물 안쪽에 있어서 찾는 데도 어려움이 없다.

영업 24시간 영업

### Shopping
**❽**
## 리틀 오사카 Little Osaka

오사카 지역의 다양한 기념품을 판매하는 곳. 애니메이션의 나라답게 귀여운 캐릭터를 이용한 다양한 상품과 마네키네코, 오사카 대표 상징물이 새겨진 기념 티셔츠 등을 구입할 수 있으며 먹거리 선물들이 대부분이다. 여행 선물을 미처 준비하지 못했다면 이곳에서 준비하자.

영업 10:00~22:00

### Food
**❾**
## 타요시 たよし

회정식, 덴동정식, 일본 가정식 등 정식을 먹을 수 있다. 관광지임에도 비교적 합리적인 가격대를 가지고 있고 맛 또한 뒤지지 않는다. 북적거리는 도톤보리에서 차분히 앉아 식사하기 좋은 곳이다.

영업 11:00~23:00

### Food
**❿**
## 이마이 今井

60년 전통을 자랑하는 이마이 우동은 깔끔한 맛으로 미식가들에게는 정평이 나 있다. 달콤한 유부가 들어간 키츠네 우동과 어묵과 파가 들어간 쉬포쿠 우동이 대표 메뉴이며 양이 좀 적다는 게 흠이라면 흠. 그 밖에 돈부리, 소바, 세트 메뉴 등이 있으며 한국어로 된 메뉴가 있다.

영업 11:00~22:00

### Food
**⓫**
## 원조 구시카츠 다루마 元祖串カツ だるま

오사카 명물인 원조 구시카츠 전문점이다. 야채, 해물, 육류 등을 꼬치에 끼워 빵가루를 입힌 후, 튀겨 내 소스에 찍어 먹는 오사카만의 특별한 음식인 구시카츠는 밥과 함께 식사로도, 맥주 안주로도 잘 어울린다. 양배추는 무한 제공이며 소스는 함께 사용하는 것이니 한 번만 찍어서 먹도록 하자.

영업 11:30~22:30

### Food
**⓬**
## 킨류 라멘 金龍ラーメン

킨류 라멘은 오사카의 대표 맛집 중 하나로 거대한 용이 여의주를 물고 간판을 뚫고 밖으로 나올 것만 같다. 닭 뼈와 돼지 뼈를 푹 고아 만든 국물은 누린내 없이 담백하다. 김치와 고춧가루로 버무린 부추무침, 갈아 놓은 마늘까지 넣어 먹으면 일품이다.

영업 24시간 영업

# 돈키호테 ドン・キホーテ 쇼핑에는 낮과 밤이 없다!

오사카를 여행하는 몇 가지 이유를 물어보면 쇼핑이 주목적인 경우가 많다. 그중 식료품 쇼핑은 여성 여행자들에게는 빠트릴 수 없다. 도톤보리강 옆에 자리하고 있는 돈키호테는 24시간 영업하기 때문에 모든 일정을 끝내고 쇼핑하기에 특히 좋은 곳이다. 식품에서부터 가전, 침구, 코스메틱, 아이디어 상품은 물론 명품에 이르기까지 없는 것 빼고 다 있는 쇼핑의 전부라고 해도 손색이 없어 여행 선물 고민이 한 번에 해결될 것이다. 주의할 점은 계획 없이 바구니에 담아 보면 만 엔을 훌쩍 넘겨 버리는 일이 많다는 것. 일반 편의점보다는 저렴하지만 큰 차이는 없다. 계산 시에 1~2엔이 모자라 큰돈을 헐어야 하는 경우가 생긴다면 계산대 앞에 담겨 있는 1엔 바구니에서 꺼내어 계산해도 된다. 물론 1~2엔만. 미도스지 라인에도 돈키호테가 생겨서 예전보다는 덜 복잡해졌다.

홈페이지 www.donki.com   주소 大阪市中央区宗右衛門町7-13   전화 06-4708-1411
영업 24시간(영업점에 따라 시간은 다르다)   가는 방법 도톤보리강 톤보리 리버 워크에 위치.

# 몸을 싣고 두둥실~ 톤보리 리버크루즈 とんぼりリバークルーズ

도톤보리에는 2004년 겨울에 만들어진 톤보리 리버 워크가 있다. 리버 워크를 따라 고요히 흘러가는 작은 유람선 톤보리는 날씨가 좋은 저녁 무렵, 살랑살랑 바람을 느끼며 몸을 실어 보는 것이 좋다. 도톤보리강을 중심으로 좌우로 둘러싸고 있는 반짝이는 네온사인이 화려하지는 않지만 여행자의 기분을 즐겁게 하기에는 충분하다. 돈키호테 에비스 타워 앞에서 출발하고 소요 시간은 약 20분. 오전에 미리 예약하는 것이 필수다.

홈페이지 www.ipponmatsu.co.jp/cruise/tombori.html
입장료 일반 900엔, 소인 400엔(오사카 주유 패스 소지자는 무료로 탑승 가능)
영업 13:00~21:00(토, 일, 공휴일 11:00~21:00) 매시 정각과 30분에 출발
가는 방법 도톤보리강 톤보리 리버 워크, 돈키호테 앞.

## 미도스지 御堂筋

은행나무 가로수 길로 유명한 미도스지는 도로 양옆으로 800여 그루에 달하는 은행나무가 늘어서 있다. 난바에서 JR 오사카역을 관통하는 시원스러운 길 양옆으로는 다이마루 백화점, 애플 스토어와 세계적인 명품 브랜드인 샤넬, 루이비통, 까르띠에, 막스 마라 등의 브랜드 건물이 즐비하다. 매년 10월에는 미도스지 KAPPO 축제가 열려 다양한 퍼포먼스와 공연이 펼쳐지고 일본 각 지역의 부스를 만들어 홍보한다. 단풍이 지기 시작하는 10월 말부터 11월 말까지의 미도스지는 노랗게 물들어 일 년 중 가장 아름답다.

가는 방법 난바難波역에서 신사이바시心斎橋역을 지나는 대로.

### Shopping

### 다이마루 백화점 大丸百貨店

미도스지 가로수 길에 가장 크게 자리하고 있는 다이마루 백화점은 화이트 톤에 중후한 느낌이 든다. 오사카에서 가장 크고 고급스러운 백화점으로 본관, 북관, 남관 등 3개의 건물로 구분된다. 본관은 누구나 알고 있는 구찌, 샤넬 등의 명품 브랜드들이 입점해 있고, 북관은 10~20대들이 열광하는 어반 리서치, 비비안 웨스트우드 등, 남관은 주로 생활용품과 인테리어 숍들이 입점해 있다. 본관 지하의 식품 코너에는 조리된 음식들과 수입 식품, 군침 돌게 하는 베이커리 등 다양한 먹거리가 눈을 즐겁게 한다.

홈페이지 www.daimaru.co.jp/shinsaibashi
영업 북관 10:00~20:30(13층 식당가 11:00~22:00) 남관 10:30~21:00

### Shopping

### 꼼 데 가르송 Comme des Garcons

꼼 데 가르송은 '소년처럼'이란 뜻을 가진 프랑스어다. 언제까지나 즐겁게 귀엽게 소년처럼 옷을 입을 수 있어야 한다는 의미를 담고 있다. 1969년 일본 디자이너 레이 가와쿠보가 첫 여성 컬렉션을 선보이며 론칭한 꼼 데 가르송은 일본적인 스타일과 서양의 아름다움이 잘 조화되었다는 평으로 세계적인 패션 트렌드를 주도하고 있다.

홈페이지 www.comme-des-garcons.com
영업 11:00~20:00

### Shopping
③
## 애플 스토어 Apple Store

심플한 은색 건물로 미도스지 라인에서 눈에 띄는 애플 스토어는 1~2층으로 이루어졌다. 단순하고 세련된 디자인으로 소비자들을 사로잡는 애플 스토어에는 매킨토시 컴퓨터와 최신형 아이폰, 아이패드, 아이팟 등 다양한 상품이 전시되어 있다. 모든 제품을 마음대로 조작해 볼 수 있고 무엇보다 우리나라에 아직 들어오지 않은 제품들을 만나 볼 수 있어서 애플 제품 마니아라면 꼭 들러야 하는 곳 중 하나이다. 애플 제품 관련 다양한 주변 기기도 구입할 수 있다.

홈페이지 www.apple.com/jp/retail/shinsaibashi
주소 大阪府大阪市中央区西心斎橋1-5-5 アーバンBLD心斎橋
전화 06-4963-4500
영업 10:00~21:00

### Shopping
④
## 푸마 스토어 Puma Store

미도스지 대로변에 새롭게 등장한 푸마 스토어는 붉은색 외벽이 멀리서 봐도 시선을 사로잡는다. 넓은 공간에 시원스럽게 펼쳐 놓은 디스플레이가 구매욕을 일으키며 다양한 컬러의 스니커즈와 트레이닝복, 그 외에 스포츠 관련 상품들의 컬러가 조화롭다. 나이키에 이어 또 다른 도약을 꿈꾸는 푸마의 새로운 콘셉트를 느낄 수 있는 공간이다.

주소 大阪府大阪市中央区西心斎橋1-5-2
전화 06-6253-8903
영업 11:00~20:00

### Shopping
⑤
## 액터스 Actus

생활용품, 욕실용품, 주방용품, 화장품 등 유럽에서 들여온 다양한 소품들의 백화점이라 할 수 있다. 블랙 & 화이트의 모던하고 세련된 디자인은 유행을 타지 않아 질리지 않는다. 천연 재료로 만든 화장품은 인기 아이템이며 상품에 따라 부분적으로 세일을 한다.

홈페이지 shinsaibashi.actus-interior.com
주소 大阪府大阪市中央区西心斎橋1-4-5 御堂筋ビル1F・2F
영업 11:00~20:00
휴일 부정기적

Shopping

❻
# 스탠더드 북스토어 Standard Bookstore

회화, 사진, 디자인 관련 아트 서적과 요리, 취미, 잡지 등 다양한 서적으로 이루어진 스탠더드 북스토어는 다른 서점에서 찾아볼 수 없는 다양한 책들의 놀이터라 할 수 있다. 지하에는 각종 문구류와 사무용품, 디자인용품은 물론 주방용품, 액세서리까지 보기 좋게 준비되어 있으며 잠시 차 한잔을 즐기며 구입한 책을 볼 수 있는 카페가 있다. 1층은 주로 서적으로 이루어져 있으며 비교적 늦은 시간인 오후 10시에 문을 닫기 때문에 하루 일정을 마친 여행객들이 잠시 둘러보기에 좋다. 독특한 책을 좋아하는 사람이라면 종일 있어도 지루할 틈이 없다.

홈페이지 www.standardbookstore.com
주소 大阪市中央区西心斎橋2-2-12 クリスタグランドビルBF
전화 06-6484-2239
영업 11:00~22:00

Shopping

❼
# 신사이바시 오파 心斎橋 OPA

일본에만 있는 일본 로컬 브랜드 의류를 구입할 생각이라면 오파로 가야 한다. 10~20대 여성을 겨냥한 의류 중심의 전문 숍으로 마크 제이콥스, 질 바이 질 스튜어트 등이 입점해 있으며 패션 잡화는 물론 음식점도 있다. 도쿄와는 또 다른 오사카의 화려하고 파격적이며 개성 강한 아이템을 비교적 저렴한 가격으로 쇼핑할 수 있다. 9~11층은 식당가이며 9층에는 한국 음식 전문점인 비빔Bibim이 있다. 오파 건물 뒤편에 있는 오파 키레이칸OPA きれい館 2층에는 오사카 미나미 지역에서 가장 큰 100엔 숍 세리아Seria가 있다.

홈페이지 www.opa-club.com/shinsaibashi
주소 大阪市中央区西心斎橋1-4-3
전화 06-6244-2121
영업 쇼핑 11:00~21:00, 식당 11:00~23:00
오파 키레이칸 11:00~21:00
휴일 부정기적

# 아메리카무라 アメリカ村

커다란 바지를 엉덩이가 드러날 정도로 내려 입은 힙합퍼들, 현란한 머리 모양과 셀 수 없는 피어싱을 한 젊은이, 그리고 정체 모를 외국인들이 유독 눈에 많이 띄는 이곳은 여기가 아메리카무라라고 얘기해 주고 있다. 아메리카무라는 이 이름 그대로 '미국 마을'이라 부르던 데서 비롯된 것이다. 원래 이 지역은 목재를 쌓아 두던 창고였는데 1970년대에 서핑족들이 미국에서 들여온 서핑용품과 미국을 비롯한 세계 각국에서 들여온 구제 옷 등을 팔기 시작하면서 형성되었다. 당시 젊은이들은 순식간에 이곳에 열광하기 시작했고 이곳에 가면 미국 제품을 쉽게 볼 수 있어 미국 분위기가 나는 마을이라는 뜻의 아메리카무라라고 부르게 되었다. 주 타깃은 10~20대로 다양한 컬러의 의류와 액세서리 그리고 그에 따른 각종 빈티지, 에스닉, 힙합, 펑크 소품들이 삼각공원을 중심으로 한 약 2,000여 개의 숍에 들어서 있다. 골목마다 걸려 있는 알록달록, 때로는 과격한 의류들은 옷이라기보다는 벽에 그려진 그라피티 같다. 쇼핑 목적이 아니더라도 오가는 사람들의 스타일만으로 충분히 눈요기가 되고 스타일 공부가 되는 것이 아메리카무라의 매력이다. 아메리카무라의 상징인 피에로 아저씨는 철거되었지만 맞은편 세계의 평화를 상징하는 벽화는 그대로 남아 있어 많은 여행객들에게 아메리카무라의 추억을 심어 주고 있다. 저녁이 되면 라이브 카페에서 음악이 흘러나오고 지하의 클럽들이 일제히 반짝이기 시작한다. 아메리카무라는 전혀 다른 낮과 밤의 분위기를 느껴볼 수 있는 매력적인 곳이다.

홈페이지 www.americamura.jp

가는 방법 지하철 미도스지御堂筋선, 나가호리츠루미료쿠치長堀鶴見緑地선의 신사이바시心斎橋역 7번 출구에서 왼쪽으로 돌아들어 도보 3분. 지하철 요츠바시四ツ橋선 요츠바시역 5번 출구로 나와 도보 1분.

Sightseeing

## 삼각공원 三角公園

아메리카무라의 대표적인 만남의 장소인 삼각공원은 이름 그대로 삼각형처럼 생긴 공원이다. 규모는 작지만 휴일이 되면 이곳에서 춤과 음악, 퍼포먼스, 소규모 행사 등 다양한 공연이 펼쳐진다. 타코야키 하나를 준비해서 공원 한쪽에 자리를 잡고 앉으면 누가 뭐라 해도 VIP석이다. 앉은 지 얼마 지나지 않아 재미난 공연 하나쯤은 만나게 된다.

Shopping

## 빅 스텝 Big Step

아메리카무라에서 가장 크고 중심이 되는 건물은 중앙에 위치한 빅 스텝이다. 지하 2층~지상 7층으로 이루어진 원스톱 쇼핑 공간으로 건물의 중앙이 오픈되어 편안하고 시원한 느낌을 준다. 내부에는 일본 로컬 브랜드와 우리에게도 익숙한 대중적인 브랜드, 각종 빈티지 의류들과 오사카의 대표 야구팀인 한신 타이거즈 숍이 있다. 주말에는 코스튬 플레이 행사 등이 열려 애니메이션 속의 주인공을 만나 볼 수 있다.

홈페이지 big-step.co.jp
전화 106-6258-5000
영업 11:00~20:00, 식당 11:00~22:00

Shopping

## 퍼스트 First

내추럴하고 감성적인 남성 캐주얼 전문 숍으로 따뜻한 느낌이 전해진다. 의류에서부터 신발, 가방, 모자, 액세서리까지 세련된 남성을 위한 모든 준비가 되어 있다. 따뜻한 감성을 불러오는 다양하게 프린트 된 티셔츠와 개성 넘치는 에코 백의 디자인을 만나 볼 수 있다.

전화 06-6251-5256
영업 11:00~20:30

### Food
**④**

## 살바토르 쿠오모 & 바 Salvatore Cuomo & Bar

오픈 시간 전에 이미 대기 줄의 행렬이 시야에 들어온다. 살바토르 쿠오모 & 바는 화덕에서 구워 낸 나폴리 피자, 파스타를 주메뉴로 하는 레스토랑으로 런치 뷔페가 인기다. 1,000엔에 맛있는 피자와 파스타 그리고 다양한 샐러드와 후식을 무한정 먹을 수 있다는 것은 매력적일 수밖에 없다. 주말에는 200엔이 추가된 1,200엔으로 즐길 수 있으며 음료는 따로 주문해야 한다.

홈페이지 salvatore.jp  영업 11:30~23:00

### Food
**⑤**

## 파블로 커피 Pablo Coffee

사람들로 붐비는 신사이바시시지를 벗어나 아메리카무라의 파블로 치즈 케이크를 맛볼 수 있는 카페가 오픈했다. 조각으로 판매되어 다양한 파블로의 맛을 느낄 수 있으며 살짝 느끼한 맛을 고소한 커피가 잡아주어 입 안이 깔끔해진다. 카페의 공간 또한 차분하여 여행 중 혼자만의 시간을 갖는다면 이곳에서 즐겨 보도록 하자. 오파 키레이칸 1층에 위치하여 찾기도 쉽다.

홈페이지 pablo3.com  영업 10:00~21:00

### Food
**⑥**

## 해피 팬케이크 A Happy Pancake

폭신한 팬케이크로 유명세를 떨치고 있는 그램과 나란히 위치한 해피 팬케이크(시아와세노 팬케이크). 지하 1층에 있어 지나치기 쉬운데 갓 구워낸 부드러운 팬케이크의 달걀 맛과 달콤한 시럽과 생크림의 조화가 환상이다. 그램처럼 녹는 듯한 팬케이크는 아니지만 감칠맛은 더욱 풍부하다. 꼭 팬케이크가 아니더라도 늦은 오후 브런치를 즐겨 보자.

영업 10:00~20:00(토·일요일은 20:30까지)

### Food
**⑦**

## 이키나리 스테키 いきなりステーキ

서서 먹는 스테이크 이키나리 스테키는 2013년 도쿄 긴자에서 최초 오픈한 이후 빠른 속도로 전국에 체인점이 늘어나고 있다. 서서 먹는 만큼 가격은 저렴하고 맛도 좋아 식당 안은 언제나 사람들로 북적인다. 주문과 동시에 바로 생고기를 절단하여 구워 주는데 육질이 부드럽고 전혀 느끼함이 없다. 보통 기본이 300g으로 점심 세트 메뉴를 이용하면 1,200엔대에 스테이크와 샐러드, 밥, 수프를 먹을 수 있다.

홈페이지 ikinaristeak.com  영업 11:00~22:45

### Food
**⑧**
# 가나자와 아이스 Kanazawa Ice

녹지 않는 아이스크림 가나자와 아이스는 가나자와시에서 동일본 대지진 이후 생계에 어려움을 겪는 딸기 재배 농가들을 돕기 위해 만든 디저트다. 우연히 딸기에서 추출한 폴리페놀을 첨가하자 크림이 즉시 딱딱하게 굳어져 버렸다는 것을 발견하고 이를 이용한 아이스크림을 탄생시켰다. 가나자와 아이스는 3시간이 지난 뒤에도 형태의 변화가 거의 없다. 생김새도 독특한 신비한 가나자와 아이스를 경험해 보자.

영업 11:00~20:00

### Shopping
**⑨**
# 플라잉 타이거 코펜하겐 Flying Tiger Copenhagen

모던한 디자인에서부터 컬러풀하고 아기자기한 디자인. 거기에 위트까지 더해져 구경하는 재미도 쏠쏠하다. 아이디어가 좋은 주방용품, 욕실용품, 생활용품 등과 장난감, 문구, 인테리어 소품까지 다양한 상품이 준비되어 있다. 가격도 디자인이나 상품 퀄리티에 비해 엄청 저렴하여 오사카를 방문하는 여행자라면 꼭 들를 수밖에 없는 곳이다. 생각 없이 쇼핑 바구니에 담다 보면 5,000엔은 훌쩍 넘어 버리니 꼭 계획하고 구입하도록 하자.

영업 11:00~20:00

### Shopping
**⑩**
# 론코트 Loncourt

밀리터리 룩, 코스튬 의류, 캐주얼, 속옷, 액세서리, 자전거 관련 부속품, 시계, 소품 등의 다양한 숍들이 함께 어우러져 있는 론코트는 아메리카무라의 보물 창고 같다. 일반적인 것에서 조금은 벗어난 과감한 의상들과 액세서리들이 눈에 들어온다. 피어싱을 셀 수 없이 하고 있는 점원의 모습도 다른 곳과 구별된다. 무심코 지나가기 쉬우니 관심이 있다면 들러 보도록 하자.

영업 10:00~21:00

### Shopping
**⑪**
# 온 스팟 On Spotz

쇼윈도에 줄 맞춰 나열된 각양각색 모자들의 멋진 디스플레이가 인상적이다. 마치 디자인 작품을 보는 것 같은 이곳은 힙합 패션을 차려입은 사람들로 언제나 문전성시를 이룬다. 특히 전 세계 젊은이들에게 사랑받는 뉴에라 제품이 많은데, 마니아라면 한번 들러 갓 들어온 신상품 스냅백을 쓰고 "헤이 욥~" 하고 인사를 나눠도 좋겠다.

홈페이지 onspotz.com
영업 12:00~21:00(토 · 일 · 공휴일 11:00~21:00)

Food
⑫

### 엘크 Elk

오사카에서 팬케이크를 가장 맛있게 하는 집으로 선정된 엘크는 이른 아침부터 문 닫는 시간까지 사람들이 대기하는 줄이 줄어들 줄 모른다. 기간 한정 메뉴와 하루에 딱 10개만 판매하는 세트 메뉴들을 내놓는 다양한 마케팅으로 손님몰이 중이다. 든든한 한 끼 식사가 될 정도로 양도 풍성하며 커피나 티를 포함한 세트 메뉴의 가격은 1,280엔 이상이다. 특히 3D아트 라테아트는 엘크만의 매력이다.

홈페이지 cafe-elk.com  영업 10:00~23:00

Shopping
⑬

### 빌리지 뱅가드 Village Vanguard

빌리지 뱅가드는 'Exciting Book Store' 다시 말해 '신 나게 놀 수 있는 서점'으로 책뿐만 아니라 온갖 신기하고 재미난 것들의 비밀스러운 보물 창고다. 일본 전역에 체인을 두고 있으며 가게 안에 들어가면 나도 모르게 지갑을 열게 된다. 책은 기본이고, 장난감, 문구, 액세서리, 화장품, 잡화, 먹거리와 아이디어가 돋보이는 생활용품, 캐릭터 상품 역시 빌리지 뱅가드의 인기 상품이다.

영업 11:00~23:00

Sightseeing
⑭

### 미나토마치 리버 플레이스 湊町リバープレイス

미나미 호리에에 자리한 미나토마치 리버 플레이스는 갤러리와 다양한 공연장으로 활용되고 있다. 팔각형의 독특한 외관은 멀리서도 눈에 띈다. 미나토마치 리버 플레이스는 가장 활기를 띠는 저녁 시간이 되면 멋진 야경을 뽐내며 강변 테라스의 고급 레스토랑인 캐널 테라스 호리에キャナルテラス堀江가 문을 연다. 다양한 공연과 함께 시원한 강바람을 마시며 멋진 저녁 시간을 보내기에 좋다. 건물 내부에는 유망한 밴드를 발굴하기 위한 콘서트 홀 난바 핫치なんばHatch가 있다. 주말 오전에는 비정기적으로 강변을 따라 벼룩시장이 열리기도 한다.

홈페이지 oud.co.jp
주소 大阪市浪速区湊町1-3-1
전화 06-4397-0571
영업 10:00~19:00
캐널 테라스 호리에 11:00~23:00
가는 방법 지하철 요쓰바시四ツ橋선 요쓰바시역 6번 출구를 나와 오른쪽으로 도보 8분.

## 호리에 堀江

아메리카무라가 10~20대들의 활력 넘치는 캐주얼한 거리라면 호리에는 차분하고 세련된 고급스러운 30대의 거리라고 할 수 있다. 일본 잡지에 등장하는 예쁜 카페와 숍이 많은 곳으로 아메리카무라에서 숍을 오픈했던 사람들이 위치를 옮기면서 형성한 곳이다. 호리에 공원과 메인 거리인 오렌지 스트리트라고 불리는 다치바나도리立花通り를 중심으로 카페와 숍들이 생겨나기 시작했다. 아메리카무라만큼 다양한 숍이 있는 건 아니지만 아기자기하고 개성 넘치는 아이템을 직접 제작하여 판매하는 수공예 공방, 고급스러운 셀렉트 숍, 인테리어 숍과 가구점 등 전문 숍이 밀집되어 있으며 비교적 고가의 제품을 판매하는 숍이 많다. 맛있는 케이크와 휴일 오후 브런치를 즐길 수 있는 다양한 카페와 숍, 갤러리가 있어 분위기를 내며 쇼핑하고 그림을 감상하며 달콤함을 즐길 수 있다는 장점이 있다.

가는 방법 지하철 요츠바시四ツ橋선 요츠바시역 6번 출구로 나와 오른쪽으로 도보 3분. 나가호리츠루미료쿠치長堀鶴見緑地선 니시오하시西大橋역 4번 출구에서 도보 7분.

### Shopping ❶
## 하레 Hare

20~30대 남성을 위한 깔끔한 의류점으로 차분한 색상과 지나친 장식이 없는 모던함이 특징이다. 하레 숍은 일본 여러 지역에서 찾아볼 수 있는데 이곳 호리에에 있는 숍이 중저가 라인으로 조금 저렴한 편이다.

홈페이지 point.jp  영업 11:00~20:00

### Shopping ❷
## 바이오탑 Biotop

호리에에서 가장 핫한 곳으로 카페, 꽃집, 편집 숍이 한곳에 있는 멀티플레이 공간이다. 1층은 의류 및 화장품 숍, 카페, 화원으로 이루어져 있으며 2층은 의류 숍과 액세서리 숍, 4층은 레스토랑이다. 차를 마시며 다양한 상품을 구경하고 구입할 수 있다.

홈페이지 biotop.jp  영업 11:00~23:00

Food
③
## 차오 루아 Chao Lua

조용한 호리에 골목 주차장 앞에 자리하고 있는 차오 루아는 베트남 음식 전문 레스토랑이다. 다양한 쌀국수와 채소볶음, 베트남식 정식이 대표 메뉴이며, 베트남 커피와 홍차, 우유가 듬뿍 들어간 밀크 티 등을 함께 즐길 수 있다. 점심시간을 이용해 런치 세트를 주문하면 좀 더 저렴하게 식사할 수 있다.

홈페이지 anngon.com  영업 12:00~23:00

Shopping
④
## 아크메 퍼니처 Acme Furniture

아크메 퍼니처는 미국의 빈티지 가구 편집 숍으로 도쿄 지유가오카에 먼저 들어왔다. 입구에서부터 느껴지는 빈티지 감성이 작은 식물들과 어울려 조화를 이룬다. 빈티지 소품들과 원목가구, 조명에서 카펫, 식기까지 다양하게 분류되어 있으며 직원들의 유니폼 또한 아크메스럽다는 생각이 든다. 가격은 고가이므로 눈으로 만족하자.

홈페이지 acme.co.jp  영업 11:00~20:00

Shopping
⑤
## 타임리스 컴포트 Timeless Comfort

1층은 주방용품과 식기류, 욕실용품, 코스메틱 제품으로 꾸며져 있으며, 2층은 가구와 시계, 조명, 액자, 쿠션 등 인테리어 소품으로 구성된 타임리스 컴포트는 차분한 분위기와 실용적인 디자인으로 많은 사랑을 받는 곳이다. 향초와 유기농 핸드크림, 립밤은 가격도 저렴하여 선물용으로 인기다. 1층에는 작은 카페도 있다.

영업 11:00~20:00

Shopping
⑥
## 홀 Hole

쇼윈도 너머 사랑스러운 원피스들이 눈에 들어온다. 홀은 여성 의류 편집 숍으로 일본 로컬 브랜드들을 한데 모아 놓았다. 꽃 프린트와 동그라미가 가득한 귀여운 바지, 하늘거리는 스카프, 파스텔 톤의 얌전한 셔츠와 치마들은 과하지 않은 여성스러움을 담고 있다.

홈페이지 ambidex.co.jp
영업 11:00~20:00

Shopping
⑦
## 배기 포트 Baggy Port

배기 포트는 일본의 가방 전문 브랜드로 가방 장인들에 의해서 수작업으로 만들어진 제품을 판매한다. 가죽 소재의 퀄리티 좋은 제품들과 배의 닻을 만드는 데 사용하는 범포 소재를 사용한 가방은 튼튼하고 구김도 잘 가지 않으며 무엇보다 생활 방수가 된다는 장점이 있다. 다양한 색상과 오래된 듯 빈티지한 느낌의 따뜻함이 있어 쉽게 질리지 않고 오래 사용할 수 있다.

영업 11:00~19:30

Shopping
⑧
# 히스테릭 글래머 Hysteric Glamour

1984년 일본의 유명 디자이너인 기타무라 노부히코에 의해 만들어진 히스테릭 글래머는 일본과 해외 스타들에게 인기. 빈티지와 섹시함을 모토로 1960~1980년대 음악과 문화를 반영한 가벼운 느낌의 펑키한 패션 브랜드로 트렌드에 좌우되지 않고 독자적인 스타일을 유지하고 있다. 특히 히피적인 그리고 유머러스한 모습을 표현하기 위한 다양한 패턴과 프린트, 강렬한 컬러의 조화가 히스테릭 글래머를 더 돋보이게 한다. 2006년에 탄생한 앤디 워홀 라인은 지금까지도 꾸준한 사랑을 받고 있다. 워홀 라인의 매출액 일부는 워홀 재단에 기부되어 신진 예술가 육성에 사용되고 있다.

영업 월~금 11:30~20:00, 토·일·공휴일 11:00~20:00

Shopping
⑨
# 어반 리서치 Urban Research

모던하고 내추럴한 의류를 판매하는 셀렉트 숍으로 누가 입어도 어울릴 것 같은 의류에서 편안함이 느껴진다. 1층은 남성복과 남성 관련 액세서리, 가방을 판매하고, 차와 간단한 식사를 즐길 수 있는 악센트 카페 Accent Cafe 가 있다. 2층은 신발, 3층은 여성복을 판매하며 4층은 갤러리로 구성되어 있다.

홈페이지 urban-research.com
전화 06-4391-7682
영업 11:00~20:00

Shopping
⑩
# 아소코 Asoko

재미있게 프린트 된 얼굴이 건물의 반 이상을 차지하고 있는 아소코는 호리에 거리에 들어온 지 얼마 되지 않은 신입생이다. 아소코는 생활용품에서부터 문구류, 주방용품, 침구류, 욕실용품 등을 판매하는 곳으로 식품만 빼고는 아소코에서 모두 찾아낼 수 있을 정도다. 가격대도 100엔부터 다양하며 주로 200~300엔대의 상품들이 대부분이라 쇼핑하는 재미도 쏠쏠하다. 100엔 숍의 물건이 조금 질리기 시작했다면 이곳 아소코에서 좋은 아이템을 찾아보도록 하자.

홈페이지 asoko-jpn.com   영업 11:00~20:00

Shopping
⑪
# 큐빅 스타일 Cubic Style

나무의 재질과 향이 그대로 느껴지는 큐빅 스타일은 원목과 패브릭을 기본으로 하는 가구 전문점이다. 손님들이 가구를 선택하고 자신의 집에 맞게 사이즈를 줄이거나 확대한 뒤 패브릭을 선택하여 제작 의뢰하는 시스템으로 이루어져 있다. 물론 디스플레이 되어 있는 가구도 판매하고 있다. 그 밖에 1인용 의자나 조명, 거울, 액자 등 거실을 장식할 수 있는 고급스러운 소품들이 큐빅 스타일에 가득하다.

홈페이지 cubicstyle.com   영업 11:00~20:00

## 미나미센바 南船場

신사이바시스지 북쪽에 위치한 미나미센바는 오사카 제일의 패션가라 할 수 있다. 언뜻 보면 조용한 동네 같지만, 골목마다 오사카만의 특징이 담긴 부티크와 작은 카페, 레스토랑, 갤러리들이 예쁘게 자리 잡고 있다. 특히 미나미센바는 카페나 레스토랑이 일본 잡지에 많이 소개된 지역이기도 하다. 미나미센바의 숍들은 대개 일본 브랜드만을 취급하고 있으며 가죽, 귀금속 등 수공예품을 다루는 개인 공방, 인테리어 숍과 셀렉트 숍 등이 있어 굳이 구매하지 않더라도 걷고 보는 것만으로도 기분 좋아지는 조용한 곳이다.

가는 방법 지하철 미도스지御堂筋선, 나가호리쓰루미료쿠치長堀鶴見綠地선 신사이바시心齋橋역 3번 출구에서 도보 3분. 요츠바시四ツ橋선 요츠바시역 1A 출구로 나와 왼쪽으로 도보 1분.

### Sightseeing

### 오가닉 빌딩 Organic Building

붉은색 벽에 초록색 화초를 조화시킨 오가닉 빌딩의 벽에는 실제 화초들이 자라고 있다. 이탈리아 건축가 가에타노 페세Gaetano Pesce가 설계하였으며 미나미센바의 상징으로 오가닉이라는 이름에서 느껴지듯 자연과 함께 살아 숨 쉬는 건물을 뜻한다.

### Shopping

### 로열 플래시 Royal Flash

남녀 의류 전문 숍으로 정장에서부터 캐주얼까지 고루 분포되어 있다. 일본 잡지에도 많이 노출된 숍으로 연예인들이 즐겨 찾는 숍 중 하나로 가격대는 상당히 고가이다. 의류뿐만 아니라 선글라스, 클러치, 숄더백 등 다양한 소품들이 판매되고 있다.

전화 06-6121-8008
영업 11:00~20:00

### Shopping

### 간조 Ganzo

간조는 가죽제품 전문 숍으로 일본 장인들의 손에 의해 탄생한 핸드메이드 제품들을 판매하고 있다. 대부분 상품들은 몇 개 되지 않는 리미티드 에디션이 특징이다. 고가이지만 숨쉬는 가죽의 진가를 보여준다.

홈페이지 www.ganzo.ne.jp
전화 06-6120-9977
영업 11:00~20:00

### Shopping

### 엘르톱 텝 이세이 미야케 Elttob Teb Issey Miyake

일본의 세계적인 디자이너 잇세이 미야케의 숍으로 그의 독창적인 예술 세계가 돋보인다. 옷이라기보다는 하나의 예술 작품으로 평가해도 부족함이 없다. 가격대가 높아 쉽게 구입하진 못하지만 구조주의적인 잇세이 미야케 의상을 감상해 보는 것도 좋겠다.

홈페이지 www.isseymiyake.com/ja/stores/67
전화 06-6251-9117
영업 11:00~20:00

## Food
⑤
### 센바 키친 センバキッチン

센바 키친은 피자, 파스타, 그라탱, 스테이크, 타파스 등 이탈리아 음식을 베이스로 한 그릴 바이다. 와인병을 이용한 세련된 조명과 편안한 분위기에 합리적인 음식 가격은 센바 키친을 다시 찾게 만든다.

전화 06-6243-7366
영업 월~토 17:00~익일 02:00, 일요일 16:00~익일 01:00

## Shopping
⑥
### 아란지 아론조 Aranzi Aronzo

잡화 숍인 아란지 아론조는 문구용품, 가정용품, 욕실용품, 인테리어 소품, 먹거리 등을 판매한다. 숍 입구에는 자체 개발 캐릭터인 아란지, 아론조가 귀여운 모습으로 맞아 준다. 캐릭터만큼이나 귀여운 아이템이 많은 곳이다.

홈페이지 www.aranziaronzo.com  전화 06-6252-2983
영업 11:00~19:00

## Shopping
⑦
### 톰보라 Tombola

멕시코 민예품 잡화점인 톰보라는 구경하는 재미가 쏠쏠한 숍이다. 춤추며 노래하는 멕시코 인형과 남미의 느낌이 물씬 풍기는 인테리어 소품, 의자와 테이블에 이르기까지 다양하게 구비되어 있으며 타코 재료도 판매한다.

홈페이지 tombola11.com  전화 06-6241-5659
영업 월~토 13:00~20:00, 일요일 12:00~19:00

## Shopping
⑧
### 무타 마린 Muta Marine

간사이 지역에서 유일한 무타 마린 숍으로 액세서리와 백팩 등 소품에서 시작했으나 그 영역이 확대되어 현재는 골프 의류 등 스포츠 의류와 상품들로 더 알려져 있다. 마니아층이 두터우며 유명 디자이너와의 컬래버레이션 상품도 선보인다.

홈페이지 www.brianza.jp/shop/muta_o.html
전화 06-6484-6134  영업 11:00~20:00

## Food
⑨
### 가요 花樣

건강한 밥상을 모토로 유기농 채소와 현미를 이용한 다양한 요리를 선보인다. 저녁 시간에는 술과 함께 할 수 있는 요리 위주로 선보이며 유기농으로 요리되어 가격대가 상당히 높은 편이다. 여행자들에게는 1,000엔 정도의 건강 밥상을 받을 수 있는 런치 메뉴를 추천한다. 입구에는 시가현에서 직송한 유기농 채소들과 곡류를 판매하고 있다.

전화 06-6258-0396
영업 11:30~23:00(브레이크타임 15:00~17:00)
가는 방법 지하철 미도스지御堂筋선, 나가호리츠루미료쿠치長堀鶴見綠地선 신사이바시心斎橋역 3번 출구에서 도보 5분.

# 오사카 주변 지역
**텐노지, 오사카성, 베이 에어리어**

## 텐노지天王寺

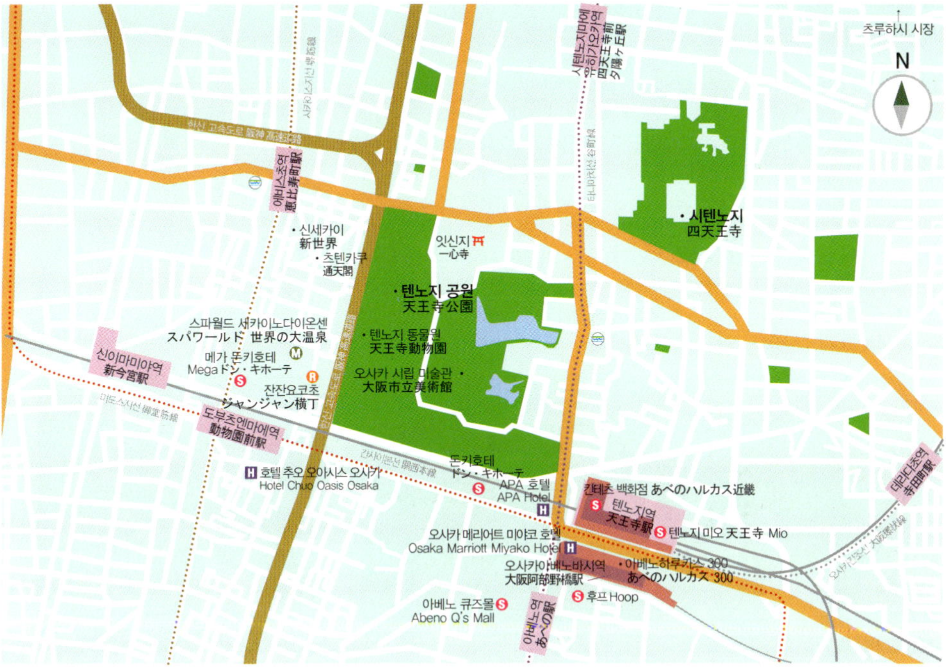

츠루하시 시장
N
시텐노지마에유히가오카역
四天王寺前夕陽ヶ丘駅
한신 고속도로 阪神高速道路
에비스초역
恵比寿町駅
시텐노지
四天王寺
신세카이
新世界
츠텐카쿠
通天閣
잇신지
一心寺
텐노지 공원
天王寺公園
스파월드 세카이노다이온센
スパワールド 世界の大温泉
텐노지 동물원
天王寺動物園
신이마미야역
新今宮駅
메가 돈키호테
Megaドン・キホーテ
오사카 시립 미술관
大阪市立美術館
잔잔요코초
ジャンジャン横丁
도부츠엔마에역
動物園前駅
돈키호테
ドン・キホーテ
호텔 추오 오아시스 오사카
Hotel Chuo Oasis Osaka
APA 호텔
APA Hotel
킨테츠 백화점 あべのハルカス近鐵
텐노지역
天王寺駅
텐노지 미오 天王寺 Mio
데라다초역
寺田町駅
오사카 메리어트 미야코 호텔
Osaka Marriott Miyako Hotel
오사카아베노바시역
大阪阿部野橋駅
아베노하루카스 300
あべのハルカス300
후프 Hoop
아베노 큐즈몰
Abeno Q's Mall
아베노역
あべの駅


## 오사카성大阪城

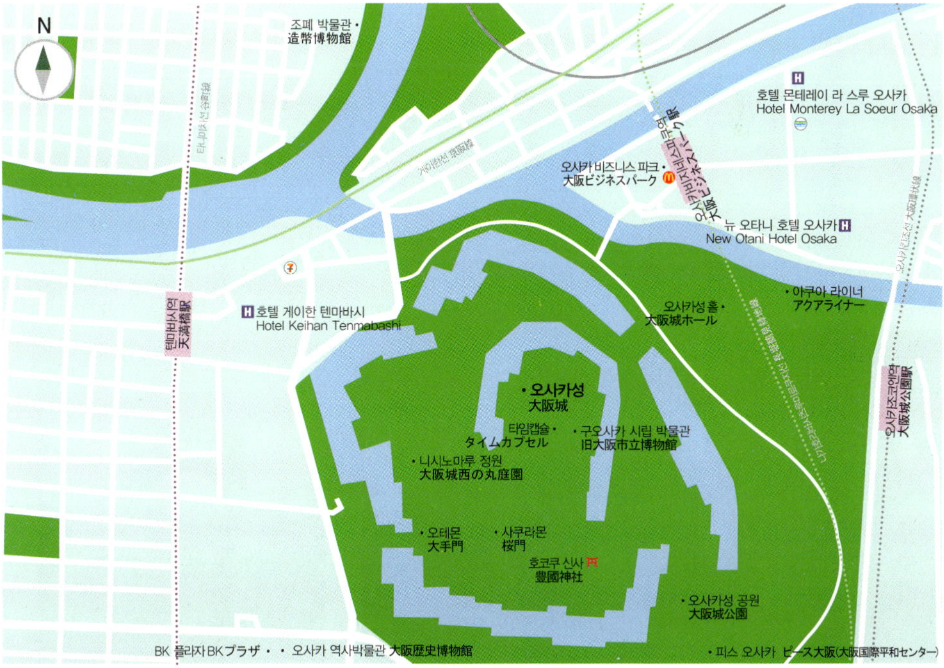

N
조폐 박물관
造幣博物館
호텔 몬테레이 라 스루 오사카
Hotel Monterey La Soeur Osaka
게이한선 京阪線
오사카 비즈니스 파크
大阪ビジネスパーク
오사카비즈니스파크역
大阪ビジネスパーク駅
뉴 오타니 호텔 오사카
New Otani Hotel Osaka
아쿠아 라이너
アクアライナー
호텔 게이한 텐마바시
Hotel Keihan Tenmabashi
텐마바시역
天満橋駅
오사카성 홀
大阪城ホール
오사카성
大阪城
타임캡슐
タイムカプセル
구오사카 시립 박물관
旧大阪市立博物館
니시노마루 정원
大阪城西の丸庭園
오테몬
大手門
사쿠라몬
桜門
호코쿠 신사
豊國神社
오사카성 공원
大阪城公園
오사카조코엔역
大阪城公園駅
BK 플라자 BKプラザ
오사카 역사박물관 大阪歴史博物館
피스 오사카 ピース大阪(大阪国際平和センター)

## Sightseeing ①

### 시텐노지 四天王寺

일본 최초의 사찰인 시텐노지는 우리나라 백제 불교의 영향을 받았으며, 일본의 쇼토쿠 태자가 불교 진흥을 목적으로 백제의 기술자를 데려와 세운 사찰이다. 시텐노지를 둘러보면 백제시대의 불교 건축양식이나 탑 등을 볼 수 있다. 과거 오사카항을 통해 들어온 외국 사신들을 모시는 영빈관으로 사용되기도 하였다. 경내에는 남대문, 오중탑, 금당이 나란히 세워져 있고, 중앙에는 돌로 만든 넓은 무대인 이시부타이石舞台가 있어 봄에는 부가쿠舞楽 공연이 열린다. 시텐노지에는 극락과 이어진 연못이라는 가메이도亀井堂가 있다. 이 연못의 물은 금당 지하에서 솟는 것으로 고인의 이름을 적은 명패를 이 물에 씻으면 극락왕생한다는 이야기가 지금도 전해진다. 시텐노지는 매달 21~22일에는 시텐노지 경내에서 벼룩시장이 열린다.

홈페이지 www.shitennoji.or.jp
주소 大阪市天王寺区四天王寺1-11-18
영업 경내 자유. 08:30~16:30(10~3월은 16:00까지)
휴일 연중무휴(보물관은 매주 월요일)
요금 경내 무료. 중심 가람 일반 300엔, 대학생·고등학생 200엔, 보물관 일반 500엔, 대학생·고등학생 300엔
가는 방법 지하철 타니마치谷町선 시텐노지마에유히가오카四天寺前夕陽ヶ丘역 4번 출구를 나와 정면으로 4분.

## Sightseeing ②

### 텐노지 공원 天王寺公園  텐노지 동물원 天王寺動物園

텐노지 공원은 오사카 남부에서 가장 큰 도시공원으로 1909년에 개원하였다. 공원에는 각종 조형물과 분수대가 있고 곡선을 그리며 심어진 꽃밭에서 여유로움이 느껴진다. 텐노지 공원에는 1951년 문을 연 일본에서 세 번째로 오래된 텐노지 동물원이 있다. 오랜 역사만큼이나 시설은 좀 낙후되었지만 코끼리, 사자, 침팬지, 각종 조류 등 300여 종의 1,500마리 동물이 살고 있다. 텐노지 공원 주변으로 노숙자들이 모여들어 분위기를 험하게 만들기도 하지만 도심 속 오아시스 역할을 하는 텐노지 공원은 시민들의 영원한 휴식 장소이자, 오사카 도심의 유일한 공원이다.

영업 동물원 09:30~17:00  휴일 월요일
요금 공원 일반 150엔, 중학생 이하 80엔, 동물원 일반 500엔, 중학생 이하 200엔(동물원 입장료와 미술관 입장료에는 텐노지 공원 입장료가 포함되어 있다)
가는 방법 지하철 타니마치谷町선, 미도스지御堂筋선 텐노지天王寺역 4번 출구를 나와 바로 왼쪽. 또는 JR 오사카칸조大阪環状선 텐노지역 공원 출구로 나와 정면으로 도보 1분.

### Sightseeing
③
## 오사카 시립 미술관 大阪市立美術館

오사카 시립 미술관은 1936년 개관하였으며 재벌 기업인 스미모토 가문에서 기증받은 저택으로 텐노지 공원에 위치하고 있다. 역사적 유물이나 그림, 조각, 공예품 등 약 8,000여 점을 상설 전시하고 있는데 대부분이 국보나 중요 문화재로 지정되어 있다. 미술관 안쪽의 일본식 정원인 케이타쿠엔慶沢園은 일본 정원의 깔끔하고 아기자기함을 그대로 보여준다.

홈페이지 www.osaka-art-museum.jp  주소 大阪市天王寺区茶臼山町1-82
전화 06-6771-4874  영업 09:30~17:00  휴일 월요일, 12월 28일~1월 4일
요금 일반 300엔, 대학생·고등학생 200엔, 중학생 이하 무료(특별전이 있을 경우 입장료가 따로 부과된다)
가는 방법 지하철 타니마치谷町선, 미도스지御堂筋선 텐노지天王寺역에서 5번 출구를 나와 오른쪽 뒤의 도로로 들어간 다음 직진 도보 10분.

### Sightseeing
④
## 잇신지 一心寺

잇신지는 본전에 모셔진 하얀 불상을 보기 위한 많은 신도뿐만 아니라 관광객으로 언제나 붐빈다. 1596년에 세워진 잇신지를 유명하게 만든 하얀 불상은 다름 아닌 신자들의 유골 1만 기를 재료로 해 만들어졌다. 상상하기 힘든 일이지만 그 후에도 10년마다 유골을 모아 만든 불상을 함께 모시고 있다. 현재까지 약 200만 명에 달하는 고인이 아미타불의 모습이 되어 잇신지에 자리하고 있다. 조금은 엽기적으로 보이지만 오사카인의 자랑으로, 2005년에는 오사카의 무형 민속문화재로 지정되었다.

홈페이지 www.isshinji.or.jp  주소 大阪市天王寺区逢阪2-8-69
전화 06-6771-0444  영업 09:00~16:00
가는 방법 지하철 미도스지御堂筋선, 타니마치谷町선 텐노지天王寺역 6번 출구를 나와 정면으로 도보 10분 소요.

### Sightseeing
⑤
## 츠루하시 시장 鶴橋市場

오사카 제1의 한인타운이자 시장인 츠루하시는 국제시장으로 불린다. 오사카에 거주하는 재일 교포 중 1만 세대 이상이 바로 이 츠루하시에 거주하고 있다고 하니 한국어 대화를 듣는 일은 당연한 일이다. 제2차 세계대전 후 소규모 암시장으로 시작한 츠루하시는 오늘날 점포만 1,000여 곳으로 한국 관련 상품은 없는 것이 없을 정도로 다양하다. 시장 안에 높다랗게 세워져 있는 백제문을 지나 300m쯤 가면 히라노가와라는 개천이 하나 나온다. 일제강점기 때 강제 동원된 조선인들이 치수 사업을 한 곳으로 마음 아픈 역사의 현장이다.

홈페이지 www.turuhasi-ichiba.com  전화 06-6971-2465
영업 10:00~20:00(상점마다 다름)
가는 방법 지하철 센니치마에千日前선 츠루하시鶴橋역 5, 6, 7번 출구 바로 앞 또는 JR 오사카칸조大阪環状선 츠루하시역 하차.

### Sightseeing
### ❻
## 츠텐카쿠 通天閣

1912년에 프랑스의 에펠탑과 개선문을 모방해서 만든 츠텐카쿠는 제2차 세계대전 때 해체되었다가 1956년에 원래 장소에서 옆으로 이동해 높이 103m로 재건되었다. 1912년 당시 일본에서는 처음 세워진 타워이자 오사카의 상징물로 일본 최초의 국산 엘리베이터가 설치된 곳이기도 하다. 츠텐카쿠 전망대에서는 오사카성과 고층 건물, 오사카항에 이르기까지 오사카 주변을 감상할 수 있다. 전망대에는 미국의 여류 미술가가 꿈에서 본 신을 토대로 만든 '빌리켄ビリケン'이라는 신이 모셔져 있다. 빌리켄의 발바닥을 문지르면 행운이 온다고 한다.

홈페이지 www.tsutenkaku.co.jp 주소 大阪市浪速区恵美須東1-18-6
전화 06-6641-9555 영업 09:00~21:00 휴일 연중무휴
요금 고등학생 이상 700엔, 중학생 이하 400엔
가는 방법 지하철 사카이스지堺筋선 에비스초恵美須町역 3번 출구를 나와 정면으로 도보 5분.

### Sightseeing
### ❼
## 신세카이(신세계) 新世界

신세카이는 오사카 서민들의 유흥이 있는 지역으로 저렴한 식당과 주점들이 모여 있는 유흥가다. 1912년 초 츠텐카쿠가 세워지고 당시에는 오사카의 제1의 번화가로 명성이 자자했다. 지금의 모습을 다시 갖추기 시작한 건 1953년으로 예전 오사카의 모습을 보기 위해 찾아오는 발길이 늘어나고 있다. 컬러풀한 색감을 가진 입체 간판들과 옛 모습 그대로 만들어진 목조 건물들의 다양한 형태가 말 그대로 신세계다.

영업 10:00~22:00(업소마다 다르다)
가는 방법 지하철 미도스지御堂筋선, 사카이스지堺筋선 도부츠엔마에動物園前역 3번 출구로 나와 정면으로 도보 4분. 혹은 지하철 사카이스지선 에비스초恵美須町역 3번 출구를 나와 정면으로 5분.

### Food
### ❽
## 잔잔요코초 ジャンジャン横丁

신세카이를 따라가다 보면 만나는 잔잔요코초. 총 길이 180m로 서민들의 정서가 물씬 풍기는 작은 아케이드 거리다. 타코야키, 오코노미야키, 만두, 라멘 등을 파는 음식점과 기원이 늘어서 있다. 잔잔요코초의 이름은 제2차 세계대전이 끝난 후, 지나가는 행인을 가게로 끌어들이기 위해 상인이 샤미센 연주를 했는데, 이때 샤미센이 내는 소리인 '잔잔'이 이곳 이름의 유래가 되었다고 한다. 오사카 일정의 마지막을 색다른 곳에서 마무리하고 싶다면 이곳 잔잔요코초를 추천한다.

영업 10:00~21:00(업소마다 다름)
가는 방법 지하철 미도스지御堂筋선, 사카이스지堺筋선 도부츠엔마에動物園前역 1번 출구를 나와 정면 왼쪽의 굴다리 아래로.

## Spa
**⑨**

# 스파월드 세카이노다이온센 スパワールド 世界の大温泉

스파월드 세카이노다이온센은 말 그대로 세계의 온천을 모아 놓은 대규모 온천 시설이다. 내부 시설은 크게 온천, 수영장, 헬스장, 호텔, 식당으로 나뉘는데 아시아 존과 유럽 존으로 나뉜 남탕, 여탕은 한 달씩 번갈아 사용한다. 세카이노다이온센의 가장 큰 매력은 최상층인 8층에 있는 전망 가족탕과 대형 수영장이다. 수영장은 수영복 착용이 필수이며 프로모션 등이 있으니 가기 전 홈페이지를 참조하자.

홈페이지 www.spaworld.co.jp/korea
주소 大阪市浪速区恵美須東3-4-24
전화 06-6631-0001
영업 24시간
요금 3시간 이용 평일 일반 2,400엔, 어린이(12세 이하) 1,300엔(주말·공휴일 일반 2,700엔, 어린이(12세 이하) 1,500엔)
1일 이용(10:00~다음 날 09:00) 평일 일반 2,700엔, 어린이(12세 이하) 1,500엔(주말·공휴일 일반 3,000엔, 어린이(12세 이하) 1,700엔)
심야 할증(00:00~05:00) 1,300엔 추가 (요금 변동이 있을 수 있으니 가기 전 홈페이지에서 확인할 것)
가는 방법 지하철 미도스지御堂筋선, 사카이스지堺筋선 도부츠엔마에動物園前역 3번 출구를 나와 오른쪽으로 9분, 또는 JR 오사카 칸조大阪環状선 신이마미야新今宮역 동쪽 출구를 나와 왼쪽으로 도보 9분.

## Sightseeing

# 아베노하루카스 300 あべのハルカス 300

아베노하루카스는 2014년 3월 7일 정식 오픈한 일본에서 가장 높은 빌딩이다. 300m 높이를 자랑하는 아베노하루카스는 전망대와 킨테츠 백화점, 미야코 호텔과 쇼핑센터를 갖추고 있어 하루를 즐기기에 그만이다. 특히 초고층 빌딩답게 전망대인 '하루카스 300'에서 멋진 오사카의 모습을 조망할 수 있는데 날씨가 좋은 날에는 간사이 공항과 교토, 고베까지 볼 수 있다. 전망대는 58층, 59층, 60층의 3층 구조로 되어 있고 58층은 탁 트인 공간으로 시원한 느낌을 주며 '스카이 가든Sky Garden 300'이라는 카페 레스토랑이 위치해 있다. 59층, 60층은 유리로 된 회랑 구조다. 아베노하루카스 타워관의 12~14층은 식당가로 44개의 맛집들이 들어서 있으며 16층은 미술관이 있다. 아베노하루카스 주변에는 대형 쇼핑몰인 큐즈 몰Q's Mall과 앤드And, 후프Hoop가 있으며 큐즈 몰에는 일본 대형 마트인 '이토 요카도Ito Yokado'가 있어 마트 쇼핑을 원하는 여행자들에겐 최적의 장소라 할 수 있다.

홈페이지 www.abenoharukas-300.jp
주소 大阪市阿倍野区阿倍野筋1-1-43
전화 하루카스 300 06-6621-0300 하루카스 미술관 06-4399-9050
영업 하루카스 300 09:00~22:00, 하루카스 미술관 10:00~20:00(토·일·공휴일 10:00~18:00)
휴일 하루카스 300 연중무휴 하루카스 미술관 월요일, 연말연시
요금 하루카스 300 1,500엔, 중고생 1,200엔, 초등생 700엔, 4세 이하 500엔
가는 방법 지하철 미도스지御堂筋선, 타니마치谷町선 텐노지天王寺역 9번 출구. 지하로도 연결되어 있음.

Sightseeing

# 오사카성 大阪城

나고야성과 구마모토성과 함께 일본 3대 성에 꼽히는 오사카성은 임진왜란의 원흉인 도요토미 히데요시가 축성했다. 1,400여 년간 이어 온 오사카 역사의 근거 자료가 되는 성으로 오사카의 역사를 한눈에 볼 수 있다. 높이는 55m, 총 8층으로 텐슈카쿠 지붕에 8마리의 범고래 조각과 성 외벽에 80마리의 범 모양이 금으로 장식되어 그 화려함을 더한다. 원래는 목조 건물로 지어졌으나 잦은 전쟁으로 인해 파괴되고, 1931년에 콘크리트로 재건하였다. 오사카 시내를 조망할 수 있는 텐슈카쿠에는 당시의 유물들이 전시되어 있으며 8층에는 황금 다실이 있다. 봄날 벚꽃과 어우러진 오사카성의 모습을 보기 위해 해외는 물론이고 일본 각지에서 온 많은 사람이 봄 소풍을 즐기는 모습 또한 감탄사를 연발하게 한다.

홈페이지 www.osakacastle.net/hangle
주소 大阪市中央区大阪城1-1
전화 06-6941-3044
영업 24시간(텐슈카쿠 09:00~17:00)
요금 텐슈카쿠 일반·고등학생 600엔, 중학생 이하 무료
가는 방법 지하철 타니마치谷町선, 주오中央선 타니마치욘초메谷町四丁目역 9번 출구를 나와 왼쪽으로 도보 15분. 또는 JR 오사카칸조大阪環状선 오사카조코엔大阪公園역 출구를 나와 정면으로 도보 13분.

### 大阪城
## 오사카성 공원 大阪城公園

매화나무 1,250그루와 벚나무 4,500그루의 꽃이 만발하여 아름답기로 유명한 곳이다. 특히 봄에는 벚꽃 축제가 열려 오사카성 공원을 하얗게 수놓는다. 바람 불면 날아가는 벚꽃 잎은 눈꽃처럼 그 모습이 슬로모션 되어 환상적이다. 가을에는 오사카성 국화 제전을 개최하여 일본 타 지역에서도 많은 사람이 방문한다.

### 大阪城
## 오테몬 大手門

오사카성의 정문인 오테몬은 1620년에 처음 세워졌으나 벼락에 맞아 소실되고 지금의 문은 1967년에 재건되었다. 문의 높이가 약 6m이며 우리나라에서 전래된 건축양식에 따라 건축되어 '고라이몬高麗門' 즉 고려문이라고도 부른다. 일본 중요문화재로 지정되어 있다.

大阪城
## 호코쿠 신사 豊國神社

오사카성을 세운 도요토미 히데요시와 그의 아들 히데요리, 그의 동생 히데나가를 신으로 모시는 신사로 그들의 신위를 모시고 있으며 정면에 도요토미 히데요시의 동상이 세워져 있다.

大阪城
## 구오사카 시립 박물관 旧大阪市立博物館

1931년 일본 시민들의 기부금으로 지어졌던 건물로 처음에는 경찰청으로 사용되다가 오사카 경시청으로, 그 후 2001년까지 오사카 시립 박물관으로 사용되었다. 지금은 유럽식 건물의 외형만 남아 있다.

大阪城
## 텐슈카쿠(천수각) 天守閣

오사카의 상징으로 역사 자료를 전시하고 있다. 7층에서는 도요토미 히데요시의 일생을 19개 장면으로 나누어 소개하고 5층에서는 모형과 파노라마 비전을 이용하여 오사카성의 역사를 설명하고 있다. 수차례 소실되고 다시 재건되었으며 목조였던 텐슈카쿠는 이후 1931년 철근 콘크리트를 이용 지금의 모습으로 재탄생하였다. 8층 전망대에서는 오사카 거리를 한눈에 내려다볼 수 있으며 특히 야간에 조명이 켜진 텐슈카쿠는 신비롭고 아름답다.

大阪城
## 사쿠라몬 桜門

1626년에 세워진 사쿠라몬은 이 근처에 벚나무가 많아 붙여진 이름으로 화재로 소실된 뒤 1887년에 재건되었다. 사쿠라몬은 텐슈카쿠로 들어가는 문으로 문 앞 해자에는 당시와 마찬가지로 물이 채워져 있지 않아 미스터리로 남아 있다. 문 안쪽으로는 거석이 성벽을 이루고 있는데 오사카성에서 가장 큰 바위로 오카야마에 거주하였던 이케타한이라는 사람이 이누지마犬島에서 옮겨온 것으로 무게가 130t이나 나간다고 한다. 이 바위는 충성심을 표시하기 위해 먼 지방에서 이곳까지 운반되었다고 전한다.

大阪城
## 타임캡슐 タイムカプセル

텐슈카쿠 정면의 정원에 묻혀 있는 타임캡슐은 1970년의 오사카 만국박람회를 기념해 제작하였다. "세계 각국의 협력으로 20세기의 문화유산 2,098점을 넣었다."라는 안내문이 눈에 띈다. 지하 15m에 2개의 타임캡슐이 매설되어 있으며 그중 하나는 지난 2000년 3월에 개봉하였고 나머지 하나는 6970년 3월에 개봉될 예정이다.

# 도요토미 히데요시와 오사카성

임진왜란의 원흉 도요토미 히데요시는 가난한 하급 무사의 아들로 태어났다. 그 무렵 일본의 엄격한 신분제도에 의해 미천한 집안에서 태어난 자는 여간해서는 출세가 어려웠다. 하지만 도요토미 히데요시는 두 살 많은 그의 상전 오다 노부나가의 도움으로 세상에 이름을 날리게 되었다. 오다 노부나가는 이름난 용장으로 성격이 잔인하고 불같았지만, 신분의 차이 없이 똑똑하면 누구에게나 기회를 주었던 인물이었다. 오다가 없었더라면 도요토미 히데요시는 결코 역사에 이름을 남기지 못했을 것이다. 1582년 천하 통일을 눈앞에 둔 오다 노부나가가 암살당하자 권력은 도요토미 히데요시가 쥐게 되었다. 모든 권력을

도요토미 히데요시

손에 쥔 도요토미 히데요시는 불우한 과거를 보상이라도 받듯 최고 권력자가 되자 극도의 사치를 부리기 시작했다. 도요토미 히데요시는 가는 곳마다 신사를 짓고 화려한 건축물을 세웠을 뿐만 아니라 건축물 내부도 멋진 그림과 조각으로 채워 나갔다. 그로 인해 일본 미술사에서는 화려한 이 시기를 '아즈치모모야마安土桃山 시대'라고 구분하고 있다.

자신의 거처로 지은 오사카성도 화려하기는 마찬가지였다. 이시야마혼간지石山本願寺로 불린 절터에 1583년부터 축성하기 시작하여 본채는 1년 6개월 만에 완성하였고, 나머지는 15년에 걸쳐 완성하였다. 일본에서 성 안에 텐슈카쿠를 세운 것은 오다 노부나가의 본거지였던 아즈치성이 처음이었는데, 도요토미 히데요시는 오사카성에 두 번째로 텐슈카쿠를 지어 아즈치성보다 좀 더 돋보이고 싶어 했다. 5층 누각 전체를 금과 은으로 도배하다시피 했으며 심지어 화장실조차 온통 순금으로 장식했던 것으로 전해진다. 하지만 조선 침략으로 허우적거리던 도요토미 히데요시가 죽은 뒤, 1614년 겨울과 이듬해 여름에 벌어진 도쿠가와 이에야스의 막판 대공세로 오사카성은 폐허로 변하고 말았다. 그 후, 도쿠가와 막부는 3대 쇼군 도쿠가와 이에미쓰 시절, 각 지역 영주들에게 공사를 할당하여 오사카성을 복원했다. 이때 높이 58.5m의 텐슈카쿠도 다시 세워졌으며, 거대한 화강암으로 쌓은 성 외곽의 거석은 영주들의 충성심 경쟁으로 각 지역에서 튼튼한 돌만 골라 옮겨온 것이었다.

오사카성은 세 번의 화재를 겪었다. 1665년의 두 번째 화재는 벼락에 의한 것으로 나무로 복원한 텐슈카쿠를 태워 버렸다. 이후 1928년에 일반 시민들로부터 150만 엔을 모금하여 세 번째 복원 공사를 시작하였으며 1931년에 철근 콘크리트로 완공한 텐슈카쿠를 중심으로 오사카성 공원이 조성되었다. 공원 내에는 박물관, 음악당 등 여러 시설이 들어섰다. 현재 오사카성 텐슈카쿠는 총 8층으로 되어 있으며 도요토미 히데요시의 박물관이라고 불릴 정도로 그의 역사가 텐슈카쿠를 채우고 있다.

## Sightseeing ⑫

### 오사카 역사박물관 大阪歴史博物館

1,400년 오사카의 역사를 소개하는 오사카 역사박물관은 10층 고대사 코너, 9층 중·근세사 코너, 8층 고고학 탐험 갤러리, 7층 근현대사 코너로 구성되어 있으며 6층은 특별 전시실로 구분되어 있다. 오사카의 오랜 과거부터 현재의 모습까지 각종 유물과 조감도를 통해 자세히 소개하고 있다. 실물 크기로 복원된 오사카의 옛 거리와 건물들, 다양한 크기의 모형은 흥미진진하다. 한국어 서비스가 제공되고 있어 내용을 이해하는 데 어려움이 없다.

홈페이지 www.mus-his.city.osaka.jp
주소 大阪市中央区大手前4-1-32
전화 06-6946-5728
영업 09:30~17:00(금요일은 20:00까지)
휴일 화요일, 연말연시
요금 일반 600엔, 대학생·고등학생 400엔, 중학생 이하 무료
가는 방법 지하철 타니마치谷町선, 주오中央선 타니마치욘초메谷町四丁目역 9번 출구를 나와 왼쪽으로 도보 3분. 또는 JR 오사카칸조大阪環状선 오사카조코엔大阪公園역 출구를 나와 정면으로 도보 12분.

## Sightseeing ⑬

### BK 플라자 BKプラザ

NHK 오사카 방송국의 견학 홀인 BK 플라자는 오사카 역사박물관 옆에 있다. 1층은 생방송 스튜디오와 자료실, NHK의 마스코트인 도모군을 위주로 한 캐릭터 상품을 판매하는 기념품점이 있다. 엘리베이터를 타면 바로 9층으로 올라가며 2~8층은 일반인들의 접근이 불가능하다. 9층은 NHK 오사카 방송국 건물의 변천사 사진과 자사에서 방영하는 각종 드라마에 대한 소개가 있으며 유리창 너머로 스튜디오 내부를 볼 수 있다.

홈페이지 www.nhk.or.jp/osaka/bkplaza
주소 大阪市中央区大手前4-1-20
전화 06-6941-0431
영업 10:00~18:00
휴일 화요일, 12월 29일~1월 3일
가는 방법 지하철 타니마치谷町선, 주오中央선 타니마치욘초메谷町四丁目역 9번 출구를 나와 왼쪽으로 도보 3분. 또는 JR 오사카칸조大阪環状선 오사카조코엔大阪公園역 출구를 나와 정면으로 도보 12분.

## Sightseeing ⑭

### 오사카 비즈니스 파크(OBP) 大阪ビジネスパーク

오사카성 주변을 중심으로 형성된 오사카 비즈니스 파크는 업무용 고층 빌딩과 아파트 녹지 시설이 어우러진 미래형 복합 도시로 줄여서 OBP(Osaka Business Park)라고 부른다. OBP는 신흥 비즈니스 지역으로 21세기 오사카 문화와 정보의 거점이 되는 곳이다. 도심 중앙에는 38층 높이의 타워 2개가 나란히 서 있는 트윈21 빌딩이 있다. 빌딩 사이에는 음식점과 쇼핑몰, 갤러리가 있으며, 그 외 주변에는 크리스털 타워, IMP 빌딩, NEC 쇼룸 등이 있다.

홈페이지 www.obp.gr.jp
주소 大阪市中央区城見2-1-61
전화 06-6946-1310
영업 영업점마다 다름
가는 방법 지하철 나가호리츠루미료쿠치長堀鶴見緑地선 오사카비지네스파쿠大阪ビジネスパーク역 4번 출구 앞.

Sightseeing
⑮
## 오사카성 홀 大阪城ホール

1983년에 오사카성 축성 400주년을 기념하여 총 제작비 106억 엔을 들여 완성한 다목적 홀로 이듬해인 1984년에는 '오사카 도시 경관 건축 특별상'을 수상하기도 했다. 나지막하게 자리하고 있는 오사카성 홀은 비행접시를 보는 듯 위만 볼록 튀어나온 타원형의 돔 지붕이 인상적이다. 돔 지붕은 오사카의 돌담보다 25m 낮게 하였으며, 돌담은 화강암 약 22,000개를 사용하여 자연과의 조화를 강조하였다. 모든 시설을 지하로 내려보내 주변을 말끔하게 정리하였다. 현재는 콘서트장, 경기장, 전시회장으로 사용되고 있다.

홈페이지 www.osaka-johall.com
주소 大阪市中央区大阪3-1
전화 06-6941-0345
가는 방법 지하철 나가호리츠루미료쿠치長堀鶴見緑地線 오사카비지네스파쿠大阪ビジネスパーク역 1번 출구를 나와 정면으로 7분. JR 오사카칸조大阪環状선 오사카조코엔大阪城公園역 정면으로 도보 7분.

Sightseeing
⑯
## 조폐 박물관 造幣博物館

1971년에 만들어진 오사카 조폐국은 화력발전소를 개조해서 만들었다. 당시 모습 그대로를 살린 벽돌 형태가 고풍스럽게 느껴진다. 일본 재무성에 의해 운영되는 조폐국은 역사적 상업 도시인 오사카에 본사가 있고, 도쿄와 히로시마에 지국이 있다. 당시 사회와 화폐와의 관계를 보여주는 역사적 문서와 고대의 일본 금화 등 현재까지 축적된 흥미로운 소장품들을 포함해 약 4,000여 점이 전시되어 있어 일본 화폐의 역사를 한눈에 볼 수 있다. 전시관 내에는 500엔 주화의 제작 과정을 실물로 보여주는 코너가 있다. 수북이 쌓인 500엔짜리 동전과 동전 2,000개가 들어 있는 주머니, 금괴, 은괴 등을 직접 만져 볼 수 있다. 조폐 박물관 거리는 벚꽃놀이 명소로도 유명하다. 4월 벚꽃이 만개하는 시즌이 되면 밤낮으로 화려한 벚꽃놀이를 즐기려는 사람으로 인산인해를 이룬다.

홈페이지 www.mint.go.jp
주소 大阪市北区天満1-1-79
전화 06-6351-5361
영업 09:00~16:45
휴일 주말, 공휴일, 연말연시
가는 방법 지하철 나가호리츠루미료쿠치長堀鶴見緑地선 오사카비지네스파쿠大阪ビジネスパーク역 1번 출구에서 정면으로 도보 15분 소요. 지하철 사카이스지堺筋선, 타니마치谷町선 미나미모리마치南森町역 4번 출구를 나와 정면으로 도보 10분.

## 버스도 아닌 배도 아닌, **오사카 덕 투어** 大阪ダックツアー

지상을 달리다 물 위를 달리는 수륙양용 버스 오사카 덕. 텐마바시天滿橋를 출발해 벚꽃의 명소인 사쿠라노미야 공원을 지나 그대로 오카와大川를 향해 돌진한다. 오카와를 멋지게 운항한 뒤, 다시 지상으로 올라와서 오사카 시내의 대동맥인 미도스지를 달려가는 약 1시간 15분간의 아찔한 투어다. 차 안에서는 가이드가 단 한 번도 쉬지 않고 오사카를 안내하는데 일본어를 알아들을 수 있으면 재미있는 시간이 될 것이다. 벚꽃이 피는 3~4월은 오사카 덕의 극성수기로 미리 예약하는 건 필수다.

홈페이지 www.japan-ducktour.com    주소 大阪市中央区天滿橋京木町3-5    전화 06-6941-0008
영업 3월 20일~11월 30일 09:15, 11:15, 13:15, 15:15, 17:15 12월 1일~3월 19일 10:00, 11:45, 13:30, 15:15
휴일과 영업시간은 변동이 있으니 미리 홈페이지에서 확인하자.
요금 3월 20일~11월 30일 일반 3,500엔, 초등학생 이하 2,000엔, 2세 이하 500엔
12월 1일~3월 19일 일반 2,900엔, 초등학생 이하 1,800엔, 2세 이하 400엔
가는 방법 지하철 타니마치谷町선 텐마바시天滿橋역 17번 출구 근처의 오사카 덕 투어 탑승장에서 출발.

## 물 위를 달리는 수상 버스 **아쿠아 라이너** アクアライナー

운하의 물살을 가르며 유유히 움직이는 아쿠아 라이너는 나카노시마와 오사카성 부근을 운행하는 수상 버스이자 유람선이다. 지붕 전체가 유리로 덮여 있어 시원한 느낌이 든다. 오사카성에서 나카노시마 일대를 둘러보는 60분 코스와 오사카성에서 나카노시마의 요도야바시 선착장까지만 가는 편도 20분 코스 등이 있다. 오사카 현재의 모습을 한눈에 볼 수 있고 벚꽃이 피는 3~4월은 거리에 흰 눈이 내린 것처럼 아름답다. 이 외에도 총 4개의 구간을 운행한다.

홈페이지 www.suijo-bus.jp    주소 大阪市中央区大阪城 2
전화 057-003-5551    영업 3~11월 09:00~17:00 12~2월 09:00~16:00(1시간 간격)    휴일 부정기적
코스 및 요금 오사카성-나카노시마 일주 일반 1,700엔, 초등학생 이하 850엔(3월 말~4월 중순 일반 2,000엔, 이하 1,000엔), 오사카성-요도야바시코 일주 일반 940엔, 초등학생 이하 470엔(3월 중순~4월 중순 일반 1,100엔, 초등학생 이하 550엔)
가는 방법 오사카 선착장 JR 오사카칸조大阪環状선 오사카조코엔大阪公園역을 나와 정면으로 도보 5분. 또는 지하철 나가호리 츠루미료쿠치長堀鶴見緑地선 오사카비지네스파쿠大阪ビジネスパーク역 1번 출구를 나와 정면으로 도보 5분.
요도야바시 선착장 지하철 미도스지御堂筋선 요도야바시淀屋橋역 1번 출구에서 도보 2분.
텐마바시 선착장 게이한 텐마바시天滿橋역. OAP 선착장 JR 사쿠라노미야桜ノ宮역.

# 텐포잔 天保山

### Shopping

## 텐포잔 마켓플레이스 天保山マーケットプレース

텐포잔 지역에서 볼거리, 살 거리, 놀 거리, 먹을거리가 가장 많은 곳이 바로 텐포잔 마켓플레이스로 3층의 건물 안에는 80여 개의 상점이 있다. 주말에는 다양한 행사가 열려 가족 나들이 손님들로 텐포잔 마켓플레이스 안이 떠들썩하다. 텐포잔의 또 하나의 자랑거리는 거대한 대관람차. 112.5m의 높이로, 정상에 도달했을 때의 느낌은 숨 막힐 정도이며 거기에 바람까지 살짝 불면 온몸에 소름이 돋는다. 최근에는 레고랜드가 들어오면서 주말에는 가족 나들이객이 부쩍 늘었다. 레고랜드를 방문할 계획이라면 일찍 서두르자. 대관람차 옆으로는 100엔 숍 세리아Seria가 있다.

**홈페이지** www.kaiyukan.com/thv/marketplace
**주소** 大阪市港区海岸通1-1-10
**전화** 06-6576-5501
**영업 대관람차** 10:00~22:00
**쇼핑** 11:00~20:00 **식당** 11:00~21:00
**휴일** 부정기적
**요금 대관람차** 800엔(주유 패스 소지자 무료), 3세 미만 무료
**가는 방법** 지하철 주오中央선 오사카코大阪港역 1번 출구를 나와 정면으로 도보 10분.

天保山マーケットプレース
## 나니와쿠이신보요코초 なにわ食いしんぼ横丁

텐포잔 마켓플레이스에 2002년 오픈한 푸드 테마파크로 간사이 지방의 다양한 먹거리와 최근 인기를 끌고 있는 맛집의 분점이 20여 점포 입점해 있다. 1960년대 오사카의 거리 풍경을 그대로 옮겨 놓은 듯 꾸며 놓았다. 나니와쿠이신보요코초에는 오사카 오므라이스의 원조인 홋쿄쿠세이オムライス北極星와 카레라이스의 원조인 지유켄自由軒도 입점해 있으니 이곳에서 원조의 맛을 느껴보는 것도 좋겠다.

홈페이지 www.kaiyukan.com/thv/marketplace/kuishinbo
영업 11:00~20:00 휴일 부정기적
가는 방법 텐포잔 마켓플레이스 내 2층.

天保山マーケットプレース
## 레고랜드 디스커버리 Legoland Discovery

2015년에 문을 연 레고랜드는 레고 블록을 테마로 한 실내 체험형 시설로 레고를 좋아하는 마니아라면 꼭 들러야 하는 곳이다. 오사카의 명소를 레고로 만들어 놓은 '미니랜드'는 탄성을 자아내며 라이드와 4D시네마 등의 어트랙션도 방문객을 즐겁게 한다. 쇼핑의 목적으로만 방문한다면 입구 옆 왼쪽의 레고 숍으로 가면 된다.

홈페이지 www.legolanddiscoverycenter.jp
영업 10:00~19:00(주말·공휴일 20:00, 최종입장은 2시간 전) 휴일 부정기적
요금 2,300엔(주유 패스 소지자는 무료이나 단 어린이와 동반하여야 함. 행사 등에 의해서 입장이 일찍 마감되기도 하기 때문에 홈페이지를 확인하고 가는 것이 좋다)
온라인 예매 시 2,000엔(16:00 이후 1,600엔), 평일 부모자녀(성인 1명+3~6세 어린이 1명) 페어 티켓 3,200엔
가는 방법 텐포잔 마켓플레이스 내 3층.

Sightseeing
⑱
## 카이유칸 海遊館

폭 34m, 깊이 9m인 4층 건물 크기의 수족관에 거대한 상어와 바다표범, 돌고래들이 유유히 헤엄치고 있는 카이유칸은 일본 최대급의 수족관이다. 가장 위층인 4층에서부터 내려오면서 관람할 수 있다. 태평양 지역에서 서식하는 580여 종, 4만여 마리의 생물이 각각 14개의 수족관에 나뉘어져 있으며 잊지 않고 보아야 할 것은 몸길이 5m의 고래상어다. 거대한 몸으로 유유히 헤엄치는 모습이 장관이다. 그 밖에도 아이들에게 인기 만점인 수달과 파충류, 바닷가 조류, 다양한 해파리를 볼 수 있다.

홈페이지 www.kaiyukan.com
주소 大阪市港区海岸通1-1-10
전화 06-6576-5501
영업 10:00~20:00
휴일 부정기적
요금 일반 2,300엔, 초등학생 1,200엔, 4세 이상 600엔
가는 방법 지하철 주오中央선 오사카코大阪港역 1번 출구를 나와 정면으로 도보 11분.

Sightseeing
⑲
## 산타마리아 サンタマリア

아메리카 대륙을 발견한 콜럼버스가 탔던 산타마리아호를 그대로 재현하여 만든 오사카 텐포잔의 관광 유람선이다. 카이유칸 옆 텐포잔 선착장을 출발점으로 약 50분가량 오사카항을 일주한다. 바람이 좋은 날, 예쁜 도시락을 들고 승선하여 소박한 식사를 선상에서 즐겨 보는 것도 좋다. 연인들이 주 고객인 나이트 크루징은 1시간 45분이 소요되며 예약은 필수다.

홈페이지 www.suijo-bus.jp/cruise/santmaria.aspx
주소 大阪市港区海岸通1-1-10
전화 06-6942-5511
영업 데이 크루즈 11:00~17:00(3, 10, 11월 11:00~16:00, 12~2월 12:00~16:00)
나이트 크루즈 19:00(사전 예약)
휴일 1월 13일~2월 6일
요금 데이 크루즈(45분) 일반 1,600엔, 어린이 800엔 나이트 크루즈(90분) 일반 2,100엔, 어린이 1,050엔
가는 방법 지하철 주오中央선 오사카코大阪港역 1번 출구를 나와 정면으로 도보 11분. 카이유칸 바로 옆.

## Sightseeing
**⑳**
### 오사카부 사키시마 청사 전망대 大阪府咲洲庁舎展望台

건축 당시 간사이 지방에서 가장 높은 건물로 우리에겐 WTC 코스모타워로 알려져 있다. 높이 256m, 지하 3층~지상 55층으로 최고층 전망대에서는 오사카 지역을 조망할 수 있다. 전망대에 초고속 엘리베이터를 이용해 52층까지 올라간 후 53층부터는 에스컬레이터를 이용해야 한다. 저녁이면 가족 단위보다는 연인이 많다.

홈페이지 www.wtc-cosmotower.com
주소 大阪市住之江区南港北1-14-16
전화 06-6615-6055
영업 전망대 11:00~22:00
요금 일반 700엔, 중학생 이하 400엔
휴일 월요일
가는 방법 뉴 트램 난코포토타운南港ポートタウン선 토레이도센타마에トレードセンター前역 1번 출구로 나와 도보 5분.

## Shopping
**㉑**
### 아시아 태평양 무역 센터(ATC) アジア太平洋貿易センター

오사카 최대 규모의 쇼핑 아케이드다. 3개의 동으로 나뉘어 있으며 아웃도어, 의류, 잡화 관련 숍이 80여 개나 입점한 대형 아웃렛과 대형 가구점, 수입 관련 무역점, 볼링 센터, 오락 시설이 입점해 있다. 아시아 태평양 무역 센터에서 볼거리와 먹거리, 살 거리가 가장 많은 곳은 ITM 동이며 주말마다 열리는 다채로운 이벤트와 코스튬 플레이 행사 등 어딜 가나 볼거리가 많다.

홈페이지 www.atc-co.com
주소 大阪市住之江区南港北2-1-10
전화 06-6615-5230
영업 쇼핑 11:00~20:00 식당 11:00~22:00
휴일 부정기적
가는 방법 뉴 트램 난코포토타운南港ポートタウン선 토레이도센타마에トレードセンター前역 2번 출구와 연결.

## Shopping
**㉒**
### 이케아 Ikea

스웨덴의 합리적인 브랜드 이케아. 쇼룸을 보며 제품의 디스플레이를 눈으로 확인하고 만져보고 느껴볼 수 있어서 구입하는 데 선택의 폭이 넓다. 대형가구에서부터 전자, 욕실, 침구, 주방, 조명, 문구, 원예, 소소한 디스플레이 용품까지 다양하게 구비되어 있다. 2층에는 저렴하게 한 끼 식사를 즐길 수 있는 레스토랑이 있으며 1층에 있는 스낵바가 있다.

주소 大阪市大正区鶴町2-24-55
전화 057-001-3900
영업 평일 10:00~21:00
토·일·공휴일 09:00~21:00
휴일 1월 1일
가는 방법 JR 난바難波역 정면 출구 버스 정류장 앞에서 출발하는 이케아행 무료셔틀버스로 20~25분 소요(09:00~20:00, 20분 간격으로 출발)

# 만박 기념 공원 万博記念公園 산책

만박(만국박람회) 기념 공원은 1970년에 개최된 일본 오사카 만국박람회 대회장을 정비하여 조성된 공원이다. 당시 약 260ha의 광대한 부지에는 77개 참가국의 전시관이 있었으며, 6개월간 전시가 진행되었다. 지금은 아름다운 녹지로 조성이 되어 공원 내에는 일본 정원과 일본 민예관을 비롯하여 박람회 당시의 전시 시설 일부가 남아 있다. 박람회 당시 주차장으로 사용된 공간에는 스포츠와 레크리에이션 시설이 들어섰으며, 국가별 전시관이 있던 자리는 나무와 사계절마다 피는 다양한 꽃으로 채워졌다. 공원은 일본 정원 지구, 자연 문화원 지구 외에 문화시설과 스포츠 및 레크리에이션 시설이 자리 잡은 지역으로 나뉘어 있다. 테니스와 야구 등 스포츠 시설 외에 부담 없이 즐길 수 있는 파크 골프나 휴식할 수 있는 온천과 호텔, 미래의 주거환경을 보여주는 모델하우스 등 재미있는 시설이 많다. 공원을 모두 둘러보려면 약 3시간 정도 소요된다. 따라서 순회 순서를 따라가는 것이 시간을 절약하는 길인데, 일반적으로 중앙 출입구에서 시작하여 태양의 탑-자연 문화원-소라도-일본 정원으로 해서 동쪽 출입구로 나오는 것이 좋다. 공원을 순환 운행하는 꼬마기차 모라노 트레인(300엔)을 이용하면 보다 편리하게 둘러볼 수 있다. 비정기적으로 벼룩시장이 열리고 있으니 관심이 있다면 미리 확인하도록 하자.

홈페이지 www.expo70-park.jp 주소 吹田市千里万博公園1-1
전화 06-6877-7387 영업 09:30~17:00
휴일 수요일(4월 상순~5월 상순, 10월 상순~11월 하순은 무휴), 연말연시
요금 일반 250엔, 중학생 이하 70엔
가는 방법 지하철 미도스지御堂筋선 종점 센리추오지千里中央역 남쪽 출구로 나가 2층으로 올라가면 오사카 모노레일의 센리추오역이 있음. 여기서 모노레일을 타고 반파쿠키넨코엔万博記念公園역 하차. 왼쪽 출구로 나와 도보 6분, 육교 건너편에 만박 기념 공원 중앙 출입구가 있음.

## 태양의 탑 太陽の塔

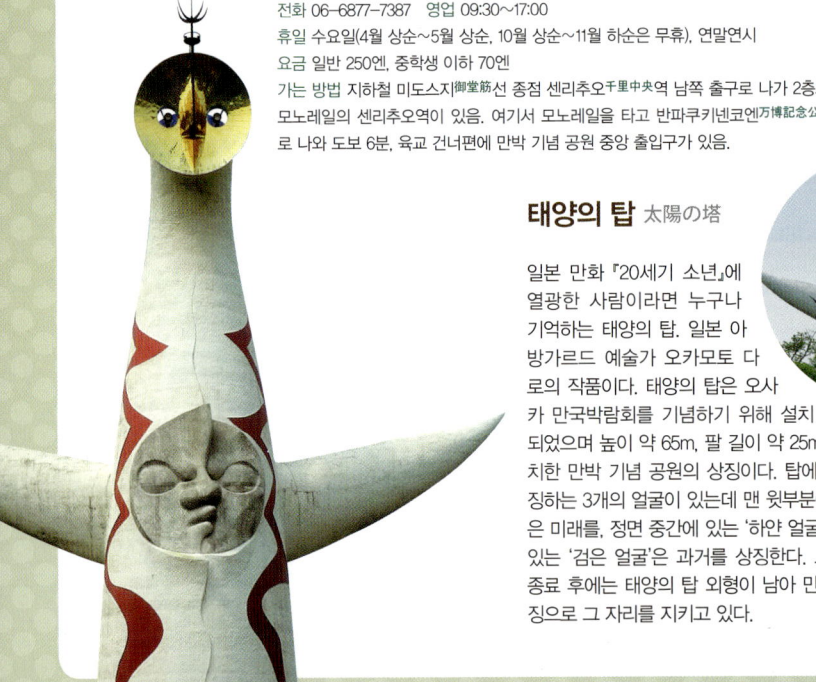

일본 만화 『20세기 소년』에 열광한 사람이라면 누구나 기억하는 태양의 탑. 일본 아방가르드 예술가 오카모토 다로의 작품이다. 태양의 탑은 오사카 만국박람회를 기념하기 위해 설치되었으며 높이 약 65m, 팔 길이 약 25m로 공원 중심에 위치한 만박 기념 공원의 상징이다. 탑에는 모두 태양을 상징하는 3개의 얼굴이 있는데 맨 윗부분에 있는 '황금 얼굴'은 미래를, 정면 중간에 있는 '하얀 얼굴'은 현재를, 뒷면에 있는 '검은 얼굴'은 과거를 상징한다. 오사카 만국박람회 종료 후에는 태양의 탑 외형이 남아 만박 기념 공원의 상징으로 그 자리를 지키고 있다.

## 일본 정원 日本庭園

일본 만국박람회 때 만들어진 일본 조경 기술의 정수를 모아 조성된 명원이다. 서쪽에서 동쪽으로 흐르는 물은 과거에서 현재까지 물의 흐름에 따라 인류의 발전과 시간의 흐름을 표현하며 일본 조경의 변천사에 맞게 꾸며져 있다. 정원 한가운데서 바라보는 전체의 모습은 잘 그려진 한 폭의 그림 같다.

## 자연 문화원 自然文化園

만국박람회 당시 국가별 전시관이 세워져 있던 장소를 정비하여 조성된 숲 지구이다. 박람회 개최 전에는 대나무밭과 논밭이 펼쳐진 장소였으나, 박람회 개최로 인해 자연환경이 상실되자 다시 대규모 인공 지반 위에 자연의 숲을 재생시키고자 하는 세계에서도 보기 드문 시도를 하여 현재의 녹음이 풍부한 자연 문화원으로 탄생하였다. 60만 그루가 넘는 나무와 푸른 잔디, 연못, 산책로, 자연과 함께할 수 있는 체험장 등이 정비되어 있다.

## 소라도 ソラード

울창한 숲 사이에 붉게 놓여 있는 구름다리는 자연 문화원의 숲속으로 들어가는 길을 안내한다. 소라도는 하늘을 뜻하는 일본어 '소라'와 길을 뜻하는 '도'가 합쳐져 만들어진 말로 '하늘 길'을 뜻한다. 소라도는 연장 300m의 목제 통로가 나무들 사이를 통과하는 관찰로의 역할을 하고 있으며 3~10m의 높이에 있어 새와 같은 눈높이에서 숲을 내려다보며 산책할 수 있다.

## 숲의 족욕탕 森の足湯

숲의 족욕탕은 만박 기념 공원 내의 간벌한 나무의 재를 이용, 열에너지로 전환하여 만든 족욕탕이다. 무료로 이용 가능하며 이용 시간은 1인당 10분으로 정해져 있다. 수건은 미리 준비해야 한다.

## EXPO' 70 파빌리온 EXPO' 70 パビリオン

일본 만국박람회 개최 40주년을 기념하여 당시의 모습을 그대로 재현해 놓은 전시관으로 2010년 3월에 리뉴얼하였다. 관내에는 박람회 당시에 실제로 전시하고 있던 자료를 비롯하여 귀중한 사진과 영상, 출품 작품 등 약 3,000점을 전시하고 있다(일반 200엔, 중학생 이하 무료).

## 건축의 거장, 안도 다다오 安藤忠雄의 빛의 교회 光の教会

일본이 자랑하는 세계적인 건축의 거장, 안도 다다오의 대표 작품인 빛의 교회를 만나 볼 수 있다. 만박 기념 공원에서 그리 멀지 않은 곳에 위치해 있어 공원 방문과 함께 잊지 않고 찾아보도록 하자. 중세 수도원을 모티브로 안도 다다오만의 빛과 노출 콘크리트의 조화가 오묘한 빛의 교회는 엄숙하고 차분하다. 건물 전반부를 십자가 모양으로 틈을 주어 빛이 건물 안으로 들어오도록 유도, 내부에 따로 십자가를 설치하지 않아도 빛의 십자가를 마주할 수 있게 설계했다. 정식 명칭이 이바라키카스가오카 교회 茨木春日丘教会로, 신도의 수가 100명이 채 안 되는 자그마한 교회다. 1989년도에 건축되었으며 내부를 견학하기 위해서는 미리 예약해야 한다.

홈페이지 ibaraki-kasugaoka-church.jp
주소 茨木市北春日丘4-3-50 전화 072-627-0071
가는 방법 오사카 모노레일 한다이뵤인마에阪大病院前역에서 도보 15분. 역의 개찰구를 나와 정면 오른쪽의 엘리베이터를 타고 1층으로 간 후, 정면 내리막길을 내려가 왼쪽의 굴다리를 지나 직진하면 중간에 표지판이 있다.

# 도심 속 고즈넉한 신사, 스미요시타이샤 住吉大社

스미요시타이샤는 일본에서 가장 오래된 신사 중 하나로 오사카에서 가장 유명한 신사다. 이곳은 일본 전국에 있는 약 2,000여 개의 스미요시 신사의 총본산으로 아시아 대륙에서 불교 건축이 도입되기 전인 3세기에 세워져 완전한 일본의 신전 건축 전형을 보여주는 몇 안 되는 신사다. 스미요시타이샤는 항해의 수호신을 모시는 신사로 대부분의 스미요시 신사는 항구 가까이에 있다. 그 외에도 상업 번창의 신을 모시고 있어 새해 초 3일 동안에만 약 300만 명의 참배객이 찾는 곳이다. 제1본궁은 신사 건축물 중에서 가장 오래된 양식으로 설계되어 있으며, 제1본궁에서 제4본궁까지 지붕이 휘어지지 않은 '스미요시 건축양식'이라는 최고의 신사 건축양식을 유지하고 있고, 모두 국보로 지정되어 있다. 신사의 상징인 붉은색의 다이코바시는 우아하게 아치 형태를 그리며 신사 앞 연못에 놓여져 있으며 600여 개의 석등이 늘어서 있다. 6월의 모내기 의식은 풍년을 기원하는 축제로 국가 중요무형문화재로 지정되어 있으며 중앙의 무대와 논두렁에서 스미요시 춤 등 전통 예능이 펼쳐진다. 또한 스미요시타이샤에서 결혼식을 올리면 부부 금슬이 좋아지고 건강하고 총명한 아이를 출산할 수 있다고 하여 결혼식이 많이 거행된다. 그 외에도 주변에는 재난을 방지하고 복을 준다고 하는 아비코 관음과 오요사미 신사 등도 있다.

홈페이지 www.sumiyoshitaisha.net 주소 大阪市住吉区住吉2-9-89
전화 06-6672-0753 영업 4~9월 06:00~17:00, 10~3월 06:30~17:00
휴일 부정기적
가는 방법 난카이南海선 (보통열차, 급행열차는 정차하지 않는다)
스미요시타이샤住吉大社역에서 나와 도보 4분.

이 안에 있는 작은 돌들 중에
五, 大, 力이라고 한자로 적힌
돌멩이 3개를 찾으면
장수, 복, 건강, 지혜, 금전운 등을
얻을 수 있다고 한다.

# 유니버설 스튜디오 재팬
ユニバーサル・スタジオ・ジャパン
## 신나게 즐기기

2001년에 오픈한 유니버설 스튜디오 재팬은 미국 할리우드 영화를 기반으로 조성된 대형 영화 테마파크다. 할리우드 영화의 거장 스티븐 스필버그 감독이 고문을 맡아 다채로운 쇼와 어트랙션이 흥미진진하게 펼쳐진다. 연간 1,000만 명에 이르는 관광객이 유니버설 스튜디오를 찾고 있으며 간사이 지역을 대표하는 테마파크로 손색이 없다. 도쿄 돔 12배 크기의 유니버설 스튜디오 재팬은 전혀 다른 표정을 지닌 여러 개의 구역으로 나뉘어져 있으며 각 구역마다 느낄 수 있는 다양한 즐거움이 있다. 개성 넘치는 레스토랑, 각종 캐릭터 숍 등에서 오감의 즐거움을 느껴 보자.

홈페이지 www.usj.co.kr  전화 06-6468-4005  영업 08:30~21:00(예고 없이 시간 변동이 있을 수 있으니 홈페이지 참고)
휴일 연중무휴  가는 방법 JR 오사카大阪역에서 유니버설 스튜디오 재팬 행 열차를 타고 유니바사루시티ユニバーサルシティ역 하차, 도보 5분.

### 티켓 요금

| 티켓 | 소인(4~11세) | 대인(12~64세) | 경로자(65세 이상) |
|---|---|---|---|
| 1day 스튜디오 패스 | 5,400엔 | 7,900엔 | 7,100엔 |
| 2day 스튜디오 패스 | 9,000엔 | 13,400엔 | - |

### 유니버설 익스프레스 패스

인기 어트랙션을 오래 기다리지 않고 바로 이용할 수 있는 티켓으로 패스 종류와 가격 변동이 있거나, 어트랙션이 휴무인 경우가 있기 때문에 구입하기 전 홈페이지에서 꼭 확인하도록 한다. 탑승 연령 제한도 있다. 1일 판매 매수가 제한되어 있으니 계획이 있다면 서둘러야 하며 입장권과 별도로 구입해야 한다.

| 티켓 | 입장일에 따라 가격 변동이 있을 수 있음 |
|---|---|
| 익스프레스 패스 3 : 어트랙션 3가지 탑승 | 4,200엔~7,100엔 |
| 익스프레스 패스 4 : 어트랙션 4가지 탑승 | 5,200엔~9,200엔 |
| 익스프레스 패스 7 : 어트랙션 7가지 탑승 | 7,600엔~14,800엔 |

## 뉴욕 에어리어 New York Area

1930년대 뉴욕 거리를 재현한 곳으로 할리우드 영화에서 봤던 분위기를 경험할 수 있다. 어메이징 어드벤처 오브 스파이더맨 더 라이드는 유니버셜 스튜디오 최고 인기 어트랙션으로 가장 긴 줄이 형성된다. 실감나는 특수 효과는 한시도 눈을 뗄 수 없게 만들고 마치 영화 속 한 장면에 있는 것 같은 착각을 불러일으킨다.

★어트랙션 어메이징 어드벤처 오브 스파이더맨 더 라이드4K3D, 터미네이터 2:3-D

## 할리우드 에어리어 Hollywood Area

가장 많은 어트랙션과 고급 숍, 레스토랑이 밀집한 지역으로 유동 인구가 가장 많은 번잡한 곳이다. 슈렉 4-D 어드벤처는 놀라운 스릴과 흥미로움을 주어 할리우드 구역에서 최고의 인기 어트랙션이다. 할리우드 메인 스트리트에 늘어선 키 큰 야자수가 이국적인 분위기를 자아내어 기분 좋게 만든다.

★어트랙션 슈렉 4-D 어드벤처, 세서미 스트리트 4-D, 할리우드 드림 더 라이드, 스페이스 판타지 더 라이드, 유니버셜 몬스터 라이브 로큰롤 쇼, 매지컬 스타라이트 퍼레이드

## 미니언 파크 Minion Park

미니언 형태의 팝콘 통을 하나 매어야만 유니버설 스튜디오에 다녀온 느낌이 들 정도로 미니언은 인기 만점이다. 미니언 파크에서 귀여운 미니언들과 어울려 지내다 보면 시간가는 줄 모른다.

★어트랙션 미니언 메이헴, 미니언 뒤죽박죽 타임 스트리트 쇼

## 샌프란시스코 에어리어 San Francisco Area

샌프란시스코를 그대로 옮겨 놓은 듯한 곳으로 드넓은 호수와 차이나타운이 이색적이다. 〈백 투 더 퓨처〉에 등장하는 자동차를 타고 과거와 미래를 넘나드는 상상의 세계로 여행을 떠나 보는 것은 어떨까.

★어트랙션 백 투 더 퓨처 더 라이드, 백드래프트

## 쥬라기 공원 Jurassic Park

영화 속에서 그리던 곳과 똑같지는 않지만 열대지방의 우거진 숲을 플룸 라이드를 타고 탐험한다. 물이 튀어 옷을 적시지만 마음은 한층 즐거워진다. 입구에서 비옷을 판매하고 있다.

★어트랙션 쥬라기 공원 더 라이드, 다이너소어 어택 스트리트 쇼

## 워터 월드 Waterworld

유니버설 스튜디오에서 가장 넓은 규모로, 영화 〈워터월드〉의 배를 재현해 놓았는데 무려 최대 3천 명을 수용할 수 있다. 스턴트맨들의 박진감 넘치는 스피드와 화려한 쇼가 일순간 우리를 영화 〈워터월드〉의 주인공으로 만들어 준다.

★어트랙션 워터월드

## 애머티 빌리지 Amity Village

영화 〈죠스〉의 해변을 재현한 곳으로 뉴잉글랜드의 집, 가게, 교회 등을 그대로 옮겨 놓았다. 보트에 몸을 싣고 바다로 나가면 어디선가 죠스가 다가올지도 모르는 기분 좋은 공포심을 갖게 한다. 외부에는 거꾸로 매달아 놓은 거대한 죠스 모형이 있다. 그 앞에서 기념사진을 찍기 위해 많은 사람들이 기다리고 있다.

★어트랙션 죠스

## 유니버설 원더랜드 Universal Wonderland

어린이들을 동반한 가족들에게 인기 있는 어트랙션으로 2012년에 동화 속 마을을 테마로 탄생했다. 스누피 스튜디오 존, 헬로 키티 패션 애버뉴 존, 세서미 스트리트 펀 월드 존 등으로 나뉘어 아기자기한 볼거리가 많아 즐거움을 선사한다.

★어트랙션 날아라 스누피 라이드, 헬로 키티 리본 켈렉션, 세서미 빅 드라이브, 스누피의 그레이트 레이스, 헬로 키티 컵케이크 드림 등

## 더 위저딩 월드 오브 해리 포터
The Wizarding World of Harry Potter

판타지 소설 〈해리 포터〉의 내용을 그대로 현실에 재현해 놓은 공간이 펼쳐진다. 호그와트행 열차가 움직이고 마법사들이 살고 있을 것만 같은 뾰족 지붕과 희뿌연 연기는 묘한 분위기를 자아낸다. 마법 지팡이를 들고 이곳의 명물인 버터 비어를 한 잔 마셔 보자.

★어트랙션 해리 포터 앤드 더 포비든 저니, 플라이트 오브 더 히포그리프

# Kyoto 교토

일본의 천 년 역사가 살아 숨 쉬는 교토는
도시 전체가 유네스코 세계문화유산으로 지정될 만큼 아름답다.
일본의 과거와 현재를 동시에 느낄 수 있어 머무는 것만으로 힐링이 된다.

주말이나 휴일을 이용해 간사이를 여행한다면 교토에만 3~4일씩 머물기는 어렵다. 여행자들 대부분은 오사카 위주로 여행하면서 하루 또는 1박 2일 정도로 교토 일정을 꾸린다. 교토는 794년부터 1868년까지 일본의 정치, 문화를 대표하는 수도였으며, 천 년 고도의 흔적이 고스란히 남아 있는 일본이 자랑하는 세계적인 관광지다. 유네스코에서 인정한 세계문화유산이 17곳이며, 그 밖에도 헤아릴 수 없을 정도로 많은 문화재를 교토에서 찾아볼 수 있다.

초보 여행자에게 추천하는 여행지로는 세계문화유산으로 지정된 니조성, 킨카쿠지, 료안지, 키요미즈데라, 긴카쿠지이다. 이 모두를 하루에 둘러보려면 좀 빠듯하긴 하지만 시간 안배를 잘 한다면 불가능하진 않다. 교토역에 도착하여 가장 먼저 해야 할 일은 교토역 2층에 위치한 쿄나비京なび로 불리는 교토 종합 관광 안내소京都総合観光案内所를 찾아 한글로 된 최신 지도와 버스 노선도를 구하는 일이다. 교토는 지하철보다 시내버스를 이용하는 것이 편리하므로 1일 승차권을 구입하여 교토역 광장에 있는 버스 승차장에서 원하는 곳으로 이동하면 바로 교토 여행의 시작이다.

### 교토 들어가기

간사이국제공항에서는 JR 특급 하루카はるか(75분 소요) 또는 쾌속 열차(110분 소요)를 이용하면 편리하게 JR 교토역에 도착할 수 있지만 가격이 비싸다는 단점이 있다. 리무진버스(90분 소요)는 제1여객터미널은 8번 정류장, 제2터미널은 1번 정류장에서 교토행 버스를 타면 된다. 저렴하게 갈 수 있는 사철은 난카이南海선, 한큐阪急선 또는 게이한京阪선을 병용하여 난바難波역과 우메다梅田역을 거친 후 교토로 가야 하기 때문에 초보 여행자나 짧은 여행을 계획한다면 JR 특급 또는 리무진버스를 적극 추천한다.

오사카에서는 한큐 우메다역에서 카와라마치河原町행 한큐선을 타고 종점인 카와라마치역(특급 44분 소요)에 내리면 된다. 게이한선을 이용할 경우에는 게이한 요도야바시淀屋橋역에서 교토행 열차에 탑승하면 된다. 기온시조祇園四条역(특급 48분 소요), 키요미즈고조清水五条역, 산조三条역 등에서 정차하니 여행 계획에 맞게 하차하면 된다. JR을 이용할 경우 신칸센은 JR 신오사카新大阪역(16분 소요)에서, 특급, 신쾌속, 쾌속, 보통 열차는 우메다 JR 오사카大阪역(특급 29분 소요)에서 출발한다.

나라에서 킨테츠近鉄선을 이용할 경우에는 킨테츠 나라奈良역에서 탑승하면 킨테츠 교토京都역(급행 35분 소요, 특급열차는 요금이 추가됨)에 정차한다. 직행편이 없을 때는 아무 열차나 타고 야마토사이다이지大和西大寺역으로 가서 교토행 열차를 타면 된다. JR의 경우는 JR 나라역에서 탑승하면 된다(쾌속 45분 소요).

* 간사이 스루 패스를 소지하고 있다면 교토 시내에서는 지하철, 버스 등 모든 노선을 이용할 수 있지만, 없을 경우는 시 버스 전용 1일 승차권(500엔)을 구입하여 3회 이상 승차하면 본전을 뽑는다. 또한 교토 관광 1일 승차권(1,200엔 / 2일권은 2,000엔)은 교토의 지하철, 버스 등 모든 노선을 이용할 수 있어 편리하다.

## 교토 추천 일정 1DAY

**09:00**

**니조성**
유네스코 세계문화유산에 등재되어 교토 여행자라면 반드시 들르는 곳이다. 도쿠가와 막부의 권력을 상징하는 대표적인 성!

**10:00**

**킨카쿠지**
우리에게 금각사라는 이름으로 잘 알려진 정원을 겸비한 사찰. 20만 장의 금박을 입힌 화려한 건축과 정원의 조화가 무척 아름답다.

**11:30**

**헤이안 신궁**
헤이안 천도를 기념해 지어진 신사다. 경내 바닥에 깔린 흰모래와 주홍색 건물의 대비가 강렬하다. 벚꽃 피는 날 정원을 거니는 것도 좋다.

**16:00**

**이노다 커피**
키요미즈데라 관광 후, 고즈넉한 일본식 정원에서 여유로운 커피 한 잔. 일본 유명 조경가 오가와 지헤이가 만든 정원도 한번 둘러보자.

**14:00**

**키요미즈데라**
교토에서 가장 유명한 관광 스폿으로 관광객들로 항상 붐빈다. 사찰로 이어지는 언덕과 경내의 크고 작은 건물이 매력적이다.

**12:30**

**긴카쿠지**
우리말로 은각사로 불리는 곳으로 킨카쿠지를 견본으로 만들었다. 킨카쿠지만큼의 규모는 아니더라도 은은하고 담백한 멋이 있다.

**17:20**

**야사카 신사**
일본의 3대 마츠리 중 하나인 기온 마츠리의 시작점이 되는 신사. 신사를 창건한 아리사가 고구려 사신이라는 설도 있다.

**18:00**

**기온 거리**
교토 하면 떠오르는 고즈넉한 거리로 전통적인 점포가 많다. 하나씩 구경하면서 걷다 보면 종종 기모노를 차려입은 게이코를 만나기도 한다.

교토역 일대

## Sightseeing

### ① JR 교토역 京都駅

1997년에 헤이안平安 천도 1,200년을 기념하여 지하 3층~지상 16층 건물로 완성되었다. 건축가 하라 히로시의 작품으로 약 4천 장의 유리로 뒤덮인 외벽은 교토의 경관을 해치지 않고 조화롭게 설계되었다는 평가를 받고 있다. 1층에 JR 교토역이 있고, 지하 1층은 지하철역과 1300여 개의 숍, 카페, 레스토랑이 몰려 있는 교토 서부 지역 최대의 쇼핑몰인 포르타가 있어 오사카에서 쇼핑을 하지 못한 여행자는 이곳에서 쇼핑을 해도 좋다. 2층에 여행자들의 길잡이가 되어 주는 교토 종합 관광 안내소가 있으며, 이세탄 백화점, 전문 식당가, 호텔 그란비아 등도 함께 위치하고 있다.

홈페이지 www.kyoto-station-building.co.jp
영업 미도리노마도구치 15:30~23:00
스카이 가든 06:00~23:00
스카이웨이 10:00~22:00

### 京都駅
### 니시리 Nishiri

절임 채소로 유명한 교토의 특산물인 츠케모노漬物를 사용한 덴푸라와 덮밥 등의 오리지널 메뉴를 먹을 수 있는 독특하고 특별한 레스토랑이다. 추천 메뉴는 계절감이 느껴지는 재료를 아끼지 않고 요리에 사용하는 교츠케모노 고젠京漬物御膳. 그 외에 교츠케모노덴푸라 우동京漬物天ぷらどん, 교츠케모노동京漬物丼, 교츠케모노 스시 딤섬京漬物寿司点心이 인기 메뉴다. 사각거리는 식감이 일품이며 맛이 강하지 않고 담백하여 나이 드신 손님들이 많이 찾는다.

### 京都駅
### 사료츠지리 茶寮都路里

품질 좋은 차만을 생산하는 우지宇治에 있는 전통찻집 마루큐코야마엔丸久小山園에서 생산된 차와 전통 생과자를 세트로 먹을 수 있는 찻집이다. 생과자는 교토를 대표하는 오이마츠, 츠루야요시노부, 카메야시나가, 센본타마주켄 등에서 만든 명품 화과자만 취급한다. 말차 세트는 1,000~1,500엔이고 말차 젠자이, 말차 아이스크림도 인기 메뉴 중 하나. 교토의 전통 공예품을 전시하는 갤러리도 병설되어 있으며 상설 전시물은 수시로 교체된다.

홈페이지 nishiri.co.jp   전화 075-671-8183
영업 09:00~21:30(토·일은 21:00까지)
가는 방법 교토京都역 빌딩 지하 1층 The CUBE 식당가.

홈페이지 www.kyoto.wjr-isetan.co.jp
전화 075-352-6622   영업 10:00~20:00
가는 방법 교토역 이세탄ISETAN 6층

### 京都駅
## 교토라멘코지 京都拉麵小路

홋카이도 삿포로 라멘부터 규슈 하카타 라멘까지 일본 열도에서 가장 유명한 라멘 전문점 8점포가 입점한 테마 식당이다. 각 점포는 계절마다 새로운 라멘 전문점으로 교체되기 때문에 언제 찾아도 새로운 메뉴에 도전할 수 있다. 다양한 종류의 라멘은 650~950엔이고, 교자는 250~350엔이다. 일부 점포는 테이크아웃도 가능하다.

홈페이지 www.kyoto-ramen-koji.com
전화 075-361-4401
영업 11:00~22:00
가는 방법 교토京都역 빌딩 남쪽 이세탄 백화점 10층.

### Sightseeing
## 교토 타워 京都タワー

파리에 있는 에펠탑을 의식하여 1964년 12월에 완공한 교토에서 가장 높은 131m의 타워. 건축 당시 시민단체로부터 교토의 미관을 해친다는 이유로 반대에 부딪쳤지만 이제는 교토를 상징하는 타워가 되었다. JR 교토역을 나가면 정면으로 보인다. 약 100m 높이에 위치한 전망대에서는 바둑판 모양의 교토 시가지를 내려다볼 수 있으며, 천년 고도 교토의 야경을 감상하기에 좋다. 대중목욕탕, 호텔, 레스토랑이 운영 중이다.

홈페이지 keihanhotels-resorts.co.jp
주소 京都市下京区烏丸通七条下ル  전화 075-361-3215
영업 09:00~21:00(계절에 따라 시간이 조정된다)
요금 일반 770엔, 고등학생 620엔, 초중생 520엔, 3세 이상 어린이 150엔
가는 방법 JR 교토京都역 중앙 출구로 나가 정면으로 도보 2분.

### Sightseeing
## 도지 東寺

**유네스코 세계문화유산**

1994년에 유네스코 세계문화유산으로 등재된 도지는 창건한 지 약 1,200년이 된 사찰이다. 헤이안 천도 당시의 국가 사찰로는 유일하게 남은 유물로 일본에서 가장 높은 57m의 오중탑으로 유명하다. 사가 천황이 당나라에서 불교와 밀교를 공부하고 돌아온 홍법 대사에게 사찰을 내주어 진언종의 총본산이 되었다. 15세기 말에 발생한 농민 봉기로 상당수의 건축물이 소실되었고, 17세기 이후에 모든 가람 배치가 일직선을 유지하는 8세기 건축양식으로 복원되었다. 중요문화재로 등록된 금당金堂은 1603년에 재건되어 약사여래를 본존으로 모시며, 고풍스러운 느낌이 물씬 풍기는 강당講堂에는 대일여래상과 21기의 불상이 안치되어 있다.

홈페이지 www.toji.or.jp
주소 京都市南区九条町1
전화 075-691-3325
영업 금당·강당 08:00~17:00,
보물관 09:00~17:00
요금 경내 무료, 금당·강당 공통권 일반 500엔, 고등학생 400엔, 중학생 이하 300엔(계절에 따라 요금이 조금씩 달라진다)
가는 방법 JR 교토京都역 하치조八条 출구로 나가 오른쪽으로 도보 25분. 시 버스 207번 토지히가시몬마에東寺東門前 정류장 하차.

## Food

④
### 사사야이오리 笹屋伊織

에도 시대 말기에 도지의 스님으로부터 간식이 되는 과자를 만들어 달라는 부탁을 받고 굽기 시작한 롤 케이크점이다. 당초에는 철판에서 구웠으나 사찰 내에서도 구울 수 있도록 철판 대신에 불교 의식에 사용되는 타악기 도라銅鑼에 굽는 것을 고안하여 지금의 도라야키どら焼의 원형이 되었다. 롤은 대나무 이파리로 포장하기 때문에 대나무 향이 케이크에 배어 있어 전자레인지 등에 살짝 데우면 향이 우러난다. 헤이안 시대에 유통되었던 동전의 형태로 만든 과자 헤이안사이치平安左市는 본점으로 직접 찾아오는 손님에게만 판매한다. 도라야키뿐만 아니라 푸딩도 맛이 좋기로 소문나 있다.

홈페이지 sasayaiori.com
주소 京都市下京区七条通大宮西入花畑町86
전화 075-371-3333
영업 09:00~17:00
휴일 일요일(단, 매월 20~22일은 무휴)
가는 방법 교토京都역에서 오미야나나조大宮七条 교차로 방향으로 도보 10분.

## Sightseeing

### 히가시혼간지 東本願寺

히가시혼간지와 니시혼간지로 분리되기 전에는 본래 하나의 혼간지였다. 1602년에 도쿠가와 이에야스가 정치적으로 사찰의 세력이 너무 커지는 것을 우려한 나머지 2개의 절로 양분하여 견제하는 수단으로 삼았다. 창건 당시의 건물들은 모두 소실되었고, 현재 남아 있는 문화재는 1911년에 복원된 것이다. 사찰의 산문인 28m 높이의 고에이도몬御影堂門은 교토가 자랑하는 3대 문 중 하나로 꼽힌다. 또한 목조 건물인 본당 고에이도御影堂는 일본 최대급이다.

홈페이지 www.higashihonganji.or.jp
주소 京都市下京区烏丸通七条上る
전화 075-371-9181
영업 3~10월 05:50~17:30
11~2월 06:20~16:30
가는 방법 JR 교토京都역 중앙 출구로 나와 정면으로 도보 10분. 지하철 카라스마烏丸선 교토역 4번 출구로 나가 오른쪽으로 도보 7분.

## Sightseeing ⑥
## 니시혼간지 西本願寺

**유네스코 세계문화유산**

유네스코 세계문화유산으로 등재된 니시혼간지는 일본 불교에서 발생한 정토진종의 총본산이다. 고승 신란이 사망하자 그의 불법을 전승하려는 신도들이 신란의 묘와 사당을 히가시야마에 정한 것이 혼간지 사찰의 시초였다. 그 후 도요토미 히데요시의 도움으로 1633년에 거의 지금과 같은 규모를 갖추며 점점 세력을 키워 나갔다. 그러나 도쿠가와 이에야스는 혼간지의 세력 확장을 그대로 둘 수 없어 결국 혼간지를 2개의 사찰로 쪼개 세력을 약화시켰다. 화려하고 아름다운 일본 전통의 모모야마桃山 건축양식을 그대로 계승한 아미타당을 비롯하여 많은 건축물과 정원이 본래의 모습으로 잘 보존되어 있는 사찰이다.

홈페이지 www.hongwanji.or.jp
주소 京都市下京区堀川通花屋町下ル
전화 075-371-5181
영업 3~10월 05:30~17:30
11~2월 05:30~17:00
가는 방법 JR 교토京都역 중앙 출구로 나가 왼쪽으로 도보 22분. 시 버스 9, 28번을 타고 니시혼간지마에西本願寺前 정류장 하차.

## Sightseeing ⑦
## 토후쿠지 東福寺

**유네스코 세계문화유산**

토후쿠지는 나라에 있는 최대 사원인 토다이지東大寺, 나라에서 가장 번성한 코후쿠지興福寺와 같은 교토 제일의 가람을 만들겠다는 의미를 담아 '토東'와 '후쿠福'를 한 글자씩 따서 이름 지은 임제종 선종 사찰이다. 본당 중앙에는 15m 높이의 석가불이 자리하고, 왼쪽에 높이 7.5m의 관음보살상, 오른쪽에 7.5m의 미륵보살상이 안치되었다. 창건 이래 수차례 화재로 인하여 모두 소실되었고, 현재의 모습은 1934년에 복원되었다. 경내의 빨간 구름다리 츠텐바시通天橋와에도 시대를 대표하는 정원 양식인 카레산스이枯山水 정원이 무척 아름답다. 매년 3월 14~16일에는 대형 탱화가 걸리는 네한에涅槃会라는 행사로 유명하다.

홈페이지 www.tofukuji.jp
주소 京都市東山区本町15-778
전화 075-561-0087
영업 4~10월 09:00~16:00
11~12월 초 08:30~16:00
12월 초~3월 09:00~15:30
요금 경내 무료 츠텐바시・카이산도 일반 400엔, 초중생 300엔 방장 정원 일반 400엔, 초중생 300엔
가는 방법 JR 게이한京阪선 토후쿠지東福寺역 출구로 나가 오른쪽으로 도보 11분. 시 버스 202, 207, 208번을 타고 토후쿠지 정류장 하차하여 도보 10분.

### Sightseeing

**⑧**
## 산쥬산겐도 三十三間堂

1164년에 천황의 명으로 창건된 국보 산쥬산겐도의 정식 명칭은 렌게오인蓮華王院이다. 전체 길이 약 120m의 본당이 옆에서 보면 33칸으로 나누어 있어 붙은 이름이다. 에도 시대에는 본당을 가로질러 화살을 날리는 도시야通し矢라는 행사가 있었으며, 그 전통은 오늘날까지 이어져 매년 1월 15일 도시야마츠리를 통하여 볼 수 있다. 본당에 들어가면 중앙에 40개의 팔이 달린 천수관음좌상千手観音坐像이 자리하고 있다. 40개의 팔이 각각 25개의 세상을 구제한다고 하여 천수관음(40×25=1000)이라 한다. 천수관음상은 얼굴이 모두 다른데, 여행자의 눈에 맨 처음 보이는 천수관음의 얼굴 모양이 현생에서 자기가 만나게 될 배우자의 얼굴 모양과 같다고 하니 눈을 크게 뜨고 보도록 하자.

홈페이지 www.sanjusangendo.jp
주소 京都市東山区三十三間堂廻り町657
전화 075-561-0467
영업 08:00~17:00
11월 16일~3월 31일 09:00~16:00
요금 일반 600엔, 중고생 400엔, 초등학생 이하 300엔
가는 방법 게이한京阪선 시치조七条역 1번 또는 2번 출구로 나가 오른쪽으로 도보 7분. 시 버스 100, 206, 208번 하쿠부츠칸산쥬산겐도마에博物館三十三間堂前 정류장 하차. 시 버스 207번 히가시야마나나조東山七条 정류장 하차하여 도보 5분.

### Food

## 시치조칸슈도 샤자킷사 七條甘春堂 且坐喫茶

1865년에 창업한 시치조칸슈도 샤자킷사는 에도 시대 말기에 지어진 건축물을 그대로 살려 인테리어를 했다. 그런 분위기가 그대로 전달된 점내는 잔잔하고 소박한 분위기가 멋스럽게 다가온다. 개업 당시부터 토요쿠니 신사豊国神社에 전통 과자를 봉납하였을 정도로 맛과 그 모양은 예술 작품에 가깝다. 특히 은하수 양갱은 시치조칸슈도의 대표 상품으로 예뻐서 먹기 아까울 정도로 감탄이 절로 나온다. 재료가 가진 본연의 맛과 풍미를 잘 살린 시치조칸슈도 샤자킷사는 교토에서 단연 1등이라 말할 수 있다.

홈페이지 www.7jyo-kansyundo.co.jp
주소 京都市東山区七条通本町東入西の門町551
전화 075-541-3771
영업 09:00~18:00
가는 방법 시 버스 100, 206, 208번을 타고 하쿠부츠칸산쥬산겐도마에博物館三十三間堂前 정류장 하차하면 곧바로.

Sightseeing

## 귀무덤 耳塚

도요토미 히데요시가 1592년에 조선을 침략한 임진왜란 와중에 그의 부하들이 학살한 조선 양민들의 시신에서 귀와 코를 증거물로 베어 가져갔다. 그 흔적으로 남은 것이 귀무덤인 미미즈카이다. 2박 3일 정도로 짧은 기간을 여행하는 사람들이 들르기에 쉽지는 않겠지만 억울한 우리 민족의 넋을 기리는 의미에서 잠시 명복을 비는 시간을 가졌으면 한다. 산쥬산겐도에서 10분 거리에 위치해 있다.

주소 京都市東山区大和大路通正面下る茶屋町 533-1
영업 24시간 개방
가는 방법 게이한京阪선 키요미즈고조清水五条역에서 도보 6분. 토요쿠니 신사豊国神社 바로 옆.

Sightseeing

## 교토 국립박물관 京都国立博物館

일본의 4대 국립박물관으로 꼽히는 도쿄, 나라, 교토, 규슈 국립박물관 중 하나로 본관은 궁정 건축가인 가타야마 도쿠마의 작품이다. 약 1만 2천 점의 유물을 소장하고 있으며 도자기, 조각, 회화, 염직물, 칠기, 금속공예품 중에서 선별하여 상설 전시한다.

홈페이지 www.kyohaku.go.jp
주소 京都市東山区茶屋町527
전화 075-525-2473
영업 09:30~17:00(금, 토 09:30~20:00)
휴일 월요일
요금 일반 520엔, 대학생 260엔(전시에 따라 변동이 있다)
가는 방법 게이한京阪선 시치조七条역 1번 또는 2번 출구로 나가 오른쪽으로 도보 8분. 시 버스 100, 206, 208번을 타고 하쿠부초칸산쥬산겐도마에博物館三十三間堂前 정류장 하차 도보 3분.

Sightseeing

## 지샤쿠인 智積院

무로마치 시대에 창건한 진언종 지산파智山派 3천여 사찰의 총본산이다. 무사 계급이 통치하던 전국시대를 거치면서 사찰은 쇠락하였다. 세련미가 넘치는 정원은 도요토미 히데요시 시대의 회류식 정원이며, 정원 옆 대서원에는 생생한 자연을 그린 가에데즈楓図를 비롯하여 국보로 지정된 다섯 작품의 벽화가 있다.

홈페이지 www.chisan.or.jp
주소 京都市東山区東大路通り七条下る東瓦町964
전화 075-5541-5361
영업 09:00~16:00
휴일 12월 29일~31일
요금 일반 500엔, 중고생 300엔, 초등학생 200엔
가는 방법 게이한京阪선 시치조七条역에서 도보 10분. 교토京都역에서 버스를 타고 히가시야마시치조東山七条 정류장 하차하여 도보 3분.

Sightseeing

## 후시미이나리타이샤 伏見稲荷大社

전국 약 3만 개의 신사를 이끄는 이나리 신사稲荷神社의 총본산으로 이나리산에 위치한다. 무로마치 시대에 부흥한 장엄한 본전이 있고, 그 뒤 숭배자들이 봉납한 1천 개에 이른 센본토리이千本鳥居가 유명하여 평일에도 이곳을 찾는 관광객이 매우 많다. 특히, 정월에는 이곳을 순례하며 가내 평안, 오곡 풍양, 사업 번창을 기원하는 하츠모데初詣 행렬로 발 디딜 틈이 없는 곳이다. 우리에게는 영화 <게이샤의 추억>의 한 장면을 연상케 한다. 주인공 소녀처럼 붉은색의 센본토리이를 내달려 보는 것은 어떨까.

홈페이지 inari.jp
주소 京都市伏見区深草薮之内町68
전화 075-641-7331
영업 24시간 개방
가는 방법 JR 이나리稲荷역에서 도보 5분. 게이한京阪선 후시미이나리伏見稲荷역에서 도보 8분.

Food

## 도하치 道八

완두콩 한천과 직접 생산한 팥소를 넣은 와라비모찌わらび餅는 씹는 식감과 함께 맛도 일품이다. 또한 후시미이나리의 상징인 여우와 연관이 있는 이나리 우동稲荷うどん은 도하치의 대표 명물이며, 키츠네 우동きつねうどん, 나베야키 우동鍋焼きうどん 등의 면 요리도 매우 맛이 좋다. 겨울에는 따뜻하게 먹는 팥죽인 젠자이가 인기 스위트 메뉴다. 재료가 떨어지면 문을 닫기 때문에 언제 몇 시에 가야 하는지는 정확히 알 수 없다. 맛에 도전해 볼 계획이라면 무조건 일찍 가는 수밖에는 없다.

홈페이지 fushimi-ryoin.com
주소 京都市伏見区深草祓川町15
전화 075-641-1951
영업 10:30~19:30(준비한 재료가 모두 떨어지면 문을 닫는다)
휴일 금요일
가는 방법 JR 이나리稲荷역에서 도보 1분.

교토 서부

## Sightseeing
### ① 교토 국제 만화 뮤지엄 京都国際マンガミュージアム

교토 국제 만화 뮤지엄은 시가지 한복판에 자리 잡은 옛 초등학교 건물을 리모델링하여 세워졌기 때문에 나무 마룻바닥으로 만들어진 내부가 독특함을 자아낸다. 내부는 희귀본 자료실(지하 1층), 자유 열람실(1층), 테마 박물관 및 전시실(2층)로 구성되어 있다. 건물 자체가 학교이니만큼 교장실과 교실을 그대로 복원해 옛 일본 초등학교의 모습을 볼 수 있으며, 운동장에 인조 잔디가 깔려 있어 날씨가 좋으면 잔디에 누워서 책을 읽는 사람이 많다. 세계 각지에서 수집한 약 30만 점의 만화책을 소장하고 있으며, 상시 2천여 점을 자유롭게 열람할 수 있다. 입장권 구입 당일에 한하여 자유롭게 드나들 수 있다.

홈페이지 www.kyotomm.jp
주소 京都市中京区烏丸通御池上ル(元龍池小学校)
전화 075-254-7414
영업 10:00~18:00
휴일 수요일, 연말연시
요금 일반 800엔, 중고생 300엔, 초등학생 100엔
가는 방법 지하철 카라스마烏丸선 혹은 토자이東西선 카라스마오이케烏丸御池역에서 2번 출구로 나와 오른쪽 뒤로 돌아가면 사거리가 나온다. 그곳에서 왼쪽으로 도보 1분. 시버스 15, 51, 65번을 타고 카라스마오이케 정류장 하차.

## Sightseeing
### ② 교토고쇼 京都御所

교토고쇼는 1869년에 수도를 도쿄로 천도하기 전까지 천황이 머물던 황궁이었다. 794년에 교토로 천도해 올 당시에는 작은 규모에 불과하였지만 몇 번의 확장 공사를 거치고 1620년경에 도쿠가 가문의 딸을 천황의 후궁으로 들이면서 지금과 같은 규모로 발전하게 되었다. 그러나 화재로 7번이나 전소되었고 현재의 건물은 1855년에 완성된 것이다. 이전에는 미리 참관 신청을 해야지만 입장할 수 있었지만, 최근에는 사전 신청 없이도 개방하고 있다. 참관 시 안내 해설은 일본어, 영어, 중국어로 실시하고 있고, 원한다면 안내 시간에 맞춰 참관 장소에 모이면 된다. 보통 약 50분 정도 소요된다.

홈페이지 sankan.kunaicho.go.jp
주소 京都市上京区京都御苑3
전화 075-211-1215
영업 9~3월 09:00~15:50,
10~2월 09:00~15:20, 4~8월 09:00~16:20
(해설 투어는 일본어로 09:00, 10:30, 13:30, 14:30에 진행되고, 영어와 중국어로는 10:00, 14:00에 진행된다)
휴일 월요일, 12월 28일~1월 4일, 황실 행사가 있는 날 수시
가는 방법 지하철 카라스마烏丸선 이마데가와今出川역 3번 출구로 나와 왼쪽 횡단보도 건너 직진 도보 10분. 시 버스 59, 102, 201, 203번을 타고 카라스마이마데가와烏丸今出川 정류장 하차하여 도보 10분.

# Sightseeing ③
## 니조성 二条城

**유네스코 세계문화유산**

유네스코 세계문화유산으로 등재되어 교토를 여행하는 사람은 반드시 들르는 성이다. 1603년에 도쿠가와 이에야스가 천황이 머무는 교토고쇼 황실을 견제하기 위하여 작은 숙소를 만든 것을 계기로 이후 계속 확장하여 도쿠가와 막부 권력을 상징하는 성으로 거듭났다. 니조성은 동서 약 480m, 남북 약 360m의 직사각형 형태로 동서남북에 각각 출입문이 있다. 그중에서 호리카와 거리에 접한 히가시오테몬東大手門이 정문이며, 안으로 들어가 오른쪽 안내소에서 한국어 음성 안내기를 임대(500엔)하면 성안 문화재에 대한 다양한 정보를 접할 수 있다. 성은 1867년 메이지유신을 거치면서 궁내청 소유가 되었다가 1939년부터 교토시 소유가 되었다. 성안으로 들어가 제일 먼저 들르게 되는 곳이 모모야마 양식으로 지어진 니노마루고텐二の丸御殿이다. 이곳의 복도는 침입자를 막기 위해 발을 디딜 때마다 삐걱거리도록 만든 점이 특징인데, 마치 휘파람새의 울음처럼 들린다고 하여 '우구이스바리(휘파람새 마루)'라 한다. 이어서 다도의 명인 고보리 엔슈가 조성한 니노마루 정원二の丸庭園, 위용을 자랑하던 5층짜리 텐슈카쿠가 있던 혼마루本丸의 울창한 수목과 운치 있는 세이류엔清流園 순으로 돌면 약 1시간 30분 정도 소요된다. 성은 외적의 침입을 방지하기 위한 너비 13m, 깊이 17m의 해자로 둘러싸여 있다.

홈페이지 www.nijoujou.com
ww2.city.kyoto.lg.jp/bunshi/nijojo/
주소 京都府京都市中央区二条堀川西入ル二条城町541
전화 075-841-0096
영업 08:45~16:00(라이트업 기간 18:00~21:00), 7·8월은 07:00~16:00
휴일 1월, 7월, 8월, 12월의 화요일, 12월 26일~1월 4일
요금 일반 600엔, 중고생 350엔, 초등학생 200엔
가는 방법 지하철 토자이東西선 니조조마에二条城前역 1번 출구 도보 3분. 시 버스 9, 12, 50, 101번을 타고 니조조마에 정류장 하차.

## Sightseeing ④
### 교토교엔 京都御苑

도쿄에 있는 신주쿠교엔新宿御苑과 같은 옛 황실 전용 정원으로, 길이 동서 700m, 남북 1,300m의 규모를 자랑한다. 본래 이곳에는 200여 채의 공무 집행 관청이 있었으나 1869년에 수도를 도쿄로 천도한 이후에 황폐해져 천황의 명으로 공원화하게 되었다. 지금은 둥근 강자갈과 잔디가 깔려 있고 산책로가 만들어져 있어 일반 관광객이 찾기보다는 교토 시민들이 좋아하는 안락한 휴식처가 되었다.

홈페이지 www.fng.or.jp/kyoto/
주소 京都市上京区京都御苑
전화 075-211-6348
가는 방법 지하철 카라스마烏丸선 이마데가와今出川역 하차, 3번 출구로 나와 왼쪽 횡단보도 건너 직진 2분. 시 버스 59, 102, 201, 203번을 타고 카라스마이마데가와烏丸今出川 정류장 하차.

## Sightseeing ⑤
### 킨카쿠지 金閣寺

**유네스코 세계문화유산**

유네스코 세계문화유산으로 등재된 킨카쿠지는 우리에게는 금각사라는 이름으로 잘 알려진 정원을 겸비한 사찰이다. 본래의 명칭은 로쿠온지鹿苑寺였으나 연못 위에 세워진 2~3층 부분의 금박을 입힌 누각(킨카쿠)이 유명해지면서 그대로 킨카쿠지라 불리게 되었다. 1400년에 지어진 본래의 킨카쿠지는 1950년에 발생한 화재로 전소되었으며, 지금의 누각은 1955년에 국민 모금으로 복원되었다. 금박 20만 장을 입혀 화려하고 멋진 건축과 정원의 조화미는 특히 해질 녘에 빛을 발한다. 연못은 전형적인 에도 시대의 정원 양식으로 만들어졌으며, 배 모양의 소나무 리쿠슈노마츠陸舟の松가 볼만하다.

홈페이지 www.shokoku-ji.jp
주소 京都市北区金閣寺町1
전화 075-461-0013
영업 09:00~17:00
요금 일반 400엔, 중학생 이하 300엔
가는 방법 시 버스 12, 59번 킨카쿠지마에金閣寺前 정류장 하차하여 도보 3분. 시 버스 101, 102, 204, 205번 킨카쿠지미치金閣寺道 하차하여 도보 6분.

Sightseeing ⑥
# 료안지 龍安寺

### 유네스코 세계문화유산

유네스코 세계문화유산으로 등재된 사원으로 너비 10m, 길이 25m의 하얀 모래 위에 15개의 돌을 5군데로 나눠 배치한 카레산스이 방장 정원으로 유명하다. 누가 언제 어떤 의미로 만든 것인지는 알려지지 않았지만 15개의 돌이 5곳에 집중하여 배치되어 있다. 15개의 돌은 어느 쪽에서 보아도 1개의 돌이 가려져 보이지 않도록 설계되어 궁금증을 자아낸다. 특히 1975년에 일본을 공식 방문한 영국의 엘리자베스 여왕이 이곳을 견학하고 절찬한 것이 매스컴을 통하여 전 세계에 보도되면서 더 유명해졌다.

홈페이지 www.ryoanji.jp
주소 京都市右京区龍安寺御陵下町13
전화 075-463-2216
영업 3~11월 08:00~17:00
12~2월 08:30~16:30
요금 일반 500엔, 중학생 이하 300엔
가는 방법 시 버스 59번을 타고 료안지마에 龍安寺前 정류장 하차하여 도보 1분.

龍安寺
# 세이겐인 西源院

세이겐인은 료안지 경내에 위치한 사찰음식 전문점이다. 세계문화유산으로 지정된 절에서 아름다운 정원을 바라보며 음식을 즐길 수 있다는 것으로도 이미 만족스러운 경험이 된다. 추천 메뉴는 배추, 표고버섯, 교토채소 등을 사용하여 만든 명물 요리 나나쿠사유도후七草湯どうふ이며, 사찰음식과 함께 두부 요리를 먹는 쇼진료리유도후精進料理湯どうふ도 인기 메뉴다. 음식만 먹고 사찰을 관람하지 않는다면 료안지 관람료는 내지 않아도 된다.

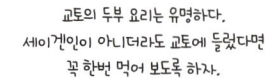
전화 075-462-4742
시간 10:00~17:00

교토의 두부 요리는 유명하다. 세이겐인이 아니더라도 교토에 들렀다면 꼭 한번 먹어 보도록 하자.

Sightseeing
### ❼ 닌나지 | 仁和寺

**유네스코 세계문화유산**

유네스코 세계문화유산으로 등재된 닌나지는 고코 천황의 명으로 창건하였으며 뒤를 이은 우다 천황이 888년에 완성한 사찰이다. 천 년 동안 천황 가문에서 주지를 배출하는 황실 전용 사찰로 번성하였다. 그러나 1467년에 발발한 '오닌의 난'으로 사찰은 모두 소실되었으며, 다행스럽게도 본존의 아미타여래를 비롯한 성물은 재난을 피해 도쿠가와 이에야스에 의해서 재건되었다. 산문인 니오몬二王門을 지나 신전宸殿과 중문 쪽으로 가면 안쪽에 벚꽃 명소로 유명하고 국보로 지정된 금당과 17세기에 만든 36m 높이의 오중탑이 중후하게 자리 잡고 있다. 교토에서 벚꽃이 가장 늦게 피는 곳이며 사찰 규모가 크기 때문에 천천히 둘러보면 약 1시간 이상 소요된다.

홈페이지 www.ninnaji.or.jp
주소 京都市右京区御室大内33
전화 075-461-1155
영업 09:00~17:00
(12~2월은 16:30까지)
휴일 고덴은 무휴. 레이호칸은 지정된 공개 기간 중에는 무휴
요금 경내 무료(벚꽃 철에만 특별 요금 500엔), 고덴 500엔, 레이호칸 500엔
가는 방법 게이후쿠京福 전철 아라시야마嵐山선 오무로닌나지御室仁和寺역 정면으로 도보 3분. 시 버스 10, 26, 59번 오무로닌나지 정류장 하차하여 도보 1분.

Sightseeing
### ❽ 묘신지 | 妙心寺

일본에 있는 약 6천 곳의 임제종 사원 중 약 3,500사찰이 묘신지에 속하므로 최대의 불교 종파의 대본산이다. 하나조노 천황의 별궁을 선종 사찰로 바꾸어 창건한 절은 종합대학 캠퍼스 규모의 넓이로 7당의 가람과 48개의 탑이 있다. 경내는 칙사가 출입하는 산문, 불전, 법당 등이 일직선으로 늘어서 있고 주변에는 하얀 벽으로 둘러싸여 있는 탑두塔頭가 인상적이다. 종각의 범종은 국보로 지정되었고, 참배객은 템플 스테이 및 좌선 체험도 가능하다. 묘신지 북문에서 가까운 곳에 있는 묘신지 말사의 하나인 게이슌인桂春院은 지형을 활용한 아름다운 정원으로 유명하다.

홈페이지 www.myoshinji.or.jp
주소 京都市右京区花園妙心寺町64
전화 075-463-3121
영업 안내 해설 09:10~11:50(20분 간격), 12:30(1회), 13:00~15:40(20분 간격, 3~10월은 16:40까지)
요금 경내 무료. 법당 일반 500엔, 중학생 300엔, 초등학생 100엔. 타이조인 500엔
가는 방법 시 버스 10, 26 묘신지키타몬마에妙心寺北門前 정류장 하차 또는 시 버스 91, 93번 묘신지마에妙心寺前 정류장 하차.

히가시야마 일대

## Sightseeing

### ❶ 키요미즈데라 清水寺

**유네스코 세계문화유산**

교토에서 가장 유명한 관광명소의 하나로 수많은 관광객이 늘 붐비는 곳이다. 유네스코 세계문화유산으로 등재되었으며 우리나라에는 청수사로 널리 알려진 사찰이다. 키요미즈데라는 특히 일본 문학작품의 무대로 자주 등장하기 때문에 일문학 마니아들에게도 인기 스폿이다. 사찰로 이어지는 키요미즈자카清水坂 언덕길은 아기자기한 맛이 있고, 경내도 매우 넓어 다양한 볼거리가 많다. 전체를 둘러보려면 시간이 많이 걸리기 때문에 바쁜 여행자들은 시간 조절이 필요하다. '오토와야마音羽山'에서 흘러나오는 물은 마치 폭포처럼 떨어지는데 예로부터 환자들에게 이로운 약수라 하여 일본 각지에서 이곳을 찾아와 물을 마시는 진풍경도 볼만하다. 또한 경내에 있는 지슈 신사地主神社는 인연을 맺어 주는 신을 모시고 있어, 좋은 인연을 기다리는 젊은 관광객들이 본전 앞에 있는 '연애점 돌'을 배경으로 사진을 찍느라 길게 줄이 늘어설 정도다. 연애점 돌은 2개가 있는데, 눈을 감고 20m 떨어져 있는 다른 돌까지 무사히 걸어서 도착하면 사랑이 이루어진다고 한다. 사랑의 행방이 궁금하다면 한번 도전해 보는 것은 어떨까.

홈페이지 www.kiyomizudera.or.jp
주소 京都市東山区清水1-294
전화 075-551-1234
영업 06:00~18:00(비정기적으로 시간이 연장되는 기간이 있다. 홈페이지 참조)
휴일 연중무휴
요금 일반 400엔, 중고생 이하 200엔(야간 특별 관람은 별도요금)
가는 방법 시 버스 100, 202, 206, 207번 고조자카五條坂 또는 키요미즈미치清水道 정류장 하차하여 도보 15분.

사랑의 행방을 찾아서 20m 앞으로 앞으로~
사랑을 이룰 수 있다고 하는데……

## Food

### ❷ 이노다 커피 イノダコ-ヒ

일본식 정원을 마주하고 커피를 마시면 어떤 기분일까. 70여 년의 역사를 가지고 있는 이노다 커피 키요미즈점은 일본의 유명 조경가 오가와 지헤이의 작품이다. 이곳의 특징은 천장이 높은 통 유리창으로 들어오는 채광과 정원이 그림이다. 산미가 있는 시큼한 아라비아의 진주를 마시며 쉼을 가져보자.

주소 京都市東山区清水3-334
전화 075-532-5700  영업 09:00~17:00
가는 방법 시 버스 100, 202, 206, 207번 고조자카五峰坂 또는 키요미즈미치清水道 정류장 하차 후 키요미즈데라 방향으로 도보 10분.

# 가장 교토다운 산넨자카 三年坂, 니넨자카 二年坂를 걷다

산넨자카는 고즈넉한 교토의 풍경을 즐길 수 있는 골목 산책길이다. 키요미즈데라에서 언덕을 따라 내려오면 오른쪽으로 난 좁고 급한 경사의 돌계단을 발견할 수 있는데, 이곳이 바로 산넨자카다. 언제나 관광객으로 가득 차 있기 때문에 쉽게 찾을 수 있다. 주변은 전통 건물 보존지구로 지정되어 교토의 옛 모습이 그대로 보존되어 있다. 그런 이유로 일본의 드라마 단골 촬영지이자 교토의 대표적인 골목으로 사진을 찍기 위해 멈춰선 사람들로 언제나 북적거린다. 돌계단을 따라 양쪽으로는 교토스러움이 듬뿍 담긴 선물 가게, 식당과 찻집 등이 들어서 있는데 선물을 사기 위해 기웃거리는 여행자의 모습과 조화를 이룬다. 니넨자카는 산넨자카 언덕을 내려가면 나오는데, 도요토미 히데요시의 정실인 네네가 남편의 넋을 기리기 위해 1606년에 세운 고다이지에 이르는 언덕길이다. 산넨자카와 마찬가지로 주변은 다이쇼 시대 초기의 집들과 마을 풍경이 그대로 남아 있는 보존지구다. 이곳에 많은 상점이 있어 심심치 않으나 주로 고급 술집과 식당이 많다. 키요미즈데라의 산넨자카와 니넨자카에서는 기모노를 예쁘게 차려입은 게이코와 마이코들을 만날 수 있다. 벚꽃이 흐드러지게 핀 봄에 예쁜 양산을 받쳐 든 그들의 모습은 다시 한 번 내가 일본에 와 있음을 느끼게 한다.

주소 京都市東山区清水3
가는 방법 시 버스 100, 202, 206, 207번 키요미즈미치清水道 정류장 하차하여 키요미즈데라清水寺 방향으로 도보 10분.

Sightseeing
③
## 고다이지 高台寺

도요토미 히데요시가 죽자 부인 네네가 출가하여 남편의 명복을 빌기 위하여 지은 사찰이다. 도쿠가와 이에야스가 당시의 정치적 배려로 막대한 재정적 지원을 하여 지금과 같은 장엄하고 화려한 사찰이 되었다. 카이산도를 중심으로 동서로 펼쳐진 연못과 정원은 다도의 명인 고보리 엔슈 다이묘의 작품이다.

홈페이지 www.kodaiji.com
주소 京都市東山区高台寺河原町526
전화 075-561-9966
영업 09:00~17:30
요금 일반 600엔, 중고생 250엔
가는 방법 시 버스 206, 207번 히가시야마 야스이東山安井 정류장 하차하여 도보 5분.

Sightseeing
④
## 야사카노토 八坂の塔

산넨자카, 니넨자카 서쪽의 히가시야마 언덕길에 보이는 5층짜리 목탑으로 호칸지法観寺를 대표하는 랜드마크다. 호간지 경내는 비정기적으로 특별한 날에만 관람할 수 있기 때문에 언덕길을 오르며 46m 높이의 야사카노토를 배경으로 사진을 찍는 정도로 충분하다. 현지에서는 계절마다 야사카노토를 배경으로 찍은 사진을 엽서로 판매할 정도로 유명한 관광 스폿이다.

주소 京都市東山区清水八坂上町388
전화 075-551-2417
영업 10:00~16:00
요금 500엔(초등학생 입장 불가)
가는 방법 시 버스 키요미즈미치清水道 정류장에서 도보 5분.

Sightseeing
⑤
## 지온인 知恩院

정토종 사찰의 총본산인 지온인은 본당으로 들어가는 돌계단 중간에 세워진 산문의 높이가 24m로, 현존하는 일본의 사찰 산문으로는 최대급인 2층 이중문이다. 문의 상층 내부에 석가여래상과 16나한상이 안치되어 있으며, 천장에 용의 그림이 그려져 있다. 산문과 미에이도는 국보로 지정되어 있다.

홈페이지 www.chion-in.or.jp
주소 京都市東山区林下町400
전화 075-531-2111
영업 09:00~16:30(입장은 16:00까지)
요금 경내 무료. 정원 일반 300엔, 초중생 150엔
가는 방법 시 버스 12, 31, 46, 201, 203, 206번을 타고 지온인마에知恩院前 정류장에서 도보 5분.

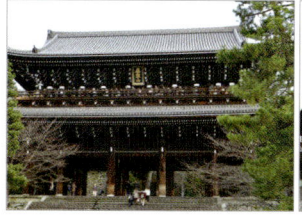

기온 일대

Sightseeing
❶
## 하나미코지 花見小路

야사카 신사 계단을 내려와 시조도리를 따라 약 100m 정도 가면 왼쪽으로 길게 뻗은 골목길이다. 이곳은 전통적인 점포가 많은데, 경제적 여유가 있다면 이곳에서 교토의 맛을 제대로 느낄 수 있는 교토 정식인 쿄료리京料理에 도전하는 것도 나쁘지 않다. 저녁에는 주변에 고급 술집이 많아 전통 기모노 옷을 입고 하얗게 얼굴 화장을 한 게이코들을 볼 수 있다. 하지만 낮에 하나미코지에서 기모노 차림의 젊은 여성들을 보았다면 거의 대부분은 기모노를 대여하여 입고 교토를 활보하는 체험을 하는 관광객이다.

홈페이지 www.kyoto-gion.jp
주소 京都市東山区四条通の南北
영업 10:00~20:00(점포에 따라 다름)
가는 방법 게이한京阪선 기온시조祇園四條역 7번 출구. 한큐阪急선 카와라마치河原町역 1B 출구로 나가 오른쪽으로 도보 3분. 시 버스 12, 46, 100, 201, 202, 203, 206, 207번 기온 정류장 하차.

Sightseeing

## 야사카 신사 八坂神社

히가시야마 쪽 기온시조 거리가 시작되는 교차로에 위치하며, 일본 3대 마츠리의 하나인 기온마츠리祇園祭가 시작되는 신사로 유명하다. 또한 일본 열도 8만여 기온 신사祇園神社의 총본산이기도 하다. 1868년 이전까지는 상당한 격식을 갖춘 기온사祇園社로 불렸으나 메이지유신 이후에는 신불 분리 정책에 따라 야사카 신사로 명칭이 바뀌었다. 야사카 신사는 656년에 이리사가 창건하였으며, 사찰에 전해오는 전기에 따르면 이리사는 당시에 고구려의 사신으로 일본에 건너간 이리지와 같은 인물이다. 그러나 역사적으로 확인되지는 않았다.

홈페이지 yasaka-jinja.or.jp
주소 京都市東山区祇園町北側625
전화 075-561-6155
영업 24시간 개방
가는 방법 시 버스 기온祇園 정류장에서 도보 3분.

## Food
### ③
### 라쿠쇼 洛匠

야사카 신사를 나와 왼쪽의 히가시야마 쪽 시모카와라초 下河原町에 위치한 찻집이다. 안으로 들어가면 전통 교토식 정원이 보이는 테이블에 앉아 와라비모찌와 차 세트 980엔을 즐길 수 있다. 정원에는 비단잉어가 헤엄치는 작은 연못이 있어 치유하는 마음으로 들러 쉬어 가기에 좋은 곳이다. 라쿠쇼는 한 번 찾은 관광객이 다시 찾는 비율이 매우 높기로 유명하다.

## Sightseeing
### ④
### 카모강 鴨川

교토 시가지를 Y자형으로 관통하는 1급수 강이다. 야사카 신사에서 시조도리를 걸어 카와라마치역 혹은 니시키 시장을 찾아가다 보면 자연스럽게 카모강을 건너게 된다. 여름에는 기모노를 입고 강변을 산책하는 현지인이 많으며, 여정 중에 잠시 휴식을 위해 발길을 멈추는 여행자들을 위한 카페, 레스토랑과 저녁에는 포장마차가 장사를 시작한다.

주소 京都市東山区高台寺北門前通下河原東入ル鷲尾町516
전화 075-561-6892  영업 09:30~18:00
가는 방법 시 버스 12, 46, 100, 201, 202, 203, 206, 207번 기온祇園 정류장 하차하여 도보 5분.

주소 京都市東山区祇園町
가는 방법 시 버스 기온祇園 정류장에서 도보 5분. 게이한京阪선 기온시조祇園四条역에서 도보 3분. 한큐阪急선 카와라마치河原町역에서 도보 10분.

## Sightseeing
### ⑤
### 겐닌지 建仁寺

중국 송나라에서 선종 불교와 차를 가져온 에이사이 선사가 1202년에 세운 임제종 사찰로, 일본에서는 가장 오래된 선종 사찰이다. 또한 일본의 차 문화 발상지로도 유명하다. 법당 천장에 그려진 용의 그림인 쌍룡도双龍図는 고이즈미 준사쿠의 작품이다. 국보로 지정된 풍신뢰신도風神雷神図 병풍의 원본은 교토 국립박물관에 보관되어 있지만 본래는 겐닌지의 소장품이며, 이곳에서는 복제품으로 감상할 수 있다. 또한 카레산스이 방장 정원인 다이오엔大雄苑이 한 폭의 그림처럼 자리하고 있다.

홈페이지 www.kenninji.jp
주소 京都市東山区大和大路通四条下る4丁目小松町584
전화 075-561-6363
영업 10:00~16:30(11~2월은 16:00까지)
휴일 12월 28~31일
요금 일반 500엔, 중고생 300엔, 초등학생 200엔
가는 방법 게이한京阪선 기온시조祇園四條역에서 도보 7분. 한큐阪急선 카와라마치河原町역 도보 10분. 시 버스 206, 100번 히가시야마야스이東山安井 정류장 하차하여 도보 5분.

## 교토의 부엌, **니시키 시장** 錦市場

우리나라 TV를 통해서도 많이 소개되었던 일본이 자랑하는 전통 시장. 약 400년간 '교토의 부엌'으로 자리를 지켜 온 니시키 시장은 교토의 역사적인 관광지 못지않게 교토 시민의 자랑거리이며 나아가 일본의 자랑이기도 하다. 전체 390m에 이르는 시장 거리에는 쿄사이京菜로 불리는 여러 채소 절임, 과일, 해산물 등을 취급하는 점포들이 빼곡하고 물건을 사려는 주민과 구경하는 관광객으로 활기가 넘쳐 난다. 방금 튀겨 낸 덴푸라는 먹지 않고는 그 자리를 지나갈 수 없을 정도로 입 안에 침을 가득 고이게 한다. 게다가 꼬치구이, 타코야키, 오코노미야키, 도넛, 센베이 등과 같은 다양한 즉석 간식거리가 많아 입이 즐거워지는 시간을 만끽하게 된다. 교토에 왔다면 니시키에서 간단한 점심을 해결하는 것도 좋은 방법이다.

홈페이지 www.kyoto-nishiki.or.jp
전화 075-211-3882   영업 07:00~18:00
가는 방법 시 버스 4, 5, 10, 11, 12, 17, 32, 46, 59, 201, 203, 205, 207번 버스를 타고 시조카와라마치四条河原町역에서 하차하여 도보 5분. 한큐阪急선 카와라마치河原町역 9번 출구에서 도보 5분.

## 토닥토닥, 예뻐지는 소리 **요지야** よーじや

야사카 신사를 나와 정면 시조도리 하나미코지 오른쪽에 위치한 요지야는 교토를 대표하는 소품점으로 유명하다. 커다란 간판에 교토 여성의 얼굴 이미지를 일러스트로 처리하여 멀리서도 한눈에 알아볼 수 있다. 오리지널 화장품, 화장용 전통 도구, 기초화장품 등이 독특한 디자인 용기에 담겨져 선물용으로 구입하기에도 좋다. 분점인 산조점, 사가노아라시야마점, 키요미즈점, 긴카쿠지점은 매장에 카페가 병설되어 있어 가벼운 브런치를 즐기며 휴식을 취할 수 있다.

홈페이지 www.yojiya.co.jp
주소 京都市東山区祇園四条花見小路東北角
전화 075-541-0177   영업 10:30~20:00
가는 방법 게이한京阪선 기온시조四条역 7번 출구. 한큐阪急선 카와라마치河原町역 1B 출구로 나가 오른쪽으로 도보 3분. 시 버스 12, 46, 100, 201, 202, 203, 206, 207번 기온祇園 정류장 하차하여 도보 5분.

긴카쿠지 일대

Sightseeing
## ❶ 긴카쿠지 銀閣寺

할아버지가 세운 킨카쿠지를 견본으로 1482년에 무로마치 8대 장군 아시카가 요시마사가 별장용으로 지은 건축물이다. 킨카쿠지만큼의 규모는 아니지만 12채의 크고 작은 건물 중에서 관음전(긴카쿠)과 동구당東求堂 등이 현존하고 있다. 긴카쿠지 본존은 관음불이며. 일설에 의하면 금박을 입힌 킨카쿠처럼 긴카쿠에도 은박을 입혔다고 전해지지만, 2007년에 실시한 과학적인 조사에서는 은박이 전혀 검출되지 않았다. 관음전 앞 정원에는 하얀 모래를 깔아 파도를 나타낸 긴샤단銀沙灘, 모래를 쌓아 후지산을 형상화한 고게츠다이向月台가 에도 시대 이후에 추가되면서 당초에 설계된 모습과는 다르게 변하였다.

홈페이지 www.shokoku-ji.jp
주소 京都市左京区銀閣寺町2
전화 075-771-5725
영업 3~11월 08:30~17:00
　　 12~2월 09:00~16:30
요금 일반 500엔, 중학생 이하 300엔(특별 참배는 별도 요금 필요)
가는 방법 시 버스 5, 17, 32, 100, 102, 203, 204번 긴카쿠지미치銀閣寺道 정류장 하차하며 도보 10분. 또는 시 버스 32, 100번 긴카쿠지마에銀閣寺前 정류장 하차하며 도보 6분.

Sightseeing
## ❷ 철학의 길 哲学の道

긴카쿠지로 통하는 골목길 입구에서 작은 시냇가를 따라 에이칸도로 이어지는 약 1.8km의 산책로다. 일본을 대표하는 철학자 니시다 기타로가 즐겨 산책하여 철학의 길이라는 명칭이 붙었다. 벚꽃이 아름다운 산책로는 곳곳에 패션용품, 액세서리, 소품 등을 판매하는 갤러리 스타일의 숍과 카페가 있어 고즈넉하면서도 심심하지 않다. 산책로 끝까지 걸으면 약 50분 정도 소요된다.

홈페이지 kyoto.gp1st.com/350/ent156.html
주소 京都市左京区浄土寺下南田町
가는 방법 시 버스 5, 17, 32, 100, 102, 203, 204번 긴카쿠지미치銀閣寺道 정류장 하차하여 도보 6분. 또는 시 버스 32, 100번 긴카쿠지마에銀閣寺前 정류장 하차하여 도보 2분.

Sightseeing
③
## 에이칸도 永観堂

봄에는 에이칸도까지 이어지는 벚꽃 길로 유명하고, 가을에는 단풍이 아름답기로 유명해 인기가 많은 사찰이다. 에이칸도 단풍의 아름다움은 헤이안 시대의 문인 후지와라노 세키오가 당시의 시집인 『고킨와카슈古今和歌集』에 "단풍의 에이칸도"라는 문구를 남겼을 정도로 역사가 깊다. 사찰은 863년에 세이와 천황에 의해 젠린지禪林寺로 명명되었으며, 본존으로 얼굴을 왼쪽으로 돌린 아미타여래입상을 모신다. 이 모습에 대해서는 7대 법사인 에이칸이 50세가 되도록 염불하며 아미타여래 주위를 돌고 있을 당시에 아미타여래가 불단에서 내려와 에이칸과 함께 걷는데, 놀란 에이칸이 걸음을 멈추자 아미타여래가 고개를 돌려 "에이칸 느려"라고 말하고는 그대로 목이 돌아간 상태가 되었다는 전설에 기인한다. 이후 염불을 중시하는 정토종 사찰이 되었다.

홈페이지 www.eikando.or.jp
주소 京都市左京区永観堂町48
전화 075-761-0007
영업 09:00~17:00
요금 일반 600엔, 초중고생 400엔
가는 방법 시 버스 5번으로 난젠지에이칸도미치南禪寺永観堂道 정류장 하차하여 도보 3분. 시 버스 93, 100, 204번으로 히가시텐노마치東天王町 정류장 하차하여 도보 8분. 지하철 토자이東西선 게아게蹴上역 하차하여 도보 15분.

Sightseeing
④
## 난젠지 南禅寺

에이칸도를 지나 철학의 길 끝에 위치한 난젠지는 임제종 남선사파南禪寺派의 본산이며, 1291년에 창건되어 무로마치 시대에 부흥하였다. 이후 오닌의 난으로 모든 가람이 소실되었다가 '검은 옷의 재상'으로 불리던 고승 스덴이 복원하면서 지금과 같은 일직선의 가람 배치와 주변의 12개 탑으로 구성되었다. 국보로 지정된 방장과 명승 정원으로 지정된 방장 정원은 에도 시대 초기의 대표적인 카레산스이 양식이다.

홈페이지 www.nanzen.com
주소 京都市左京区南禅寺福地町
전화 075-771-0365
영업 08:40~17:00, 12~2월 08:40~16:30
휴일 12월 28일~31일
요금 일반 500엔, 고교생 400엔, 초중생 300엔(방장 정원은 별도 요금)
가는 방법 지하철 토자이東西선 게아게蹴上역 하차하여 도보 15분. 시 버스 5번으로 난젠지에이칸도미치南禪寺永観堂道 정류장 하차.

Sightseeing
⑤
## 헤이안 신궁 平安神宮

1895년에 헤이안 천도 1,100주년을 기념하여 헤이안쿄平安京 천도 당시의 제50대 간무 천황을 모시는 신사로 지어졌다. 2001년에 제125대 아키히토 천황이 간무 천황은 백제 무령왕의 후손이라고 밝힌 바 있다. 경내로 들어가면 바닥에 깔린 흰모래와 주홍색의 건물들이 강렬한 대비를 보여 준다. 헤이안 신궁 입구 안 왼쪽으로 2분 정도 걸으면 일본의 명승으로 지정된 약 1만 평의 일본식 정원 진엔神苑이 있다. 1896년에 일본 근대 정원의 선구자인 오가와 지헤가 설계한 3개의 연못과 산책로의 벚꽃, 창포가 매우 아름답기로 유명하다.

홈페이지 www.heianjingu.or.jp
주소 京都市左京区岡崎西天王町
전화 075-761-0221
영업 3월 15일~9월 06:00~18:00, 11월~2월 14일 06:00~17:00, 2월 15일~3월 14일, 10월 06:00~17:30
진엔 08:30~16:30(시기에 따라 다름)
요금 경내 무료, 진엔 일반 600엔, 초등학생 300엔
가는 방법 지하철 토자이東西선 히가시야마東山역 1번 출구로 나와 왼쪽으로 도보 17분. 시 버스 5, 32, 46, 100번 교토카이칸비주츠칸마에京都会館美術館前 정류장 하차하여 도보 5분.

Sightseeing
⑥
## 오카자키 공원 岡崎公園

오카자키 공원의 부지는 헤이안 시대에 천황 가문의 사찰과 귀족들의 저택이 있던 자리다. 1467년에 발발한 오닌의 난으로 폐허가 되었고, 1895년에 개최된 제4회 국내 박람회를 계기로 주변을 정비하면서 오늘과 같은 모습이 되었다. 공원은 동물원, 도서관, 국립 현대미술관, 교토시 미술관 등이 있는 문화 공간이다. 특히 교토시 미술관은 1934년에 완공되어 공원을 대표하는 문화시설이며, 미술관 정면에 위치한 24.4m 높이의 주홍색 도리이는 일본에서 가장 크다.

주소 京都市左京区岡崎最勝寺町
전화 075-882-7019
영업 교토시 미술관 09:00~17:00
휴일 미술관은 월요일, 12월 28일~1월 2일
요금 미술관은 전시에 따라 다름
가는 방법 지하철 토자이東西선 히가시야마東山역 1번 출구로 나와 왼쪽으로 도보 10분. 시 버스 5, 32, 46, 100번 교토카이칸비주츠칸마에京都会館美術館前 정류장 하차.

# 아라시야마 嵐山

아라시야마는 10세기 전후로 귀족들이 별장을 세운 자연경관이 아름다운 지역이다. 텐류지, 지쿠린, 도게츠쿄 등의 볼거리는 아라시야마역을 중심으로 느긋하게 걸어서 구경할 수 있다. 일부 볼거리는 걷기에 멀고 교통편도 불편해 아라시야마역 주변에서 자전거를 대여(09:00~17:00, 1일 800~1,500엔)하면 도움이 된다. 전반적인 경치를 구경하고 싶다면 토롯코사가역에서 토롯코카메오카역을 연결하는 사가노토롯코 열차를 이용해 보는 것도 좋다. 바람을 맞으며 달리는 열차에 앉아 있노라면 어느새 기분이 상쾌해진다. 특히 가을에 붉게 물든 단풍의 모습은 간사이 지역에서도 가장 아름다운 풍경으로 꼽힌다.

**가는 방법** JR 교토京都역에서 사가아라시야마嵯峨嵐山행 쾌속 열차로 사가아라시야마역까지 약 20분이 소요된다. 사철은 게이후쿠京福선 시조오미야四条大宮역에서 출발하여 아라시야마嵐山역까지 22분이 소요. 한큐阪急선 카와라마치河原町역을 출발하여 카츠라桂역 1번 플랫폼에서 한큐선 아라시야마선으로 갈아타고 아라시야마역까지 약 30분 소요된다. 사철은 간사이 스루 패스로 이용 가능하다.

## Sightseeing

### 텐류지 天龍寺

**유네스코 세계문화유산**

유네스코 세계문화유산으로 등재된 텐류지는 1339년에 창건되어 임제종 5대 사찰인 '교토고산京都五山' 중에서 규모가 가장 큰 선종 사찰이었다. 그러나 1445년의 화재와 1467년 오닌의 난 등에 의해 모두 8번이나 소실되면서 규모도 작아졌다. 이후 법당, 대방장, 서원, 다보전 등이 수차례 복원되면서 1941년에 지금의 모습이 완성되었다. 경내의 소겐치曹源池 정원은 약 700년 전에 만든 것으로 계절의 변화가 뚜렷하게 보이도록 조경수를 배치하였고 일본 최초의 사적 특별명승으로 지정된 아름다운 정원이다.

홈페이지 www.tenryuji.com
주소 京都市右京区嵯峨天龍寺芒ノ馬場町68
전화 075-881-1235
영업 08:30~17:30(10월 21일~3월 20일은 17:00까지)
요금 경내 무료, 정원 일반 500엔, 중학생 이하 300엔 법당 500엔
가는 방법 란덴嵐電 아라시야마嵐山역에서 나와 오른쪽으로 도보 1분.

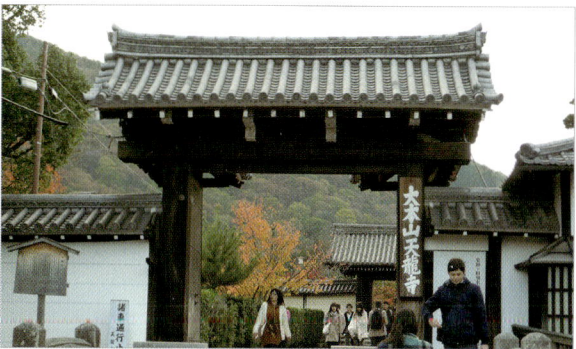

## Sightseeing

### 지쿠린 竹林

평균 25m 높이의 맹종죽이 수천 그루에 이르는 울창한 숲이다. 양쪽으로 죽림이 200m 정도 펼쳐진 산책로가 있어 조용히 걸으면서 사색에 잠기기에 좋은 곳이다. 특히 인적이 드문 새벽 산책로에서 들을 수 있는 울창한 대나무 이파리가 바람결에 흔들리는 자연의 소리는 종교적 체험에 가까운 희열을 느끼게 한다. 걷는 것만으로도, 보는 것만으로도 힐링이 되는 곳이다.

주소 京都市右京区嵯峨小倉山田淵山町
가는 방법 란덴嵐電 아라시야마嵐山역에서 도보 5분.

### Sightseeing ③
# 노노미야 신사 野宮神社

이곳은 천황을 대신해 황녀 또는 여왕이 미에현 이세시에 위치한 성지 이세진구伊勢神宮로 치성을 드리러 떠나기 전 심신을 씻는 곳이었다. 특히 원목을 그대로 사용한 쿠로키토리이黒木鳥居 성지로 유명하며, 헤이안 시대 중기의 고전 장편소설인 『겐지모노가타리』에도 묘사되어 있다. 그런 역사적인 이유로 수학여행객을 비롯한 많은 현지인의 발길이 계속 이어진다. 또한 경내에는 돌을 문지르며 빌면 반드시 소원이 이루어진다는 신석神石이 있으며, 좋은 인연을 맺어주는 신을 모시고 있어 젊은 남녀가 많이 찾는다.

홈페이지 www.nonomiya.com    주소 京都市右京区嵯峨野宮町 1
전화 075-871-1972    영업 09:00~17:00
가는 방법 란덴嵐電 아라시야마嵐山역에서 도보 5분, 한큐阪急선 아라시야마역에서 도보 5분, JR 사가아라시야마嵯峨嵐山역에서 도보 15분. 시 버스는 노노미야野宮 정류장에서 하차.

### Sightseeing ④
# 도게츠쿄 渡月橋

9세기경에 호즈강保津川 변에서 수행을 하던 승려 도쇼가 만든 다리가 원조다. 현재의 도게츠쿄는 1934년 길이 150m, 왕복 2차선으로 재건한 것이다. 한밤중에 이곳을 지나던 가메야마 천황이 교각 위에 뜬 달을 보고 "마치 달이 다리를 건너는 것 같다."라고 표현한 것에서 유래하여 도게츠쿄라는 명칭을 얻었다. 교각에서 약 100m 정도 떨어진 선착장에서는 호즈강을 거슬러 올라가는 유람선 호즈카와쿠다리保津川下り 또는 3인승 보트가 있다. 가을에 탑승하면 아라시야마의 아름다움을 느낄 수 있다.

주소 京都市右京区桂川
가는 방법 란덴嵐電 아라시야마嵐山역에서 정면으로 도보 9분.

### Sightseeing ⑤
# 조잣코지 常寂光寺

조잣코지는 태고 자연의 모습을 간직하고 있다는 느낌이 들 정도로 아름다운 사찰이다. 아라시야마에서 최고의 단풍을 즐길 수 있는 명소로 가을 단풍철에는 많은 사람이 몰린다. 아즈치모모야마 시대 말기인 1596년에 창건되었으며 1620년에 세워진 높이 12m의 다보탑은 국가 중요문화재로 지정되어 있다. 담장이 없는 사찰로 널리 알려져 있다.

홈페이지 www.jojakko-ji.or.jp
주소 京都市右京区嵯峨小倉山小倉町3
전화 075-861-0435    영업 09:00~17:00    요금 500엔
가는 방법 란덴嵐電 아라시야마嵐山역에서 도보 20분, JR 사가아라시야마嵯峨嵐山역에서 도보 15분.

### Food ⑥
# 호우란도 峯嵐堂

모찌 만드는 모습을 직접 볼 수 있는 호우란도는 이곳만의 비법으로 만든 고소하고 부드러운 콩고물이 유명하다. 콩가루, 녹차, 죽탄, 벚꽃을 넣어 탄생한 와라비모찌가 대표 메뉴. 우리의 떡과 식감이 좀 다르기 때문에 호불호가 갈리지만 고소한 콩고물은 잊을 수 없다. 녹차와 함께 먹으면 일품이다.

주소 京都市右京区嵐山中下町57-2
전화 075-864-7573
영업 09:00~18:00
가는 방법 란덴嵐電 아라시야마嵐山역에서 도보 8분.

### Food
**7**
## 아라시야마 요시무라 嵐山よしむら

미슐랭 가이드에 소개되었으며 아라시야마에서 도게츠쿄가 가장 잘 보이는 곳에 위치해 있다. 이곳은 본래 일본화가로 유명한 가와무라 만슈의 갤러리였다. 현재 1층은 일본 열도에서도 이름이 알려진 유명한 기모노 전시장이며, 2층이 소바 전문점이다. 메밀 소바가 메인이며, 메밀 종자가 들어간 샐러드와 튀김이 세트인 도게츠젠渡月膳(1,750엔)이 인기 메뉴다.

### Shopping
**8**
## 한나리홋코리스퀘어 はんなりほっこりスクエア

한나리홋코리스퀘어는 여행자들에게 휴식을 제공하는 복합시설물로 볼거리, 살 거리, 먹거리 등이 있다. 기모노 천으로 감싼 기모노 포레스트는 화려한 숲을 연상시킨다. 저녁 무렵 조명이 켜지면 그 느낌은 상상 이상이다. 족욕탕 시설(200엔)도 있어 잠시 피곤에 지친 다리를 쉬기에 좋다.

주소 京都市右京区嵯峨天龍寺芦ノ馬場町3
전화 075-863-5700
영업 11:00~17:00(관광 시즌에는 10:30부터)
가는 방법 란덴嵐電 아라시야마嵐山역에서 도보 3분.

홈페이지 www.kyotoarashiyama.jp
주소 京都市右京区嵯峨天龍寺造路町20-2
전화 075-873-2121 영업 09:00~20:00
가는 방법 란덴嵐電 아라시야마嵐山역과 연결

### Sightseeing
**9**
## 사가노토롯코 열차 嵯峨野トロッコ列車

토롯코사가역에서 토롯코카메오카역까지 약 7.3km 구간을 25분간 달리며, 현지인 여행자들에게도 인기가 높은 관광 열차다. 봄에는 벚꽃놀이, 여름에는 숲속에서 들려오는 매미들의 합창, 가을에는 단풍을 즐기기에 좋은 코스다. 열차는 토롯코아라시야마역, 토롯코호즈쿄역에 정차한다. 열차 시간은 바뀔 수 있으니 미리 확인하도록 하자.

홈페이지 www.sagano-kanko.co.jp
주소 京都市右京区嵯峨
전화 075-861-7444
영업 상행은 09:01~, 하행은 09:29~(출발 시간에 변동이 있으니 사이트를 참고)
요금 편도 일반 620엔, 어린이 310엔(구간과 관계 없음)
가는 방법 JR 사가아라시야마嵯峨嵐山역에서 토롯코사가トロッコ嵯峨역으로 연결.

### Sightseeing
**10**
## 호즈강 유람선 保津川下り

17인승 나무배를 타고 카메오카에서 아라시야마까지의 16km 구간을 2시간에 걸쳐 내려간다. 잔잔히 흐르는 물 위에서 보면 사자, 개구리 바위 등의 기암괴석이 고개를 내밀며 중간중간 하얀 물보라가 이는 급류가 나타나곤 해 유람선 여행의 재미를 더해 준다. 사시사철 변화하는 주변 산악 지대의 풍경도 무척 아름답다.

홈페이지 www.hozugawakudari.jp
주소 京都府亀岡市保津町下中島2   전화 077-122-5846
영업 09:00~15:30 총 7회, 12월 11일~3월 9일 10:00~14:30 총 4회, 주말 및 공휴일 부정기 운항
요금 일반 4,100엔, 초등학생 2,700엔
가는 방법 토롯코카메오카トロッコ亀岡역에서 버스로 15분. JR 카메오카역에서 도보 10분 소요.

# 교토 북부

## Sightseeing

## 시모가모 신사 下鴨神社

**유네스코 세계문화유산**

카미가모 신사와 마찬가지로 카모씨 신을 모시며, 정식 명칭은 카모미오야 신사賀茂御祖神社이다. 예로부터 교토는 카모강과 다카노강高野川를 중심으로 마을이 형성되었고, 두 강물이 만나는 카모강 하류에 세워진 신사라는 의미로 현지인들 사이에서는 '시모가모상'이란 애칭으로 통하기도 한다. 신사 경내에 있는 찻집 사루야さるや에서는 예로부터 전해지는 방식으로 우려낸 불로장생의 콩차와 약 140년 만에 복원하여 만든 사루모찌申餅를 판매한다.

홈페이지 www.shimogamo-jinja.or.jp
주소 京都市左京区下鴨泉川町59
전화 075-781-0010
영업 하계 05:30~18:00
동계 06:30~17:00
가는 방법 게이한京阪선 데마치야나기出町柳역을 나와 오른쪽 길을 따라 직진 도보 15분. 시 버스 4, 205번 시모가모진자마에下鴨神社前 정류장 하차.

## Sightseeing

## 카미가모 신사 上賀茂神社

**유네스코 세계문화유산**

유네스코 세계문화유산으로 등재된 이 신사는 678년 진무 천황 시절에 창건되었으며, 국가의 중대사가 있을 때마다 이곳에서 제례를 올렸다. 정식 명칭은 카모와케이카즈치 신사賀茂別雷神社이며, 천둥의 신을 모시기 때문에 전기 산업과 관련된 안전을 지켜주는 수호신으로 유명하다. 신사를 중심으로 매년 5월 15일에 거행되는 카모마츠리賀茂祭는 807년에 시작되어 헤이안 시대의 장편소설 『겐지모노가타리』에도 자주 등장하는 축제다. 국보이자 세계문화유산인 카미가모 신사 본전 앞에서는 결혼식을 올릴 수 있는데 선남선녀들이 선호하는 꿈의 결혼식장이다.

홈페이지 www.kamigamojinja.jp
주소 京都市北区上賀茂本山339
전화 075-781-0011
영업 05:30~17:00
가는 방법 시 버스 4, 46번 카미가모진자마에上賀茂神社前 정류장 하차.

Sightseeing

# 교토 부립 식물원 京都府立植物園

일본 최초의 공립 식물원으로 1924년 1월 1일에 문을 열었다. 이후 태평양전쟁에 패전하여 미군에 의해 1946년부터 15년간 폐쇄되었다가 1961년 5월에 다시 개원하였다. 웬만한 국립대학 2~3개 정도가 들어가는 면적에 약 1만 2천 종 12만 그루의 식물이 자라고 있다. 원내에는 4계절 내내 꽃이 피는 화단과 서양식 정원, 열대식물이 자라는 온실 등이 있다. 식물원 북쪽 지역인 나카라기半木 지역 대부분은 자연에 가까운 상태로 식물이 자라도록 생태 식물원 구역으로 지정되어 있다.

홈페이지 www.pref.kyoto.jp/plant
주소 京都市左京区下鴨半木町
전화 075-701-0141
영업 09:00~17:00(온실 10:00~16:00)
휴일 12월 28일~1월 4일
요금 일반 200엔, 고교생 150엔(온실 일반 200엔, 고교생 150엔 별도)
가는 방법 지하철 카라스마烏丸선 키타야마北山역 3번 출구에서 곧바로. 시 버스 1번을 타고 쇼쿠부츠엔마에植物園前 정류장 하차하여 도보 5분.

Sightseeing

# 세이메이 신사 晴明神社

일본 영화 〈음양사〉에 등장하는 주술사 아베노 세이메이를 신으로 모시는 신사로, 실제로 세이메이가 활약하였던 1007년에 창건되었다. 세이메이는 고대로부터 전해지는 일본 신도神道를 확립하여 오늘날 일본인들이 사용하는 세시 풍속의 연중행사, 역술, 점법의 기준을 만든 인물이다. 경내에는 액운을 막아 주는 다양한 기념품이 있다.

홈페이지 www.seimeijinja.jp
주소 京都市上京区晴明町806(堀川通一条上ル)
전화 075-441-6460    영업 09:00~18:00
가는 방법 시 버스 9, 12번으로 이치조모도리바시 · 세이메이진자마에一条戻橋 · 晴明神社前 정류장 하차하여 도보 2분. 59번 호리카와이마데가와堀川今出川 정류장 하차하여 도보 2분. 지하철 카라스마烏丸선 이마데가와今出川역 하차하면 도보 12분.

Sightseeing
# 키타노텐만구 北野天満宮

농경의 신, 정직과 지성의 신, 학문의 신, 예능의 신 등 다양한 신을 모시기 때문에 많은 사람들이 찾는다. 특히, 학문의 신으로 추앙받는 스가와라노 미치자네는 역사적으로 실존한 인물이다. 경내의 소 동상의 머리를 만지면 진학, 취업에 성공한다고 하여 입시 시즌에는 학생과 학부모들이 많이 찾는다.

홈페이지 kitanotenmangu.or.jp
주소 京都市上京区馬喰町 北野天満宮社務所
전화 075-461-0005
영업 05:00~18:00(10~3월은 05:30~17:30)
가는 방법 시 버스 50, 51, 55, 101, 102, 203번으로 키타노텐만구北野天満宮 정류장 하차하면 곧바로.

# 우지 宇治

10엔짜리 동전에 새겨진 유네스코 세계문화유산인 보도인과 우지가미 신사,
소설 『겐지모노가타리源氏物語』에 대한 다양한 정보를 접할 수 있는
교토 남부에 위치한 우지는 일본 차의 생산지로도 널리 알려진 곳이다.
역에서부터 번지는 진한 녹차 향이 여기가 바로 녹차의 생산지라는 것을 알리는 우지는
교외 지역이긴 하지만, 교토를 여행하면서 함께 일정에 꾸려 보는 것을 추천한다.
넓지는 않아도 소담한 볼거리가 있어 아기자기한 골목길을 거닐며 돌아보기 좋다.
노출 콘크리트를 이용한 게이한 우지역은 일본 건축가 와카바야시 히로유키의 작품으로
1996년 열차의 역으로는 최초로 일본산업디자인 진흥회에서 선정하는 굿 디자인 상을 받았다.

**가는 방법** JR 오사카大阪역에서 신쾌속 열차를 타고 JR 교토京都역에서 환승(30분 소요)하여 JR 나라奈良선을 타고 JR 우지宇治역까지 이동(28분 소요). 또는 게이한京阪선 요도야바시淀屋橋역에서 게이한 본선京阪本線의 주쇼지마中書島역에서 우지선으로 환승하여 우지역까지 이동(53분 소요).

Sightseeing
## ① 뵤도인 平等院

### 유네스코 세계문화유산

유네스코 세계문화유산으로 등재된 뵤도인은 극락왕생을 기원하는 정토 신앙이 유행하던 1052년에 후지와라노 요리미치가 아버지의 별장을 사찰로 탈바꿈한 곳이다. 1053년에 아미타여래를 본존으로 안치하고 봉황당鳳凰堂을 완성한 것이 약 천 년 동안 그대로 전해지고 있다. 이후, 국보로 지정된 봉황당은 10엔짜리 주화 앞면에 새겨져 있어 많은 관광객들이 연못 건너에서 10엔짜리 주화를 꺼내 들고 기념사진을 찍기 때문에 언제나 사람들로 북적인다. 또한 만 엔권 뒷면 왼쪽에는 봉황당 지붕의 봉황상이 그려져 있다.

홈페이지 www.byodoin.or.jp
주소 京都府宇治市宇治蓮華116
전화 077-421-2861
영업 정원 08:30~17:30
봉황당 09:30~16:10, 박물관 09:00~17:00
휴일 연중무휴
요금 일반 600엔, 중고생 400엔, 초등학생 300엔(봉황당 관람은 별도 300엔)
가는 방법 JR 나라奈良선 우지宇治역 또는 JR 게이한京阪선 우지역에서 도보 10분.

Sightseeing
## ② 우지가미 신사 宇治上神社

### 유네스코 세계문화유산

창건 연대는 확실하지 않지만, 2004년에 나라문화재연구소의 연구 발표에 따르면 본전本殿은 1060년에 건축된 것이라고 하여 현존하는 일본의 신사 건축물 중에서 가장 오래되었다. 또한 1052년에 창건된 뵤도인과 상당한 연관이 있는 것으로 밝혀졌다. 시설은 국보로 지정된 본전과 하이덴拜殿이 중심이고, 역사성을 인정받아 세계문화유산으로 등재되었지만 외관이 화려하거나 거대하지 않은 지극히 소박하고 평범한 신사다.

주소 京都府宇治市宇治山田59
전화 077-421-4634
영업 09:00~16:30
가는 방법 게이한京阪선 우지宇治역에서 도보 10분. JR 나라奈良선 우지역에서 도보 20분.

### Sightseeing
### ③
## 우지바시 宇治橋

일본에서 가장 오래된 3대 교량은 우지바시, 세타노카라하시瀬田の唐橋, 야마자키바시山崎橋이다. 우지바시는 646년에 승려 도토가 처음으로 만들었으며, 고전 장편소설인 『겐지모노가타리』에도 등장한다. 교각은 홍수, 전란, 내구연한을 다하는 등으로 수차례 소실, 복원을 반복하였으며, 현재의 것은 1996년 3월에 복원하였다. 복원에 사용한 도면은 1636년의 것이며, 길이 155.4m, 폭 25m이다. 우지바시 아래에 흐르는 강물은 차 축제에서 찻물로 사용된다. 교각을 건너면 『겐지모노가타리』의 작가 무라사키 시키부의 석상이 있다.

주소 京都府宇治市宇治
가는 방법 게이한京阪선 우지宇治역에서 도보 1분. JR 우지역에서 도보 7분.

### Food
### ④
## 나카무라토키치 본점 中村藤吉本店

차를 만들어 판매하던 에도 시대 말기의 오래된 공장을 리모델링한 카페이다. 농후한 말차 아이스와 젤리, 적당하게 단맛을 내는 말차 디저트가 매우 인기 있다. 특히, 150년 역사의 매장과 부속 건조물은 2009년에 우지의 중요문화적 경관으로 선정되어 이곳을 찾는 의미가 더욱 깊게 느껴진다. 말차 젤리 720엔, 말차 풍미가 진하게 느껴지는 토끼 모양의 과자는 1,365엔이다. 말차는 제품에 따라 30g을 기준으로 840~10,500엔까지 가격대가 다양하다. 카페에는 소멘 세트(980엔), 말차메밀 세트(1,100엔) 등의 메뉴도 있어 식사도 가능하다.

홈페이지 www.tokichi.jp
주소 京都府宇治市宇治壱番10
전화 077-422-7800
영업 매장 10:00~18:30 카페 10:00~18:30
가는 방법 JR 나라奈良선 우지宇治역에서 정면으로 보이며 도보 1분.

### Sightseeing
### ⑤
## 겐지모노가타리 뮤지엄 源氏物語ミュージアム

무라사키 시키부의 『겐지모노가타리』 필사본을 비롯하여 자료의 수집과 보관을 목적으로 1998년에 개관하고 2008년에 리뉴얼하였다. 전시 공간은 모두 5곳(헤이안의 방, 가교, 우지의 방, 영상 전시실, 모노가타리 방)으로 구분되어 있으며, 대부분의 내용은 영상물을 기반으로 소개하고 있다. 일본 고전문학을 연구하거나 일본 소설에 관심이 있는 독자라면 공부할 수 있는 좋은 기회의 장이다.

홈페이지 www.uji-genji.jp 주소 京都府宇治市宇治東内45-26
전화 077-439-9300 영업 09:00~17:00
휴일 월요일, 연말연시 요금 일반 500엔, 초중생 250엔
가는 방법 게이한京阪선 우지宇治역에서 도보 8분. JR 나라奈良선 우지역에서 도보 15분.

# 오하라 大原

교토 시내 저쪽 끝에 조용히 자리하고 있는 오하라는 예로부터 속세를 떠난 수행자들이
은거하며 살아가는 한적한 시골 마을이다. 풍요로운 먹거리, 새소리와 물소리를 들을 수 있는
깨끗한 자연환경은 사람들이 오하라를 찾게끔 만들었다. 교토역에서 버스를 타고 내리면
버스 정류장을 기준으로 동쪽에는 산젠인, 호센인이 있고, 서쪽에는 잣코인과 노천온천이 있다.
사찰을 둘러보는 여정은 교토역을 출발하여 평균 5시간이 필요하며,
온천욕을 즐기며 몸과 마음을 힐링하려면 하루를 오하라에서 보내도록 하자.
말차 한 잔을 놓고 툇마루에 앉아 경치를 감상해도, 다다미방에 앉아 잠시 명상을 해도
오하라에서의 시간은 거꾸로 간다.

**가는 방법** JR 교토京都역에서 교토 버스 17, 18번을 타고 오하라大原 정류장 하차(약 60분 소요). 시조가와라마치四条河原町역 앞에서 16, 17번 교토 버스로 오하라 버스 정류장 하차(45분 소요). 그 외 10, 19번 버스 등이 오하라 버스 정류장까지 간다.

## Sightseeing

### ① 산젠인 三千院

산젠인은 8세기경에 시가현 오쓰大津에서 창건되었으나 1871년에 12세기 무렵부터 아미타당이 있는 지금의 자리로 이전하면서 번성하여 오하라를 찾는 관광객은 누구라도 반드시 들르는 명소가 되었다. 중요문화재인 왕생극락원, 본당인 신전 등이 볼거리이다. 또한 이끼 정원이 유명한데, 에도 시대의 다인이 조성한 정원 슈헤키엔聚碧園과 회류식 정원인 유세이엔有清園, 이 두 곳이 무척 아름답다. 일본의 불교음악 세이메이聲明의 성지이며, 염불을 통하여 극락왕생을 기원하는 천태종 사찰이다.

홈페이지 www.sanzenin.or.jp
주소 京都市左京区大原来迎院町540
전화 075-744-2531
영업 3월~12월 7일 08:30~17:00,
12월 8일~2월 09:00~16:30
휴일 연중무휴
요금 일반 700엔, 중고생 400엔, 초등학생 150엔
가는 방법 교토 버스 오하라大原 정류장에서 도보 10분.

Sightseeing
②
## 짓코인 実光院

호센인 남쪽에 위치하여 천태종 불교음악인 세이메이를 전승하여 편종編鐘과 같은 세이메이 악기가 전시된 사찰이다. 객전, 정원 등의 가람이 정문보다 낮은 곳에 위치하여 입구를 지나 돌계단을 내려가야만 현관이 나온다. 현관을 지나면 곧바로 객전과 정원이다. 객전에는 지장보살이 본존으로 안치되어 있고, 차실에서 말차를 마시며 정원을 감상하거나 잠시 마음을 정리하는 시간을 가지면 좋다. 정원에서는 산책이 가능하다.

홈페이지 www.jikkoin.com
주소 京都市左京区勝林院町187
전화 075-744-2537
영업 09:00~16:30
휴일 연중무휴
요금 중학생 이상 700엔, 어린이 300엔(말차와 화과자 포함)
가는 방법 교토 버스 오하라大原 정류장에서 도보 15분.

Sightseeing
③
## 호센인 宝泉院

헤이안 시대 말기에 승방으로 세워진 호센인은 액자 정원으로 유명하다. 산문에 들어서면 수령 300년 이상의 차나무의 일종인 노각나무 군락이 있으며 수령 700년 이상의 오엽송은 사찰의 상징이자 교토시가 지정한 천연기념물이다. 사방으로 트인 정원을 바라보며 말차와 화과자를 즐기는 것이 호센인의 코스다. 호센인의 한쪽 마룻바닥에는 긴 통이 박혀 있는데 땅속 깊숙한 곳의 물소리를 듣는 도구로 귀를 갖다 대면 청아한 물방울 떨어지는 소리를 들을 수 있다. 또한 호센인에는 작은 정원인 호라쿠엔宝楽園이 있으니 들러보도록 하자.

홈페이지 www.hosenin.net
주소 京都市左京区大原勝林院町187
전화 075-744-2409
영업 09:00~17:00(라이트 업 기간 변동 있음)
요금 어른 800엔, 중고생 700엔, 초등학생 600엔(말차와 화과자 포함)
가는 방법 교토 버스 오하라大原 정류장에서 도보 10분.

Sightseeing

## 잣코인 寂光院

고구려와 백제의 승려로부터 불교를 배운 쇼토쿠 태자가 594년에 창건한 천태종 사찰이며, 본존인 지장보살입상은 가마쿠라 시대에 제작된 중요문화재이다. 헤이안 시대 말기의 무장인 다이라노 기요모리의 딸이자 고전문학인 『헤이케모노가타리平家物語』에 오하라 고코의 모델로 등장하는 국모 겐레이몬인이 비구니가 되어 살았던 사찰이다. 본당 왼쪽에는 벚나무 한 그루가 있는데, 겐레이몬인의 슬픈 사연을 담은 노래에 등장하는 미기와노사쿠라汀の桜 나무이다. 2000년에 화재로 본당이 소실되었으나 2005년에 복원되었다.

홈페이지 www.jakkoin.jp
주소 京都市左京区大原草生町676
전화 075-744-3341
영업 3~11월 09:00~17:00,
12~2월 09:00~16:30
(1월 1~3일 10:00~16:00)
요금 일반 600엔, 중학생 350엔, 초등학생 100엔
가는 방법 교토 버스 오하라大原 정류장에서 도보 15분.

Food

## 시바큐 志ば久

시바큐는 가지, 오이 같은 소금에 절인 채소를 장기간 숙성하여 자연 유산균에 의해 발효시킨 것으로 오하라에서 가장 유명한 집이다. 예로부터 전통적으로 내려오는 절임 기술을 그대로 고수하기 때문에 오하라를 방문하는 일본 여행객들은 꼭 시바큐에 들러 절임 반찬을 구입한다. 아삭하게 씹히는 맛이 일품인 아이스큐리는 다당어로 우려낸 국물이 베이스로 다시마, 유자가 첨가되어 독특한 맛을 낸다. 여름철 아이스큐리를 씹으며 오하라 관광을 시작하자. 갈증 해소에 이만한 게 없다.

홈페이지 www.shibakyu.jp
주소 京都市左京区大原勝林院町58
전화 075-744-4893
영업 08:30~17:30
가는 방법 교토 버스 오하라大原 정류장에서 도보 10분.

# Kobe 고베

영화 속 미나미 양장점의 비밀이 생각나는 고베.
오사카와 다른 이국적인 분위기가 발길을 멈추게 하고
솔솔 바람타고 전해지는 바다 내음은 콧노래를 흥얼거리게 만든다.

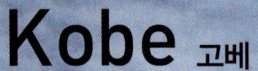

간사이를 대표하는 관광지 중 한 곳이 고베다. 한국에서 고베로 가기 위해서는 인천, 김포, 김해, 대구국제공항 등지에서 오사카 간사이국제공항까지 비행기를 이용하거나 또는 부산 항에서 배를 타고 오사카 남항을 거쳐 고베까지 이동해야 한다.

고베는 오사카역에서 JR을 이용하면 30분이면 도착하기 때문에 일본 입국 당일 또는 한국으로 귀국하는 날짜의 자투리 시간을 활용하여 여행하는 경우가 많다.

고베는 크게 언덕 위에서 고베 시가지를 내려다볼 수 있는 다운타운인 산노미야, 차이나타운, 항만 시설과 대형 쇼핑센터가 있는 베이 에어리어, 일본에서 가장 오래된 3대 온천 중한 곳인 아리마 온천 지역으로 나눌 수 있다. 화창한 낮 시간대에 도착하였다면 산노미야를, 느지막한 오후에 도착하였다면 베이 에어리어를, 이른 아침에 도착하였다면 아리마 온천을 먼저 여행하는 것이 시간 절약에 도움이 될 것이다.

고베 시내에서의 교통은 한큐·한신 전철과 지하철 세이신·야마테선, 고베 시내를 순환하는 시티루프버스 등을 이용하면 편리하다.

## 고베 들어가기

**간사이국제공항**에서는 공항 리무진버스를 이용하거나 고베 공항 페리를 이용하는 방법이 있다. 리무진 버스는 1층 6번 버스 정류장에서 출발한다. 공항에서 고베 산노미야三宮까지는 65~75분 소요된다. 페리를 이용하는 방법은 1층 A 출구 쪽에 페리 티켓 카운터에서 티켓을 구입한 후 12번 정류장에서 베이셔틀 버스를 타고 산바시桟橋에 내리면 선착장이 있다. 공항에서 포트아일랜드까지는 1시간 소요된다.

**오사카**에서 고베로 가는 방법은 JR 오사카大阪역에서 JR을 이용하거나(신쾌속 20분 소요) 우메다梅田역에서 한큐阪急선, 한신阪神선을 이용하면 산노미야역, 모토마치元町역(쾌속 29분)으로 갈 수 있다. 오사카 난바難波역(쾌속 급행 44분 소요)이나 닛폰바시日本橋역에서 킨테츠近鉄선을 이용하면 고베 산노미야역에 도착한다.

**교토**에서는 간사이 스루 패스 소지자는 한큐阪急 카와라마치河原町역에서 탑승하여 우메다역까지 간 다음, 하차하여 8, 9번 플랫폼에서 신카이치新開地 또는 고베 산노미야행(특급 70분 소요)으로 갈아타야 한다. JR 이용 시 JR 교토京都역에서 신코베新神戸역이나 산노미야역(신쾌속 50분 소요)으로 갈 수 있다.

**나라**에서는 고베로 이동 시 오사카를 거쳐야만 한다. 킨테츠선과 JR을 이용하면 된다.

## 고베 추천 일정 1DAY

**10:00**

**스타벅스 이진칸점**
키타노이진칸에 들렀다면 반드시 들르는 곳이 바로 스타벅스. 1907년에 지어져 문화재로 지정될 만큼 고풍스러운 분위기가 특징이다.

**11:00**

**키타노이진칸**
고베 1순위 여행지 키타노이진칸. 19세기 중반 이후부터 외국인 거주지로 조성되어 이국적인 건축물이 많다. 천천히 산책하듯 걸어 보자.

**13:00**

**스테이크랜드 고베관**
고베에 왔다면 고베규 스테이크는 무조건 사수하자. 고기의 질도 우수하고 육즙 또한 풍부하며 비교적 저렴하게 즐길 수 있다.

**15:50**

**난킨마치**
일본 3대 차이나타운의 하나로 도착한 순간 중국으로 여행 온 것 같은 느낌이 든다. 만두, 튀김 같은 길거리 음식을 먹어 보는 재미도 있다.

**14:40**

**모토마치 상점가**
고베에서 가장 큰 쇼핑 아케이드지만 여행객보다는 주로 현지인들을 위한 가게가 많다. 생활 잡화나 먹거리, 골동품 숍들이 있다.

**14:00**

**토어 로드 타루코야**
일본 잡지에서 자주 등장하는 곳으로 커피 마니아들에게 성지라고 해도 될 정도. 맛과 향이 뛰어난 원두를 판매하니 한번 들러 보자.

**17:00**

**메리켄 파크**
고베항 개항을 기념해 조성한 공원으로 특히 밤에 아름답다. 공원 가운데에 있는 108m짜리 포트타워에서 고베항을 바라볼 수 있다.

**18:30**

**하버랜드**
고베 관광객에게도 현지인에게도 인기가 많은 곳이다. 주변에 쇼핑과 식도락을 즐길 수 있는 숍도 많아 시간 가는 줄 모른다.

# 산노미야三宮・키타노北野

**N**

- 누보비키 폭포
- 누보비키 허브 공원
  布引ハーブ園
- 산로쿠역
  山麓駅

- 언덕 위의 이진칸
  坂の上の異人館
- 야마테하치반칸・
  山手八番館
- 키타노 외국인 클럽
  北野外国人倶楽部
- 우로코의 집
  うろこの家
- 이탈리아관
  イタリア館
- 빈 오스트리아의 집
  ウィーン・オーストリアの家
- 덴마크관
  デンマーク館
- 네덜란드관(향기의 집)
  香りの家オランダ館
- ⛩ 키타노텐만 신사
  北野天満神社
- 구새슨 저택
  旧サッスーン邸
- 풍향계의 집
  風見鶏の館
- 고베 키타노 미술관
  神戸北野美術館
- 키타노마치 광장
  北野町広場
- 라인의 집
  ラインの館
- 그린 힐 호텔 고베
  Green Hill Hotel Kobe
- 연두색의 집
  萌黄の館
- 벤의 집
  ベンの家
- 고베 트릭 아트
  이상한 영사관
  神戸トリックアート
  不思議な領事館
- 프랑스관
  洋館長屋
- 영국관
  英國館
- 조후쿠지
- 가로등 거리
- 스타벅스 이진칸점
  スターバックス
  神戸北野異人館店
- 키타노도리 北野通り
- 슈퍼 호텔 고베
  Super Hotel Kobe
- 이진칸도리 異人館通り
- 슈에케 저택・
  シュウエケ邸
- 이진칸 매표소
- 🅗 고베 키타노 호텔
  Kobe Kitano Hotel
- 🅡 토텐카쿠
  東天閣
- 🅡 스미야키스테키키타야마
  炭焼ステーキきた山
- 고베 무슬림 모스크
- 키타노 마이스터 가든
  北野工房のまち
- 성 미카엘 국제학교
- NHK
- 대한민국총영사관
- ⛩ 이쿠타 신사
  生田神社
- 한큐 坂急線
- 산노미야역
- 신산노미야역 三ノ宮駅
- 한신 고베산노미야역
- 한신 坂神線
- 🅗 호텔 몬테레이 고베
  Hotel Monterey Kobe
- 도큐 핸즈
  Tokyu Hands
- 돈키호테
  ドン・キホーテ
- 토어 로드 타루코야
  トアロード Tarukoya

산노미야 일대

# 고베 시티루프버스 노선도

시티루프버스는 관광객을 위한 버스로 주요 관광지 노선이 잘 연결되어 있다. 버스는 한 방향으로 움직여 헷갈릴 염려가 없으며 루프버스 1일권을 제시하면 입장료를 10~15% 할인해 주는 곳도 있다. 버스 탑승은 뒤로 하고, 하차 시 기사에게 요금을 지불하거나 1일 승차권을 보여주고 앞문으로 내린다. 3번 이상 탑승할 계획이라면 1일권 구입이 이득이다.

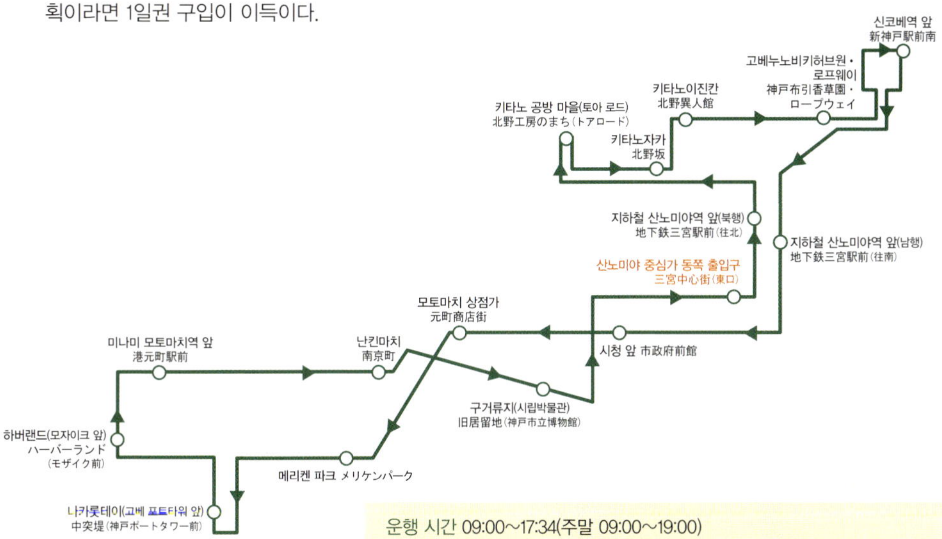

운행 시간 09:00~17:34(주말 09:00~19:00)
산노미야 센터 스트리트 출발 기준, 17분 간격
요금 1일권 660엔(소인 330엔) 1회 260엔(소인 130엔)
판매처 고베시 종합 인포메이션 센터 산노미야, 관광안내소 신코베, 버스 차내

# 고베 지하철 노선도

- 가이간선(유메카모메) 海岸線(夢かもめ)
- 포트 라이너선 ポートライナー線
- 세이신・야마테선 西神・山手線

## Sightseeing

### ① 키타노 北野

키타노는 고베항이 바라다보이는 가파른 언덕 위에 19세기 중반 이후부터 외국인 거주지로 조성된 곳이다. 외국인들이 거주하였던 '이진칸'이라는 다양한 건축양식의 집들은 지금도 현지인과 외국인들의 거주로 사용되고 있지만, 대부분은 숍, 레스토랑, 전시관으로 내부를 개조하여 사용하고 있다. 이곳은 현지인들의 웨딩 촬영 명소이자 고베를 찾는 관광객들이 반드시 들르는 고베의 대표 관광 스폿이다. 골목마다 아기자기한 소품을 판매하는 숍, 조각케이크와 커피가 맛있는 카페들은 여행자들의 지갑을 열게 만드는 마법의 장소이다.

홈페이지 www.ijinkan.net / www.orandakan.shop-site.jp / www.kobe-ijinkan.net
영업 4~9월 09:30~18:00, 10~3월 09:30~17:00(관마다 변동이 있을 수 있음)
가는 방법 한큐阪急선 산노미야三宮역 동쪽 개찰구 키타노자카北野坂 출구에서 정면으로 도보 10분. 시티루프버스 키타노이진칸北野異人館 하차.

---

**\*\*\* 이진칸 공통권**

키타노에 남아 있는 이진칸을 좀 더 저렴한 가격에 둘러볼 수 있는 공통권이다. 마음대로 가고 싶은 곳을 묶어서 구입할 수는 없지만 가장 유명한 이진칸만 보고 내려올 계획이라면 요금이 조금이라도 할인되는 이진칸 공통권을 구입하자. 낱개로 구입할 때보다 몇 백 엔 절약된다. 공통권은 이진칸 내 티켓을 파는 곳에서 대부분 구매할 수 있다.

3관 스마일 패스 1,400엔(초등학생 이하 300엔) 영국관+프랑스관+벤의 집
5관 해피 패스 2,100엔(초등학생 이하 500엔) 우로코의 집+우로코 미술관+야마테하치반칸+키타노 외국인 클럽+언덕 위의 이진칸
8관 프리미엄 패스 3,000엔(초등학생 이하 800엔) 우로코의 집+우로코 미술관+야마테하치반칸+키타노 외국인 클럽+언덕 위의 이진칸+영국관+프랑스관+벤의 집
\*특전: 키타노 외국인 클럽에서 드레스 서비스 1벌, 스탬프 1장

---

### 北野異人館
### 연두색의 집 萌黄の館

1903년에 건축가 알렉산더 한셀이 지은 바로크 양식 목조 2층 주택이다. 외벽이 옅은 연두색으로 칠해져 '연두색의 집'이라는 명칭을 얻었으며, 2층에서 고베 시가지를 내려다볼 수 있다. 미국 총영사 헌터 샤프가 살았던 그대로 거실, 서재, 침실을 복원하여 공개하였다. 고풍스러운 벽난로, 계단, 베란다, 화려한 비단 벽지는 당시의 주거 문화에서 엿볼 수 있는 호화로움이 느껴진다.

전화 078-222-3310
휴일 2월 셋째 주 수, 목요일 요금 350엔
가는 방법 한큐阪急선 산노미야三宮역 동쪽 개찰구 키타노자카北野坂 출구에서 정면으로 도보 20분.

### 北野異人館
### 키타노마치 광장 北野町広場

분수대, 화단과 함께 다양한 오브제가 설치되어 있는 원형극장 스타일 광장으로 주말에는 크고 작은 다양한 이벤트가 펼쳐진다. 플루트를 부는 소녀와 고양이 동상 옆에서 따스한 햇볕을 받으며 한가롭게 수다를 떨기에도 좋다. 색소폰을 부는 아저씨 동상은 여행자들의 셔터 스폿이다. 봄에서 가을까지 형형색색의 꽃과 풀이 심어져 바라보는 것만으로도 즐거움을 만끽할 수 있다.

가는 방법 한큐阪急선 산노미야三宮역 동쪽 개찰구 키타노자카北野坂 출구에서 정면으로 도보 20분.

### 北野異人館
## 풍향계의 집 風見鶏の館

삼각형 지붕 위에 수탉을 상징하는 풍향계가 달려 있어 풍향계의 집이라 불리게 되었다. 이진칸 중에서는 유일하게 벽돌로 지어진 건물로 내부는 19~20세기 초반 아르 누보 양식을 따르고 있어 우아하며 세련되었다. 1909년에 완성되었으며 무역업을 하던 독일인 고트프리트 토머스의 집이었다.

휴일 2월 6월 첫째 주 화요일    요금 500엔
가는 방법 한큐阪急선 산노미야三宮역 동쪽 개찰구 키타노자카北野坂 출구에서 정면으로 도보 20분.

### 北野異人館
## 키타노텐만 신사 北野天満神社

후쿠오카에 있는 다자이후텐만구의 학문의 신 스가와라노 미치자네를 모시는 곳이다. 가파른 계단을 올라가면 풍향계의 집과 고베 시가지를 내려다볼 수 있으며 풍광이 아름답다. 짝사랑하는 사람이 있다면 이곳에서 판매하는 하트 모양의 부적인 에마에 소원을 적으면 사랑이 이루어진다고 한다.

홈페이지 kobe-kitano.net
주소 神戸市中央区北野町3-12
전화 078-221-2139
가는 방법 한큐阪急선 산노미야三宮역 동쪽 개찰구 키타노자카北野坂 출구에서 정면으로 도보 20분.

### 北野異人館
## 네덜란드관 香りの家オランダ館

1901년에 완성된 네덜란드 총영사의 집으로 향기의 집이라고도 불린다. 안으로 들어가면 세상에서 오직 하나뿐인 나만의 향수를 만들어 주는 향수 코너가 메인이다. 향료들은 모두 네덜란드에서 공수해 온 것으로 제조해 주는데 시간은 15~20분 소요된다. 값은 좀 비싸지만 충분히 기념이 될 만하다. 그 외에 네덜란드에서 온 그림이 그려진 나막신과 도자기 등을 판매하고 있다.

주소 神戸市中央区北野町2-15-10 (旧ヴォルヒン邸)
전화 078-261-3330
요금 일반 700엔, 중·고교생 500엔, 초등학생 300엔
가는 방법 한큐阪急선 산노미야三宮역 동쪽 개찰구 키타노자카北野坂 출구에서 정면으로 도보 25분. JR 신코베新神戸역에서 도보 15분.

### 北野異人館
## 덴마크관 デンマーク館

바이킹과 안데르센 등 덴마크의 역사와 문화를 소개하는 박물관으로, 덴마크 대사관의 후원을 받아 1992년 7월 19일 오픈하였다. 앤티크 명품 도자기 로열 코펜하겐을 전시하고 있으며, 1층에는 실물의 반 정도 되는 길이 6m, 높이 6m의 바이킹 모형을 전시하고 있다. 또한 안데르센의 대표작 『인어공주』의 조각상이 설치되어 있으며 덴마크 랑겔리니 해안에 있는 인어공주 동상의 2분의 1 크기다.

주소 神戸市中央区北野町2-15-12
전화 078-261-3591
요금 일반 500엔, 초등학생 300엔
가는 방법 한큐阪急선 산노미야三宮역 동쪽 개찰구 키타노자카北野坂 출구에서 정면으로 도보 26분.

北野異人館
## 빈 오스트리아의 집 ウィーン・オーストリアの家

모차르트 흉상과 그의 피아노 복제품, 모차르트가 살았던 18세기 생활상을 중심으로 오스트리아의 역사와 문화를 소개하는 작은 전시관이다. 기념품 코너인 1층 초콜릿 가게에서는 빈의 임페리얼 호텔에서 직접 공수한 임페리얼 토르테, 티, 커피, 치즈, 초콜릿 등을 판매하고 있으며, 아이스 와인과 과일 와인은 인기 선물이다.

주소 神戸市中央区北野町2-15-18
전화 078-261-3466
요금 일반 500엔, 초등학생 300엔
가는 방법 한큐阪急선 산노미야三宮역 동쪽 개찰구 키타노자카北野坂 출구에서 정면으로 도보 26분.

北野異人館
## 구새슨 저택 旧サッスーン邸

1895년까지 이곳에 거주한 무역상이던 시리아인 데이비드 새슨의 이름이 그대로 사용되고 있는 주택이다. 주로 결혼식에 임대되기 때문에 일반 공개는 하지 않는다. 주말에는 정원에서 화려한 결혼식과 피로연이 진행되며, 현지에 살고 있는 선남선녀들은 이곳에서 결혼식을 올리고 싶어 한다. 키타노이진칸의 대표적인 명소다.

홈페이지 kitano-sassoon.jp
전화 078-251-4111
휴일 수요일
가는 방법 한큐阪急선 산노미야三宮역 동쪽 개찰구 키타노자카北野坂 출구에서 정면으로 도보 23분. JR 신코베新神戸역에서 도보 12분.

北野異人館
## 야마테하치반칸 山手八番館

16세기 유럽에서 유행했던 튜더 양식으로 지어진 메이지 후기의 이진칸이다. 피카소에 영향을 준 아프리카의 마콘데 조각과 로댕, 부르델 등의 근대 조각, 렘브란트의 판화를 전시하고 있으며 그 외에 근대 조각, 간다라 불상을 전시하고 있다. 내부에는 관람객에게 인기 있는 '새턴의 의자'가 있다. 로마신화에 나오는 농경의 신 사투르누스의 의자로 이 의자에 앉아 소원을 빌면 이루어진다고 한다.

주소 神戸市中央区北野町2-20-7
전화 078-222-0490
요금 일반 550엔, 초등학생 이하 100엔
가는 방법 한큐阪急선 산노미야三宮역 동쪽 개찰구 키타노자카北野坂 출구에서 정면으로 도보 27분. JR 신코베新神戸역에서 도보 17분.

北野異人館
## 우로코의 집 うろこの家

천연석으로 마감한 외벽이 물고기의 비늘처럼 보인다고 하여 우로코(비늘)의 집으로 불린다. 이진칸에서 가장 먼저 공개된 곳으로 양쪽에 세워진 둥근 탑이 특징이다. 1905년부터 외국인 전용 임대주택이었으며, 고베 이진칸 중에서 보존 상태가 가장 좋다. 내부는 19세기의 도자기와 마티스를 비롯한 근대 회화를 관람할 수 있으며 정원에는 코를 만지면 행운이 찾아온다는 멧돼지 동상이 있다.

주소 神戸市中央区北野町2-20-4
전화 078-242-6530
요금 일반 1,050엔, 초등학생 이하 200엔
가는 방법 한큐阪急선 산노미야三宮역 동쪽 개찰구 키타노자카北野坂 출구에서 정면으로 도보 27분. JR 신코베新神戸역에서 도보 17분.

北野異人館
## 키타노 외국인 클럽 北野外国人倶楽部

고베항을 개항할 당시 회원제로 운영하던 클럽하우스를 재현한 건물이다. 본래는 20세기 초에 포르투갈풍의 콜로니얼 양식으로 지은 라이온 하우스 3호관이었다. 내부는 거실, 침실, 주방을 재현하였고, 부르봉 빅토리아 가구와 커다란 앤티크 벽난로 등이 있다. 정원에는 1890년경에 프랑스 노르망디의 영주가 사용하던 마차가 있다.

주소 神戶市中央区北野2-18-2
전화 078-242-6458
요금 일반 550엔, 초등학생 이하 100엔
가는 방법 한큐販急선 산노미야三宮역 동쪽 개찰구 키타노자카北野坂 출구에서 정면으로 도보 27분. JR 신코베新神戶역에서 도보 17분.

北野異人館
## 이탈리아관 イタリア館

18~19세기 이탈리아에서 제작한 인테리어 소품 및 가구 등을 전시하는 장식미술관이다. 현재 사람이 거주하고 있는 저택 내의 각 룸에는 밀레, 코로 등의 그림과 미술품이 전시되어 있다. 다양한 작품을 감상한 후 풀장이 있는 남측 정원에서 음료나 런치를 즐겨 보자. 특히 수제 케이크와 주말 한정 런치는 인기 메뉴다.

주소 神戶市中央区北野町1-6-15
전화 078-271-3346
요금 일반 700엔, 중·고교생 500엔, 초등학생 이하 200엔
가는 방법 한큐販急선 산노미야三宮역 동쪽 개찰구 키타노자카北野坂 출구에서 정면으로 도보 25분. JR 신코베新神戶역에서 도보 15분.

北野異人館
## 언덕 위의 이진칸 坂の上の異人館

유럽과 중국적 건축양식이 혼재된 건물로 1920년경에 화교 상인의 저택으로 지은 건물이다. 1940년에 구중국 영사관旧中国領事館으로 사용되었으며 서양적 느낌이 가득한 이진칸에서 유일하게 동양적인 느낌이 살아 있는 곳이다. 안으로 들어가면 명나라와 청나라 시대의 화려한 가구와 수묵화 등의 미술품, 공예품을 감상할 수 있다.

주소 神戶市中央区北野町2-18-2
전화 078-271-9278
요금 일반 550엔, 초등학생 이하 100엔
가는 방법 한큐販急선 산노미야三宮역 동쪽 개찰구 키타노자카北野坂 출구에서 정면으로 도보 27분. JR 신코베新神戶역에서 도보 17분.

北野異人館
## 벤의 집 ベンの家

영국의 귀족으로 수렵가이자 모험가인 벤 앨리슨의 집이다. 수많은 이진칸 중에서도 가장 오래된 건축물로 1903년에 완성되었다. 내부에는 벤 앨리슨이 세계 여러 곳을 여행하며 사냥하거나 수집한 진귀한 동물들의 박제가 전시되어 있다. 그중에서도 높이가 약 2.6m를 넘는 거대한 폴라 베어의 모습은 압권이다.

주소 神戶市中央区北野町2-3-21
전화 078-222-0430
요금 일반 550엔, 초등학생 이하 100엔
가는 방법 한큐販急선 산노미야三宮역 동쪽 개찰구 키타노자카北野坂 출구에서 정면으로 도보 20분. JR 신코베新神戶역에서 도보 13분.

北野異人館
## 영국관 英国館

1907년에 건축된 영국관의 내부는 영국의 17세기 바로크, 19세기 빅토리아 가구를 배치하여 호화로운 분위기를 자아낸다. 2007년 영국관 100주년을 기념하여 2층에는 명작 『셜록 홈스』의 방을 재현하였다. 셜록 홈스의 모자와 망토를 입고 기념 촬영을 할 수 있으며 소설에 등장한 소품들을 그대로 볼 수 있다. 안쪽 정원에는 '고백의 나무'로 불리는 은행나무도 있는데 이곳에서 사랑을 고백하면 사랑이 이루어진다고 하여 여행자들에게 인기다.

주소 神戸市中央区北野町2-3-16
전화 078-241-2338
요금 750엔, 초등학생 이하 100엔
가는 방법 한큐阪急선 산노미야三宮역 동쪽 개찰구 키타노자카北野坂 출구에서 정면으로 도보 20분. JR 신코베新神戸역에서도보 14분.

北野異人館
## 프랑스관 洋館長屋

목조 건물 두 채가 좌우대칭으로 이어진 1908년에 완성된 외국인 아파트 건물이다. 본래는 항구 인근의 외국인 거류지에 있었으나 지금의 자리로 옮겨졌다. 안으로 들어가면 나폴레옹 시대의 가구와 아르 누보 가구 등이 있다. 특히 돔 형제의 유리공예 전시는 프랑스관을 찾는 첫 번째 이유이다.

주소 神戸市中央区北野町2-3-18
전화 078-221-2177
요금 일반 550엔, 초등학생 이하 100엔
가는 방법 한큐阪急선 산노미야三宮역 동쪽 개찰구 키타노자카北野坂 출구에서 정면으로 도보 20분. JR 신코베新神戸역에서 도보 13분.

北野異人館
## 라인의 집 ラインの館

1915년 프랑스인 드레웰 부인이 2층으로 지은 목조 주택이며, 이후에 대부분 독일인이 거주하였다. 라인의 집이란 명칭은 벽면에 덧대어진 판자의 가로줄에서 비롯된 것으로 특별한 의미는 없다. 일반 공개 시 애칭을 공모하였는데 그때 붙여진 이름이다. 1층에는 전시실, 갤러리 숍, 토산품 판매장, 2층에는 이진칸 일대의 역사, 1995년에 발생한 한신 대지진을 다루는 전시물이 있다.

주소 神戸市中央区北野町2-10-24
전화 078-222-3403
요금 무료
휴일 2월·6월 셋째 주 목요일
가는 방법 한큐阪急선 산노미야三宮역 동쪽 개찰구 키타노자카北野坂 출구에서 정면으로 도보 20분. JR 신코베新神戸역에서 도보 13분.

北野異人館
## 고베 키타노 미술관 神戸北野美術館

1898년에 지어진 건물로 1978년까지 미국 영사관 관사로 사용되다가 1996년 11월에 고베 키타노 미술관으로 개관하였다. 미술관에는 수채화 일러스트레이터이자 그림책 작가인 나가타 모에의 원화 50여 점을 상설 전시하고 있으며 나가타 모에 디자인의 오리지널 상품을 판매하고 있다.

홈페이지 www.kitano-museum.com
주소 神戸市中央区北野町2-9-6
전화 078-251-0581
휴일 매월 셋째 주 화요일   요금 일반 500엔, 초등학생 이하 300엔
가는 방법 한큐阪急선 산노미야三宮역 동쪽 개찰구 키타노자카北野坂 출구에서 정면으로 도보 20분. JR 신코베新神戸역에서 도보 13분.

北野異人館
## 고베 트릭 아트 이상한 영사관 神戸トリックアート 不思議な領事館

구파나마 영사관旧パナマ領事館으로 사용되었던 2층 건물로 착시 현상을 이용해 입체적으로 만든 독특한 작품들은 보는 이들을 즐겁게 만든다. 작품과 함께 사진을 찍으며 내가 그림 속 주인공이 된 듯 웃음을 띠게 된다. 트릭 아트 이상한 영사관에서 고베의 추억을 만들어 보는 것도 좋겠다.

주소 神戸市中央区北野町2-10-7
전화 078-271-5537
요금 일반 800엔, 초등학생 이하 200엔
가는 방법 한큐阪急선 산노미야三宮역 동쪽 개찰구 키타노자카北野坂 출구에서 정면으로 도보 20분. JR 신코베新神戸역에서 도보 13분.

北野異人館
## 키타노 마이스터 가든 北野工房のまち

미국의 무역상이던 햄웨이가 다이쇼 시대 말기에 지은 저택으로 당시의 모습 그대로 보존되어 있다. 음식물 반입이 허락되는 오픈 테라스의 시원한 나무 그늘 아래에서 간단히 런치와 음료를 즐길 수 있다. 1920년대의 아메리칸 하우스를 재현한 관내에는 수많은 아티스트나 메이커로부터 기증된 세상에 단 하나뿐인 테디베어들이 전시되어 있다.

홈페이지 kitanokoubou.jp  주소 神戸市中央区北野町 3-17-1
전화 078-221-6868   휴일 부정기적
가는 방법 한큐阪急선 산노미야三宮역 동쪽 개찰구 키타노자카北野坂 출구에서 정면으로 도보 7분. JR 신코베新神戸역에서 도보 11분.

Food

## 토텐카쿠 東天閣

1895년 콜로니얼 양식(17~18세기 영국, 스페인, 네덜란드에서 식민지에 세운 건축 공예 양식)으로 지어진 2층 건물로 키타노에서 가장 오래된 건물이다. 독일인 프리드리히 비숍의 저택으로 현재는 중식당으로 사용되고 있다. 내부는 목조를 사용하고 있으며 벽난로와 샹들리에가 멋스럽다. 식당으로 사용되기 때문에 내부 관람은 할 수 없다.

홈페이지 www.totenkaku.com
주소 神戸市中央区山本通3-14-18   전화 078-231-1351
영업 11:30~14:30, 17:00~21:00(토, 일, 공휴일 11:30~21:00)
휴일 연중무휴
가는 방법 한큐阪急선 산노미야三宮역 서쪽 출구로 나와 정면으로 도보 25분.

### Food
③

## 스타벅스 이진칸점 スターバックス 神戸北野異人館店

1907년에 만들어진 미국인 소유의 2층짜리 목조주택에 자리한 스타벅스 지점으로 커피숍이 아닌 일반 서양 가정집에 들어와서 커피 한 잔을 대접받는 기분이다. 벽에 걸린 액자 속 그림이 분위기를 한층 고조시킨다. 1995년 고베 대지진으로 피해를 입은 후 철거될 예정이었으나 고베시가 기증받아 2001년 현재 위치로 옮겨졌다. 2층은 여러 개의 방으로 나뉘어져 있으며 일반 스타벅스에서 볼 수 없는 고풍스러운 인테리어가 특징이다. 고베의 키타노이진칸을 찾는 많은 관광객들의 필수 코스로 문화재로 등록된 집에서 커피 한 잔의 여유를 가져보자.

홈페이지 www.starbucks.co.jp/store/search/detail.php?id=940
주소 神戸市中央区北野町3-1-31 北野物語館
전화 078-230-6302
영업 08:00~22:00
가는 방법 한큐阪急선 산노미야三宮역 동쪽 개찰구로 나가 키타노자카北野坂 출구에서 도보 15분.

### Food
④

## 스테이크랜드 고베관 ステーキランド神戸館

일본의 소고기인 와규와 고베규는 최상급이라는 명성을 얻고 있다. 그중 가장 유명한 곳이 바로 고베 스테이크랜드이다. 고기의 질도 우수하며 육즙 또한 풍부하지만 무엇보다 가격이 다른 집에 비해 저렴하다는 장점이 있다. 점심시간에만 가능한 런치 세트는 고베규 150g을 3,000엔대로 맛볼 수 있어서 언제나 스테이크랜드 앞은 긴 줄이 형성된다. 주문과 동시에 카운터석 앞에 있는 철판에서 고기를 구워주고 내놓기 때문에 바로 구워진 고기의 고소함을 충분히 느낄 수 있으며 조리 과정을 볼 수 있어서 좋다. 고기뿐만 아니라 살짝 볶은 채소와 마늘도 일품이다.

홈페이지 www.steakland.jp
주소 神戸市中央区北長狭通1-9-17 三宮興業ビル6F
전화 078-332-2900
영업 11:00~22:00(월~금요일은 3~5시까지 브레이크타임 있음)
가는 방법 한큐阪急선 산노미야三宮역 서쪽 개찰구에서 도보 1분.

## Shopping

### ⑤ 토어 로드 타루코야 トアロード Tarukoya

타루코야는 원두커피 전문점이다. 인기 있는 전문점 치고는 아주 작은 매장이지만 로스팅 경력만 30년이 넘는 장인이 운영하기 때문에 커피 마니아들에게는 빼놓을 수 없는 성지라고 해도 되겠다. 타루코야는 일본 여행 잡지에서도 꼭 빼놓지 않고 소개하는 곳이며 원두를 전문적으로 취급하는 이들도 타루코야 원두를 구입하기 위해 들르는 곳이니 일단 한번 가보는 게 좋겠다. 매일 밤 생두를 볶아 다음 날 판매를 하고 있어서 신선도는 보장한다. 최근에는 카페 업무를 중단한 상태라서 타루코야의 원두를 현장에서 바로 마실 수 없다는 것이 아쉬움으로 남는다.

홈페이지 타루코야 www.tarukoya.jp
토어 로드 www.torroad.com
주소 神戸市中央区下山手通2-5-4深澤ビル1F
전화 078-333-8533
영업 11:00~20:00
휴일 수요일
가는 방법 한큐阪急선 산노미야三宮역 서쪽 개찰구로 나가 정면으로 300m 정도 걸으면 토어 로드와 만나게 되는데 그곳에서 오른쪽으로 돌아 낮은 언덕을 100m 정도 오르면 오른쪽에 있다.

## Sightseeing

### ⑥ 이쿠타 신사 生田神社

이쿠타 신사는 1,800년 이상의 역사를 가진 신사로 수령 500년 이상이나 된 녹나무의 고목이 그대로 있으며, 부엌칼의 넋을 기리는 무덤도 안쪽에 자리하고 있다. 1945년 신전이 소실되어 다시 증축되었고 이후 수차례에 걸친 보수공사로 인해 1,800년 이상 된 신사의 고풍스러움은 아쉽게도 전혀 느껴지지 않는다. 이쿠타 신사는 인연을 이어 주는 연애와 결혼의 신사라고 하여 소원을 적어 두는 나무판 에마에는 누구와의 사랑을 이루어 달라는 소원이 가득하다.

홈페이지 www.ikutajinja.or.jp
주소 神戸市中央区下山手通1-2-1
전화 078-321-3851
영업 3월~4월 28일, 4월 29일~8월 09:00~18:30, 9월 09:00~18:00, 10월~2월 09:00~17:00
가는 방법 한큐阪急선 산노미야三宮역 서쪽 개찰구로 나가 정면으로 70m 정도 직진하면 이쿠타 로드生田ロード가 나오고 거기서 오른쪽으로 꺾어 100m 정도 직진한다. 소요 시간 10분.

### Sightseeing
**⑦**
## 소라쿠엔 相楽園

서양 건축물과 일본 정원의 조화가 오묘한 소라쿠엔은 메이지 시대 18년경인 1885년에 축조를 시작하여 1912년에 완성되었다. 고베 도시공원에서 유일한 일본 정원으로 소철, 수령 500여 년의 녹나무, 봄이 되면 흐드러지게 피는 철쭉과 가을의 단풍이 아름답다. 정원의 한쪽에는 영국인 무역상 핫샘이 생활했던 저택이 있다. 목조로 지어진 2층 건물 내부에는 거실, 화장실, 부엌, 응접실 등이 그대로 보존되어 있으며 외벽의 하얀색과 초록색이 정원과 잘 어울린다. 저택 옆에는 1910년 무렵에 지은 마구간인 규코데라케큐샤 旧小寺家厩舎가 있다. 독일식으로 지어진 마구간은 원형의 옥탑, 경사 지붕과 창문이 특징이다. 핫샘의 저택과 마구간인 규코데라케큐샤는 일본 중요문화재로 지정되었다.

홈페이지 www.sorakuen.com
주소 神戸市中央区中山手通5-3-1
전화 078-351-5155
영업 09:00~17:00
휴일 목요일, 12월 29일~1월 3일
요금 일반 300엔, 중학생 이하 150엔
가는 방법 JR, 한신阪神선 모토마치元町역에서 도보 13분. 또는 지하철 세이신·야마테 西神·山手선 겐초마에県庁前역 서쪽 2번 출구에서 도보 5분.

### Sightseeing
**⑧**
## 비너스 브리지 ビーナスブリッジ

고베 야경은 하코다테, 나가사키와 함께 일본 3대 야경으로 꼽힌다. 스와산 공원 내 금성대와 해발 180m의 산정 전망대를 연결하는 8자 모양의 유선형의 다리는 1971년에 완성되었다. 비너스 브리지란 이름은 메이지 시대인 100여 년 전 프랑스인이 이곳에서 금성을 관측한 데서 유래한 이름이다. 비너스 브리지의 탁 트인 공간에서 고베 시내는 물론 날씨가 화창한 날에는 간사이 국제공항과 아와지섬까지 볼 수 있다. 다리의 난간에는 사랑을 약속하는 자물쇠가 매달려 있다. 전망대 옆에 설치된 비너스 테라스의 나뭇잎 모양의 조형물은 이곳에 걸어둔 자물쇠를 녹여서 만들었다고 한다. 매년 2월 14일에는 자물쇠를 녹이는 행사를 하고 있는데 해마다 매달린 자물쇠의 무게를 난간이 지탱하지 못해 만들어 낸 행사라고 한다.

홈페이지 www.feel-kobe.jp/kobe-yakei/area/mountain/01
주소 神戸市中央区諏訪山町
가는 방법 먼저 한큐阪急선 산노미야三宮역에서 스와 신사諏訪神社로 가야 하는데 스와 신사까지는 약 도보 30분 소요. 스와 신사 입구에서 가파른 길을 따라 오르다 보면 본전이 나타난다. 본전을 두고 오른쪽 산길을 따라 올라가면 비너스 브리지를 만나게 된다. 스와 신사에서 도보로 20분 소요.

## Sightseeing
### ⑨ 스와 신사 諏訪神社

비너스 브리지를 가기 위해 거쳐야 하는 스와 신사는 언덕배기에 위치하고 있어 스와 신사만을 목적으로 찾아가는 경우는 거의 없다. 스와 신사 입구에도 어김없이 여우 동상이 모셔져 있는데 대개 신사 앞에 여우 동상이 있으면 이나리 신 즉 '농경의 신'을 모시고 있다는 뜻이다. 스와 신사는 아기자기한 멋이 있고 신사 위쪽에서 바라보는 풍경이 아름답다.

가는 방법 한큐阪急선 산노미야三宮역 동쪽 출구에서 도보 30분 소요. 혹은 산노미야역 소고 백화점 앞에서 고베 시영 버스 7번을 타고 스와야마코엔시타諏訪山公園下에서 하차.

## Sightseeing
### ⑩ 누노비키 허브 공원 布引ハーブ園

로프웨이를 타고 올라야 하는 누노비키의 허브 공원은 고베의 전경과 더불어 약 200종 75,000그루의 허브와 꽃을 감상할 수 있는 일본 최대 규모의 허브 정원이다. 공원 내는 14개의 테마 지역으로 구분되어 시계절 내내 다양한 모습의 공원을 즐길 수 있다. 제철 허브 요리를 맛볼 수 있는 레스토랑 허브 가든과 민트 카페가 있으며, 허브와 아로마 관련 제품이 가득한 그린 숍이 있다.

홈페이지 www.kobeherb.com
주소 神戸市中央区北野町1-4-3
전화 078-271-1160
영업 10:00~17:00
(주말, 공휴일 20:30까지)
요금 로프웨이 17:00 이전 일반 1,500엔(편도 950엔), 중학생 이하 750엔(편도 450엔) 17:00 이후 일반 900엔, 중학생 이하 550엔 (왕복만 이용 가능)
가는 방법 JR 신코베新神戸역에서 도보 5분 거리에 있는 키타노잇초메北野1丁目역에서 신코베 로프웨이를 타고 10분 이동 후 종점 하차하면 바로 앞.

## Sightseeing
### ⑪ 고베 시청 전망대 神戸市役所展望台

플라워 로드에 위치한 고베 시청 1호관(본관) 24층에는 무료 전망대가 있다. 낮에 가는 것도 좋지만 역시 저녁에 방문하여 항구 쪽의 메리켄 파크, 포트 아일랜드 일대의 반짝거리는 야경을 감상하는 것이 백미다. 북쪽으로는 키타노초와 날씨가 좋은 날에는 롯코산의 웅장함을 감상할 수 있다. 작은 휴게실에는 세계 여러 나라의 자매도시에서 보내온 토산품이 전시되어 있으며 작은 카페와 기념품 숍이 있다.

홈페이지 www.city.kobe.lg.jp
주소 神戸市中央区加納町6-5-1
전화 078-322-5065
영업 08:15~22:00
(주말, 공휴일 10:00~22:00)
휴일 12월 20일~1월 3일
가는 방법 한큐阪急선 산노미야三宮역 동쪽 개찰구 주오쿠야쿠쇼中央区役所 출구로 나와 오른쪽으로 도보 10분. 시티루프버스 시야쿠쇼마에市役所前 하차.

### Sightseeing

## UCC 커피 박물관 UCCコーヒー博物館

UCC 커피 박물관은 일본에서 유일한 커피 전문 박물관으로 1987년에 개관하였다. 독특한 외관은 이슬람 사원을 연상하게 하는 모던한 디자인으로 예로부터 이슬람 사원에서는 커피를 귀중한 음료로 취급하였다고 하는데 그 콘셉트하에 디자인되었다. 전시관을 총 6개의 테마로 나누어 커피의 기원, 재배지, 유통, 가공, 커피 문화 관련 정보를 일목요연하게 영상과 패널을 통해 정리해 놓았다.

홈페이지 www.ucc.co.jp/museum
주소 神戸市中央区港島中町6-6-2
전화 078-302-8880
영업 10:00~17:00
휴일 월요일, 연말연시
요금 일반 300엔, 중학생 이하 무료
가는 방법 한큐阪急선 산노미야三宮역에서 포트 라이너ポートライナー를 타고 미나미코엔南公園역 하차. 서쪽 출구를 나와 오른쪽 육교 건너 바로 앞.

### Shopping

## 이케아 Ikea

실용적이고 모던한 디자인, 저렴한 가격으로 사랑받고 있는 스웨덴의 브랜드 이케아. 가구 및 생활 잡화, 주방용품과 침구, 다양한 소품까지 홈 퍼니싱 제품이 가득한 종합 스토어. 1층에는 다양한 소품들, 2층에는 가구와 침구, 오피스용품들로 이루어진 쇼룸이 마련되어 있으며 저렴한 가격으로 한 끼를 즐길 수 있는 카페테리아가 있다.

홈페이지 www.IKEA.jp/kobe
주소 神戸市中央区港島中町8-7-1
전화 078-304-7000
영업 10:00~21:00(주말, 공휴일은 09:00부터)
휴일 1월 1일
가는 방법 한큐阪急선 산노미야三宮역에서 포트 라이너ポートライナー를 타고 미나미코엔南公園역 하차. 남쪽 출구를 나와 왼쪽으로 도보 5분. 맞은편에 UCC 커피 박물관이 있다.

### Sightseeing

## 효고 현립 미술관 兵庫県立美術館

일본이 자랑하는 세계적인 건축가 안도 다다오가 설계한 미술관으로 바다와의 조화가 아름답다. 입구로 이어지는 나선형 계단은 빼놓을 수 없는 부분으로 안도 다다오 건축의 특징을 보여준다. 층마다 전망 테라스가 설치되어 개방적이며 편안한 느낌이다. 전시 공간을 제외하고 갤러리 숍, 카페, 레스토랑 등이 무료로 개방되어 있어 미술품 관람이 아니더라도 즐길 거리가 많다.

홈페이지 www.artm.pref.hyogo.jp
주소 神戸市中央区脇浜海岸通1-1-1
전화 078-262-0901
영업 10:00~18:00
휴일 월요일, 12월 31일~1월 1일
요금 일반 500엔, 대학생 400엔, 70세 이상 250엔
가는 방법 한신阪神선 이와야岩屋역 개찰구를 나가 정면으로 보이는 오거리 교차로 왼쪽으로 도보 8분.

Sightseeing
⑮
## 포트 아일랜드 ポートアイランド

포트 아일랜드는 1981년 '포트피아 81' 박람회를 유치하기 위해 해상에 만든 인공 섬이다. 붉은색의 고베 대교로 연결된 포트 아일랜드의 남쪽에는 고베 시티와 에어 터미널(고베 공항)이 있다. 도시계획상 절반은 아파트 형태의 주거지이고 나머지는 전시관, 회의장, 포트피아 랜드 등으로 구성되어 있다. 포트 아일랜드에는 고베 동물의 왕국Kobe Animal Kingdom이라는 인공 테마파크가 있다. 여러 동물과 꽃을 모아 놓은 곳으로 가족 혹은 연인끼리 방문하기에 좋은 곳이다.

가는 방법 한큐阪急선 산노미야三宮역에서 모노레일 포트 라이너ポートライナー를 타고 10분.

*고베 동물의 왕국 Kobe Animal Kingdom
홈페이지 kobe-oukoku.com
주소 神戸市中央区港島南町7-1-9
전화 078-302-8899
영업 10:00~17:00(주말, 공휴일 17:30까지)
휴일 목요일
요금 일반 1,500엔, 초등학생 800엔
가는 방법 포트 라이너ポートライナー를 타고 케이콘퓨타마에京コンピュータ前역에서 하차.

Sightseeing
⑯
## 롯코 아일랜드 六甲アイランド

롯코 아일랜드는 포트 아일랜드에 이어 두 번째로 조성된 인공 섬으로 20년의 세월을 거쳐 1992년에 완성되었다. 주거지로 개발되었으며 고베 시내보다 녹지와 공원이 잘 갖추어져 있고 이국적인 아파트와 주택들이 조화를 이루고 있다. 외국인들이 살기 좋은 지역으로 뽑히면서 일본의 대학 외에도 두 곳의 국제 학교가 이곳에 설립되었다. 롯코 아일랜드에서 가장 유명한 곳은 고베 패션 미술관神戸ファッション美術館으로 이곳에는 수십 개의 다양한 숍과 갤러리, 레스토랑, 영화관, 서점 등이 입점해 있어 많은 사람이 찾고 있다.

홈페이지 www.rokko-island.com
가는 방법 JR 스미요시住吉역 또는 한신阪神선 우오자키魚崎역에서 모노레일 롯코 라이너六甲ライナー 탑승 후 10분 소요.

*고베 패션 미술관 神戸ファッション美術館
홈페이지 fashionmuseum.or.jp
영업 10:00~18:00
휴일 월요일, 연말연시
요금 500엔(전시 내용에 따라 다름)
가는 방법 롯코 라이너六甲ライナー 아이란도 센타アイランドセンター역 출구에서 나오면 바로 앞.

Sightseeing
⑰
## 롯코산 六甲山

고베의 랜드마크 중 하나이며, 천만 불짜리 야경이라고 불리는 롯코산은 고베 시내의 북측에 위치하고 있다. 풍부한 자연을 체감할 수 있는 레저 명소로서 관광객들에게 사랑받고 있다. 산 정상까지는 케이블카로 약 10분, 고베 중심지인 산노미야에서 환승을 포함하여도 1시간 정도면 갈 수 있는 곳이라 마음만 먹으면 쉽게 자연을 접할 수 있는 최적의 장소이다.

홈페이지 www.rokkosan.com
주소 神戸市灘区六甲山町一ヶ谷1-32
전화 078-894-2071
영업 케이블카 07:10~21:10
요금 케이블카 왕복 1,000엔, 편도 590엔
가는 방법 한큐阪急선 롯코六甲역 3번 출구 앞 또는 JR 롯코미치六甲道역에서 16번 버스 탑승하여 15분 소요. 종점인 롯코케부루시타六甲ケーブル下에서 내려 케이블카로 갈아타고 종점에서 하차.

베이 에어리어

## Sightseeing
### ① 모토마치 상점가 元町商店街

고베에서 규모가 큰 쇼핑 아케이드로 전체 길이가 약 1.2km다. 항구와 가까운 입지 조건 때문에 한때는 내로라하는 패션 피플들이 찾는 유행의 중심지로 상업 지구의 역할을 톡톡히 해 왔던 곳이다. 주로 인기 있는 생활 잡화나 먹거리를 파는 숍들은 1~3초메에 몰려 있고 뒤로 갈수록 골동품이나 고서류들을 판매하는 곳이 많아 관광객들은 쉬이 눈에 띄지 않는다. 고급 브랜드 매장은 구거류지로 옮겨 거의 없지만 착한 가격의 생활 잡화 등을 만날 수 있는 다양한 숍이 모여 있어 구경 삼아 천천히 걸어 봐도 좋다. 모토마치 상점가 동쪽 입구에는 유리 조형물은 미우라 게이코의 작품으로 고베의 자매 도시를 상징하는 8송이의 꽃을 디자인해서 설치한 것이다.

홈페이지 www.kobe-motomachi.or.jp
주소 神戸市中央区元町通3-13-1
전화 078-391-0043
영업 10:00~20:00(점포에 따라 다르다)
가는 방법 JR 모토마치元町역 또는 한신阪神선 모토마치역 동쪽 출구 모토마치 상점가 방향으로 나가 정면 큰 도로를 건너 직진 도보 2분. 지하철 가이간海岸선 규쿄류치 · 다이마루마에旧居留地·大丸前역 1번 출구로 나가 왼쪽 뒤로 도보 1분.

## Sightseeing
### ② 난킨마치 南京町

요코하마의 차이나타운, 나가사키 신치 차이나타운과 함께 일본 3대 차이나타운의 하나로 꼽히는 난킨마치는 1868년 고베항이 개항되면서 간사이 최대 규모의 차이나타운으로 자리 잡았다. 당시에 중국과 일본은 수호조약을 체결하지 않아 중국인들이 임시 거류지인 난킨마치에 모여 살면서 지금의 모습을 만들었다. 동서의 길이가 160m밖에 되지 않는 짧은 거리지만 차이나타운 안으로 들어서면 만두, 튀김과 같은 길거리 음식을 비롯하여 우리 입맛에 맞는 광둥요리, 향신료가 강한 사천요리 전문점 등 중국식 상점이 즐비하게 들어서 있어 일본 속 작은 중국을 느낄 수 있을 것이다.

홈페이지 www.nankinmachi.or.jp
주소 神戸市中央区栄町通1-3-18
전화 078-332-2896
영업 10:00~20:00(점포에 따라 다르다)
가는 방법 JR 모토마치元町역 또는 한신阪神선 모토마치역 동쪽 출구 모토마치 상점가 방향으로 나가 정면 큰 도로를 건너 직진 3분. 지하철 가이간海岸선 규쿄류치 · 다이마루마에旧居留地·大丸前역 1번 출구로 나가 왼쪽 뒤로 1분. 시티루프버스로는 모토마치쇼텐가이元町商店街 또는 난킨마치南京町 정류장 하차.

Food
③
## 로쇼키 老祥記

1915년 난킨마치에서 처음 영업을 시작한 로쇼키는 부타망(고기만두) 전문점으로 유명하다. 100년이 넘는 전통을 자랑하듯 육즙이 가득하고 속이 꽉 차 있어서 감칠맛이 난다. 원조는 중국 텐진에서 왔으나 4대에 걸쳐 내려오는 로쇼키만의 비법으로 일본화시켰으며 그 맛은 누구도 흉내낼 수 없다. 551 호라이 부타망도 로쇼키의 부타망을 참고한 것이다. 난킨마치를 둘러보다 보면 여행객 대부분이 로쇼키의 부타망을 맛보기 위해 서성이는 것을 볼 수 있다. 로쇼키 앞은 늘 긴 줄이 형성되나 금방 빠져 오래 기다리지 않아도 된다. 약간 돼지고기 냄새가 나긴 하지만 100년이 넘는 맛의 진수를 느껴보는 것도 좋겠다.

홈페이지 www.roushouki.com
주소 神戸市中央区元町通3-13-1
전화 078-331-7714
영업 10:00~18:30
휴일 월요일
가는 방법 JR 모토마치元町역 또는 한신阪神선 모토마치역에서 도보 4분

Sightseeing
④
## 구거류지 旧居留地

1868년부터 30년간 서구 열강들이 서양식 석조 건물을 지으면서 고베항의 상권을 장악하려고 치열한 경쟁을 하던 시기에 생겨난 거리로 영국인 토목 기사인 J.W. 하트가 디자인하였다. 1975년 무렵부터 구거류지에 남아 있는 근대 서양식 건축물과 역사적 경관을 그대로 활용하여 부티크와 음식점이 새로 자리잡게 되었으며 사무실도 다시 증가하기 시작하였다. 1980년대까지는 오피스 타운이었으나, 1983년에 고베시 도시경관 조례에 근거하여 '도시경관 형성 지역'으로 지정된 후 루이비통, 프라다, 디올 등의 세계적인 최고급 브랜드 매장이 들어서면서 활기를 되찾았다.

홈페이지 www.kobe-kyoryuchi.com
영업 10:00~20:00(점포에 따라 다르다)
가는 방법 JR 모토마치元町역 또는 한신阪神선 모토마치역 동쪽 출구 모토마치 상점가 방향으로 나가 정면 큰 도로를 건너 직진 도보 5분. 지하철 가이간海岸선 규쿄류치·다이마루마에旧居留地·大丸前역 1번 출구로 나가 정면으로 도보 3분. 시티루프버스로는 규쿄류치 정류장 하차.

Sightseeing

## 구거류지 15번관 旧居留地 十五番館

미국 영사관으로 10여 년간 사용된 15번관은 1880년에 지어졌으며 한신 대지진으로 붕괴되었다가 1999년에 복원되었다. 지금은 레스토랑으로 프렌치 중심의 코스 요리를 맛볼 수 있으며 오후에는 카페 타임을 즐길 수 있다. 건물 내부를 장식하고 있는 소품들은 옛 물건을 그대로 사용하며 전시하고 있으며 100여 년 전에 사용했던 하수관을 그대로 전시해 놓았다.

주소 神戸市中央区浪花町15  전화 078-334-0015
영업 11:30~23:00  휴일 월요일
가는 방법 JR 모토마치元町역 또는 한신阪神선 모토마치역 동쪽 출구 모토마치 상점가 방향으로 나가 정면으로 도보 12분. 시티루프버스로는 규쿄류치旧居留地 정류장 하차 후 도보 2분.

Sightseeing

## 구거류지 38번관 旧居留地 三十八番館

1928년에 세워진 내셔널 시티 뱅크 오브 뉴욕 National City of NY 의 건물로 미국식 르네상스 형식의 석조 건축물이다. 현재는 다이마루 별관인 부티크 빌딩으로 개조되어 사용되고 있으며 1층에는 애프터눈 티 리빙, 2층에는 꼼 데 가르송 매장이 있다. 구거류지 38번관이라고 적혀 있는 도로의 표지판이 고풍스럽고 석조로 만들어진 웅장한 건물은 위풍당당하게 오랜 세월 그 자리를 지키고 있다.

주소 神戸市中央区明石町40
전화 078-331-8121
영업 10:00~20:00  휴일 부정기적
가는 방법 JR 모토마치元町역 또는 한신阪神선 모토마치역 동쪽 출구 모토마치 상점가 방향으로 나가 정면 큰 도로를 건너 직진 7분.

Sightseeing

## 고베 시립 박물관 神戸市立博物館

신고전주의 양식의 석조 건물과 도리스식 기둥이 인상적인 고베 시립 박물관은 1998년에 일본 유형문화재로 지정된 건물로 1935년에 구요코하마 정금은행의 건물을 증축하여 1982년에 박물관으로 개관하였다. 박물관은 6가지의 테마를 전시하고 있으며 관계 자료 등 약 5만 5천 점을 소장, 전시하고 있다. 박물관 앞에는 로댕의 대표작 중 하나인 〈칼레의 시민〉의 일부인 '장 드 피엥느'의 동상이 있다.

홈페이지 city.kobe.lg.jp
주소 神戸市中央区京町24  전화 078-391-0035
영업 10:00~17:00  휴일 월요일, 연말연시
요금 전시에 따라 입장료가 다름
가는 방법 JR 모토마치元町역 또는 한신阪神선 모토마치역 동쪽 출구에서 모토마치 상점가 방면으로 나가 정면으로 도보 13분. 시티루프버스로는 규쿄류치旧居留地 정류장 하차하여 도보 1분.

Sightseeing

## 고베 램프 뮤지엄 神戸らんぷミュージアム

고베 램프 뮤지엄은 조명 문화의 귀중한 변천을 시대별로 보여주는 박물관이다. 동서양의 석유램프와 양초를 사용하는 등화기, 현대 가정에서 사용하는 전등 및 화려한 디자인의 샹들리에까지 약 1,300점이 전시되어 있다. 고베 램프 뮤지엄에서는 구거류지를 이미지화 한 '빛의 뮤지엄 워크'라는 산책로를 만들어 놓았다.

주소 神戸市中央区京町80クリエイト神戸 3F
전화 078-220-0086  영업 15:00~21:00
요금 무료
가는 방법 JR 모토마치元町역 또는 한신阪神선 모토마치역 동쪽 출구에서 모토마치 상점가 방면으로 나가 정면으로 도보 13분. 시티루프버스로는 규쿄류치旧居留地 정류장 하차하여 도보 1분. 고베 시립 박물관 건너편에 위치.

Sightseeing

## 고베 루미나리에 神戸ルミナリエ

1995년 12월부터 시작된 고베 루미나리에는 12월 초부터 약 2주간 진행되는 일본에서도 알아주는 '빛의 축제'다. 본래는 한신 대지진으로 희생된 사람들을 추모하기 위하여 시작되었으며, '도시의 부흥과 꿈, 희망'이라는 메시지를 담고 있다. 고베 시립 박물관 근처에서 시작하여 약 400m 거리에 20만 개의 전구로 장식된다.

홈페이지 www.kobe-luminarie.jp
주소 神戸市中央区港島中町6-9-1  전화 078-302-0038
가는 방법 JR 모토마치元町역 또는 한신阪神선 모토마치역 동쪽 출구 모토마치 상점가 방면으로 나가 정면으로 도보 12분. 시티루프버스로는 규쿄류치旧居留地 정류장 하차하여 도보 1분.

Sightseeing

## 고베항 지진 메모리얼 파크 神戸港震災メモリアルパーク

한신 대지진으로 피해를 입은 메리켄 부두의 일부를 지진 당시의 상태로 보존, 당시의 피해 상황을 보여주는 공원이다. 진도 7.3의 강진은 많은 것을 사라지게 했다. 당시의 참상을 기울어진 가로등이 대신 얘기해 주는 듯하다. 지진에서 얻은 교훈을 후세에 전하는 것을 목적으로 하고 있으며 고베항의 재해 상황, 복구 과정 등을 기록한 모형이나 영상, 사진 패널 등을 전시해 놓았다.

홈페이지 feel-kobe.jp
주소 神戸市中央区波止場町2
전화 078-327-8962    영업 09:00~22:30(영상)

Sightseeing

## 피시 댄스 フィッシュ・ダンス

1987년에 고베항 개항 120주년을 기념해서 만든 높이 22m의 잉어상으로 세계적인 건축가 플랭크 오웬 게리와 안도 다다오가 공동으로 작업한 작품으로 유명하다. 한때 이 잉어는 핑크색으로 옷을 입은 적이 있었는데 녹이 스는 것을 방지하기 위해 고베시에서 페인트칠을 했다가 작가로부터 '작품에 대한 모욕'이란 항의를 받고 다시 복원되었다. 잉어상 옆으로는 독특한 모양의 건축물인 콜라보 라보Collabo Labo라는 카페가 있다.

가는 방법 JR 모토마치元町역 또는 한신阪神선 모토마치역 동쪽 출구의 모토마치 상점가 방면으로 나가 정면으로 도보 20분.

Sightseeing
## 메리켄 파크 メリケンパーク

고베항의 개항 120주년을 맞아 1987년에 조성한 공원이다. 1995년 한신 대지진 이후 재정비되어 지금의 모습을 갖추게 되었다. 메리켄 파크 안에 있는 고베 해양 박물관의 지붕은 파도와 범선을 본떠 만들었다. 공원의 가운데 있는 고베의 상징물인 108m짜리 포트타워에서 고베항을 조망할 수 있으며, 포트 터미널에는 콜럼버스의 '산타마리아호'를 재현한 선박 모형이 전시되어 있다.

홈페이지 www.kobe-meriken.or.jp
주소 神戸市中央区メリケンパーク
가는 방법 JR 모토마치元町역 또는 한신阪神선 모토마치역에서 도보 15분.

Sightseeing
## ⑬
## 고베 해양 박물관 神戸海洋博物館

하얀색의 곡선이 유연한 고베 해양 박물관은 고베항의 역사를 시작으로, 항구 관련 자료 및 선박 모형 등을 전시하고 있다. 고베 해양 박물관은 1987년에 고베항 개항 120주년을 기념하여 현대 고베항 발상지인 메리켄 파크에 바다, 배, 항구의 종합 박물관으로 개관하였다. 독특한 건물 모양은 고베항의 상징으로 많은 사람에게 사랑받고 있다.

홈페이지 www.kobe-maritime-museum.com
주소 神戸市中央区波止場町2-2
전화 078-327-8983
영업 10:00~17:00
휴일 월요일, 12월 29일~1월 3일
요금 일반 600엔, 중학생 이하 250엔
가는 방법 각 전철 모토마치元町역에서 도보 약 15분. 또는 지하철 가이간海岸선 미나토모토마치みなと元町역에서 도보 약 10분.

Sightseeing

## 고베 포트타워 神戸ポートタワー

108m 높이에 불과하지만 주변에 건물이 없어 존재감이 확실히 드러나는 고베 포트타워는 세계 최초 파이프 구조의 타워로 빨간 파이프가 마치 횃불과 같은 모양이다. 당시 일본 건축학회 작품상 등 많은 상을 받았다. 전망대에서는 360도 모든 방향으로 내려다볼 수 있으며, 밤이 되면 7,000개의 LED가 반짝거려 아름답고 야경을 감상하기에 최고로 좋은 스폿이다. 5층의 최상층 전망대에서는 항구, 고베 시내, 롯코산을 감상할 수 있고, 4층에는 전망대 및 기념품점, 3층에는 20분에 한 바퀴 회전하는 회전 카페가 있다.

홈페이지 www.kobe-port-tower.com
주소 神戸市中央区波止場町5-5
전화 078-391-6751
영업 09:00~21:00(12~2월은 19:00까지)
요금 일반 700엔, 중학생 이하 300엔
가는 방법 JR 모토마치元町역 또는 한신阪神선 모토마치역 서쪽 출구에서 도보 16분. 시티루프버스로는 나카톳테이中突堤 정류장 하차.

Sightseeing

## 유람선 遊覧船

카모메리아 나카톳테이 중앙 터미널에서는 다양한 코스의 유람선이 출항한다. 코스, 요금, 소요 시간은 운행하는 선사에 따라 다르다. 선착장에 요금과 출항 시간이 적혀 있지만 대개 60분 정도 선상 유람을 즐길 수 있다.

영업 10:00~17:00  요금 1,100엔~
가는 방법 JR 모토마치元町역 또는 한신阪神선 모토마치역 서쪽 출구에서 도보 18분. 시티루프버스로는 나카톳테이中突堤 정류장 하차하여 도보 3분.

Sightseeing

## 고베 하버랜드 神戸ハーバーランド

20세기 초에는 물류 창고가 가득한 부두에 불과했지만 신흥 부도심 재정비 사업 이후에 백화점을 비롯한 대형 쇼핑몰, 호텔이 들어선 번화가로 변신하여 현지인은 물론이고 관광객들도 많이 찾는 곳이다. 특히 유람선 선착장과 하버랜드 우미에 사이를 연결하는 구름다리는 이곳을 방문한 모든 사람들의 사진 촬영 장소로 누가 찍어도 멋진 장면이 연출된다. 하버랜드에서 바라본 고베 포트타워와 메리켄 파크의 모습은 또 다른 감동으로 다가온다.

홈페이지 harborland.co.jp
가는 방법 JR 고베神戸역 중앙 출구에서 도보 3분. 한큐阪急선 또는 한신阪神선 고소쿠코베高速神戸역 동쪽 출구에서 왼쪽 지하도를 따라 도보 10분.

神戸ハーバーランド
## 고베 하버랜드 우미에 神戸 ハーバーランドumie

2013년 5월 새롭게 탄생한 하버랜드 우미에는 캐널 가든이 새롭게 거듭난 쇼핑센터다. 삼각 지붕을 중심으로 북쪽 쇼핑몰과 남쪽 쇼핑몰, 모자이크까지 포함하여 하버랜드 우미에라 부른다. 북쪽 쇼핑몰에는 H&M, 자라, 지유, 유니클로, 100엔 숍, 남쪽 쇼핑몰에는 위고, ABC 마트, 에비수, 고디바, 세리아, 모스버거 등 다양한 숍과 카페, 음식점이 있어 쇼핑과 먹거리의 즐거움까지 동시에 충족시키기에 충분하다. 탁 트인 공간에 들어선 재미난 모형물이 아이들의 시선을 사로잡는다. 바다를 끼고 있는 입지 조건 때문에 주말에는 관광객의 쇼핑 장소로, 주변 거주민들의 휴일 나들이 장소로 사랑받고 있다.

홈페이지 umie.jp
주소 神戸市中央区東川崎町1-7-2
전화 078-382-7100
영업 10:00~21:00(상점마다 다름)
휴일 부정기적
가는 방법 JR 고베神戸역 중앙 출구에서 도보 10분. 가이간海岸선 하바란도ハーバーランド역에서 도보 4분.

神戸ハーバーランド
## 모자이크 モザイク 모자이크 가든 モザイクガーデン

하버랜드의 바다와 고베항을 조망할 수 있는 곳에 위치한 모자이크는 유럽의 거리를 테마로 2층에 의류와 잡화를 취급하는 쇼핑몰과 1층과 3층에 80여 개의 레스토랑이 밀집한 쇼핑센터이자 작은 유원지다. 멀리서도 보이는 대관람차를 비롯하여 16개의 놀이기구가 있다.

주소 神戸市中央区東川崎町1-6-1
전화 078-360-1722
영업 10:00~20:00(점포마다 다름)
요금 대관람차 800엔
가는 방법 JR 고베神戸역 중앙 출구에서 도보 12분. 사철 한큐阪急선 또는 한신阪神선 고소쿠코베高速神戸 동쪽 출구에서 왼쪽 지하도를 따라 도보 17분.

Sightseeing
⑰
## 고베 가스등 거리 神戸ガス燈通り

하버랜드 우미에에서 JR 고베역까지 연결하는 350m의 도로에는 가로수와 함께 가스등이 함께 줄지어 서 있는 일명 가스등 거리가 있다. 가스등에 불이 켜지면 안개 낀 고베의 느낌이 들어 그 모습이 아스라하다. 고베 일루미네이션 축제가 열리는 11~3월 사이에는 8만 개의 꼬마전구가 장식되어 아스라한 거리가 아닌 화려하고 로맨틱한 거리로 변신한다.

Sightseeing
⑱
## 철인 28호 鉄人28號

지금은 고인이 된 만화가 요코야마 미츠테루의 1956년 작품 『철인 28호』를 기억하는 사람이 많을 것이다. 고베 와카마츠 공원에 설치된 18m 높이에 무게 50t에 이르는 실물 크기의 거대한 철인 28호 모형은 만화 마니아라면 한 번쯤 찾아 볼 만하다. 지진 재해로부터의 부흥과 지역의 활성화를 위해 고베시가 만든 '고베 철인 프로젝트'로 공원 주변 가로등도 철인 28호의 두상을 하고 있다. 철인 28호 조형물 주위는 '철인 광장'이라는 이름으로 불리고 있으며 광장 내에는 요코야마 미츠테루의 또 다른 대표작인 『삼국지』를 소개하는 전시관과 등장인물의 석상이 설치되어 있다. 정면에서 사진을 찍고 싶다면 점심 이후로는 역광이 되니 오전에 서둘러 다녀오는 것이 좋다.

홈페이지 www.kobe-tetsujin.com
주소 神戸市長田区若松町6-3若松公園内
가는 방법 지하철 세이신·야마테西神·山手선 신나가타新長田町역에서 도보 4분. 지하철 가이간海岸선 신나가타역 1번 출구에서 정면 첫 번째 골목 오른쪽으로 도보 2분. 조이 플라자, 다이마루 광장에 있음.

# 아리마 온천 有馬温泉

간사이 온천 중에서 가장 유명한 아리마 온천은 약 1,300년 전에 온천수를 이용하여 사찰에서 사람들의 병을 치료하면서 유명해지기 시작하였다. 또한 조선 침략을 명하였던 도요토미 히데요시는 자신의 신병 치료를 위해 전용 온천탕을 만들었을 정도로 물이 좋다. 온천 마을은 20세기 초반의 풍경을 최대한 재현하여 보존하고 있기 때문에 수수한 편이고, 식당이 많지 않아 고베에서 식사를 하고 들어가거나 도시락을 준비하는 것이 편리하다. 숙박을 목적으로 하지 않는다면 대중탕인 킨노유 또는 긴노유를 이용하고, 온천욕 후에는 아리마 특산인 사이다를 마셔 보자. 대중탕 공통권은 킨노유·긴노유 공통권(850엔), 킨노유·긴노유·타이코노유덴 공통권(1,000엔)이 있다.
그 밖에도 대략 1,300~2,400엔의 이용료를 내면 호텔 목욕탕도 이용할 수 있다.

**가는 방법** 우메다梅田역에서 한큐阪急선 또는 한신阪神선을 타고 신카이치新開地까지 가서 고베 전철 신카이치역 1번 또는 2번 플랫폼에서 산다三田 또는 아리마구치有馬口행 전철로 갈아타야 한다. 아리마구치역에서 하차하여 다시 4번 플랫폼에서 아리마온센有馬温泉행 보통 전철로 갈아타고 한 정거장 가면 종점 아리마온센역이다. 신카이치역은 플랫폼이 한 곳이므로 고베 방면 전철 표지판을 따라가면 된다. 간사이 스루 패스 사용이 가능하다.
노선버스는 JR 산노미야三/宮역 앞 터미널에서 09:00~18:45 사이에 아리마온센행 버스(한큐阪急 버스 또는 신키神姫 버스)가 1일 12회 출발한다.

## Sightseeing

### ① 아리마강 有馬川

뿜어져 나오는 온천수를 그대로 강물에 흘려보내기 때문에 겨울에는 김이 모락모락 피어오른다. 강을 따라 조성된 산책로에는 벚나무가 심어져 있어 봄에는 아름다운 벚꽃이 흩날린다. 다리 아래에는 표주박 모양의 연못이 있으며, 분수대 옆에는 이곳을 찾았던 도요토미 히데요시와 그의 부인 네네의 동상이 있다.

가는 방법 아리마온센有馬温泉역 정면 오른쪽 도보 1분.

## Sightseeing

### ② 아리마 완구 박물관 有馬玩具博物館

전시실은 3~6층으로, 3층에는 '브리키 장난감'으로 불리는 일본식 양철 장난감과 독일에서 만든 철도 모형을 전시하고 있다. 4층에는 영국에서 제작한 기계장치 장난감, 5층에는 유럽에서 모은 어린이용 장난감, 6층에는 독일의 수제 장난감과 정교한 미니어처가 있다. 1층에는 장난감 공방 겸 갤러리 숍이 있고 2층은 식당이다.

홈페이지 www.arima-toys.jp 전화 078-903-6971
영업 09:30~18:00 휴일 부정기적
요금 일반 800엔, 초등학생 이하 500엔
가는 방법 아리마온센有馬温泉역을 나와 오른쪽으로 도보 8분.

## Spa

### ③ 킨노유 온천 金の湯

아리마에서 가장 유명한 온천 킨노유. 온천욕을 즐기기 위한 여행객들로 아침부터 킨노유 입구는 시끌시끌하다. 입구에 마시는 온천수와 무료 족욕 시설이 있어 기다리면서 혹은 여행에 지친 발의 피곤을 풀어 보는 것도 좋다. 킨노유는 작은 동네 목욕탕 규모에 불과하지만 내부 시설은 현대적이고 신경통, 소화불량, 피부병, 부인병에 효험이 있는 오랜 전통을 자랑하는 대중탕이다. 붉은색을 띠는 온천물이 심신의 안정을 가져오는 듯하다.

홈페이지 arimaspa-kingin.jp
영업 08:00~22:00
휴일 매월 둘째·넷째 주 화요일, 1월 1일
요금 일반 650엔, 초등학생 이하 340엔, 유아 무료
가는 방법 아리마온센有馬温泉역을 나와 오른쪽으로 도보 8분. 유모토자카湯本坂에 있음.

Spa
### ④ 텐진 원천 天神泉源

섭씨 98도나 되는 원천은 약 지하 200m 아래에서 뿜어져 나온다. 텐진 원천 안쪽으로는 후쿠오카 다자이후텐만구의 학문의 신인 스가와라노 미치자네를 모시는 텐진 신사가 있으며, 원천의 이름은 신사에서 유래된 것이다. 이곳에 있는 소의 석상 머리를 쓰다듬으면 학업 성취 또는 합격의 행운이 온다 하여 입시 철에는 신사를 찾는 학부모가 많은 편이다. 요란한 소리를 내며 뿜어져 나오는 수증기는 꼭 찐빵을 쪄 내는 양 재미를 준다.

가는 방법 아리마온센有馬溫泉역을 나와 오른쪽으로 도보 12분. 유모토자카湯本坂 안쪽 작은 표지판을 따라 골목길로 들어가면 나온다.

도요토미 히데요시의 부인인 네네의 동상

Spa
### ⑤ 긴노유 온천 銀の湯

온천 마을의 대중탕 치고는 천장이 높고, 사우나 시설도 갖춘 현대적인 곳이다. 욕조는 도요토미 히데요시가 애용했던 바위 온천을 모티브로 디자인하였다. 긴노유 온천은 투명한 긴센 온천수에 라듐 온천수를 섞어서 공급하기 때문에 근육통, 신경통, 오십견, 만성피로, 피부병, 관절통, 냉증에 효능이 있다.

영업 09:00~21:00
휴일 매월 첫째·셋째 주 화요일, 1월 1일
요금 일반 550엔, 초등학생 이하 290엔, 유아 무료
가는 방법 아리마온센有馬溫泉역을 나와 오른쪽으로 도보 15분. 길이 복잡하니 역에서 지도를 받아 찾아가는 것이 좋다.

Spa
### ⑥ 탄산 원천 炭酸泉源

지하 13m 부근에서 섭씨 18.6도의 탄산을 함유한 온천수가 나온다. 1874년 발견 당시에는 탄산을 독으로 착각하여 접근하는 것을 꺼렸으나, 이후에 설탕을 넣어 사이다처럼 마시면서 아리마 사이다의 원조가 되었다. 원천 옆에서 탄산수를 직접 마실 수 있는데 철분이 많이 함유되어 비린 맛이 난다. 아리마 사이다(250엔)는 톡 쏘는 강한 맛이 특징이다.

가는 방법 아리마온센有馬溫泉역을 나와 오른쪽으로 도보 8분.

# 히메지성 姬路城

현재 일본에는 히메지성, 마츠모토성, 이누야마성, 히코네성이 국보로 지정되어 있다. 그중 도쿠가와 이에야스의 사위인 이케다 데루마사가 1609년에 완성한 히메지성만이 나라의 호류지와 함께 1993년 일본에서는 최초로 유네스코 세계문화유산으로 등재되었다. 세계문화유산으로 등록될 당시 "목조 건축으로 미적 완성도가 매우 높아 세계적으로도 유사성이 없는 우수한 것이며, 17세기 초에 지어졌음에도 보존 상태가 양호한 독특한 일본 성곽 구조다."라는 평가를 받았다. 이처럼 히메지성이 400년의 역사를 거치면서 거의 훼손되지 않은 이유는 한 번도 전쟁에 휘말리지 않았기 때문이다. 성에 상주했던 무사는 시대에 따라 다르지만 적게는 500명, 많게는 4,000명으로, 요새로서의 기능성도 최상으로 갖춘 것으로 평가된다.

**가는 방법** 한신阪神 우메다梅田역에서 직통특급인 한신 산요히메지山陽姫路행을 타고 산요히메지역에서 하차(94분 소요). 고베에서는 한신 산노미야三宮역이나 한신 모토마치元町역, 산요히메지역에서 하차(63분 소요) 후 역에서 나와 왼쪽으로 도보 20분 소요. JR 오사카大阪역에서 JR 히메지姫路역 하차(특급 58분 소요), 히메지역 중앙 출구로 나가 오른쪽으로 도보 20분. 10여 분 걷다 보면 저 멀리 흰색의 히메지성이 보이기 시작함.
**홈페이지** http://www.city.himeji.lg.jp/guide/castle **영업** 09:00~16:00(4월 27일~8월 31일은 17:00까지)
**휴일** 12월 29~30일 **요금** 일반 1,000엔, 고등학생 이하 300엔

姫路城
## 하시니몬 菱の門

히메지성 안에 있는 21개의 문 중에서 가장 크며, 정문인 오테몬을 방어하는 역할을 한다. 성문 바로 위에 있는 종 모양의 카토마도 장식이 독특하다. 히시노몬이라는 이름은 문 양쪽의 기둥에 깻잎과 비슷한 히시 모양을 장식하여 붙여진 이름이다. 문의 입구 왼쪽에는 보초를 서는 병사들의 방과 마구간이 있었다.

姫路城
## 니시노마루 西の丸

히메지성 별저와 외성을 연결하기 위하여 만든 약 300m에 이르는 회랑이다. 회랑 곳곳에는 화장실과 부엌을 갖춘 작은 방이 있어 시녀들이 기숙하였다. 또한 밖으로 향하는 창으로 유사시에 활을 쏘거나 기름을 부어 외적의 침입을 방어할 수 있게 홈을 설치하였다.

姫路城
## 케쇼야구라 化粧櫓

도쿠가와 이에야스의 손녀이자 성주인 혼다 다다토키의 부인인 센히메가 사용하던 휴게실로, 니시노마루 북쪽 끝에 자리 잡고 있다. 안에는 시녀와 함께 전통놀이를 즐기는 모습을 재현해 놓았다. 41.5장의 다다미가 깔려 있는 방은 원래는 42장의 다다미가 깔렸으나 42라는 숫자가 죽음을 뜻하고 있어 일부러 반 장을 없앴다고 한다.

姫路城
## 텐슈카쿠 天守閣

지하 1층에서 지상 6층까지로 구성된 히메지성의 핵심 건물로 1581년에 도요토미 히데요시가 세운 것을 이케다 데루마사가 증축하여 지금의 모습을 갖추었다. 안으로 들어가면 지름 1m의 나무 기둥 2개가 건물 전체를 받치고 있다. 성을 소개하는 문서, 갑옷, 조총 등이 전시되어 있으며, 계단을 따라 꼭대기까지 오르면 히메지 시가지가 한눈에 들어온다.

Sightseeing
①
## 효고 현립 역사박물관 兵庫県立歷史博物館

일본이 자랑하는 세계적인 건축가 단게 겐조가 설계한 박물관이다. 주로 원시 석기시대부터 현대까지의 히메지 역사를 설명하는 형식이다. 옛 민가를 재현한 역사 공방(1층), 히메지성을 축소한 모형 코너(2층)가 있으며, 하루 3회(10:30, 13:30, 15:30) 갑옷과 기모노를 입고 사진 촬영을 할 수 있다.

홈페이지 www.hyogo-c.ed.jp/~rekihaku-bo
전화 079-288-9011
영업 10:00~17:00
휴일 월요일, 12월 28일~1월 4일
요금 일반 200엔, 대학생 150엔, 고등학생 이하 무료
가는 방법 JR 히메지姫路역 중앙 출구로 나와 오른쪽으로 도보 32분. 또는 산요히메지 山陽姫路역을 나와 왼쪽으로 도보 30분.

Sightseeing

## 히메지 시립 미술관 姫路市立美術館

1905~1913년 사이에 일본 육군의 병기고로 사용되었던 건물을 리모델링하여 미술관으로 만들었다. 주로 효고현 출신 화가들의 작품을 상설 전시하며, 클로드 모네와 같은 세계적인 화가의 작품도 기획, 전시한다. 연병장이었던 박물관 정원은 무척 넓고, 다양한 조각 작품이 설치되어 있다. 박물관 전시실을 제외한 모든 공간은 무료로 이용할 수 있다.

홈페이지 www.city.himeji.lg.jp/art
전화 079-222-2288
영업 10:00~17:00
휴일 월요일, 12월 25일~1월 5일
요금 일반 200엔, 대학생·고등학생 150엔, 중학생 이하 100엔
가는 방법 JR 히메지姫路역 중앙 출구로 나와 오른쪽으로 도보 30분. 또는 산요히메지 山陽姫路역을 나와 왼쪽으로 도보 28분.

Sightseeing

## 히메지 문학관 姫路文学館

문학관 소장품보다는 세계적인 건축가 안도 다다오가 설계한 문학관 건물을 보려는 사람이 많이 찾는 곳이다. 정원에는 히메지를 한눈에 내려다볼 수 있는 공중 테라스, 아름다운 연못, 20세기 초반의 전통 가옥 '보케이테이'가 있다. 주로 효고현 출신 작가들의 문학작품을 상설 전시한다. 전시실을 제외한 모든 공간은 무료로 이용할 수 있다.

홈페이지 www.himejibungakukan.jp
전화 079-293-8228
영업 10:00~17:00
휴일 월요일, 12월 25일~1월 5일
요금 일반 300엔, 대학생·고등학생 200엔, 중학생 이하 100엔
가는 방법 JR 히메지姫路역 중앙 출구로 나와 오른쪽으로 도보 37분. 또는 산요히메지 山陽姫路역을 나와 왼쪽으로 도보 35분.

# Nara 나라

눈앞에서 지나다니는 사슴을 볼 때면 나라에 왔다고 느낄 수 있다.
사슴을 타고 내려온 신 덕분에 나라에서 사슴은 신성한 동물이 되었고,
때로는 내가 사슴을 구경을 하는지 사슴이 나를 구경하는지 헷갈릴 정도.

나라는 교토에 버금가는 역사적인 도시이다. 교토와 마찬가지로 사찰, 신사가 관광의 대부분을 차지하는데 고구려, 백제, 신라의 영향을 많이 받은 곳이라서 어떤 면에서는 친숙함마저 들기도 한다.

나라는 크게 호류지, 나라 공원, 니시노쿄 세 지역으로 구분할 수 있다. 전체를 하루에 둘러보기가 어려워 대부분의 여행자들은 나라 공원만을 대상으로 1일 여행 코스를 구성한다. 만약 발걸음이 빠른 여행자라면 아침 일찍 호류지로 출발하여 8시쯤 호류지를 관람하고 나라 공원으로 가는 것을 추천한다. JR 호류지역과 JR 나라역은 불과 세 정거장밖에 떨어져 있지 않기 때문에 충분히 1일 여행으로 소화할 수 있다. 교토와는 또 다른 호젓한 분위기가 있는 나라에서 여행을 즐겨 보자.

### 나라 들어가기

나라는 간사이 여행의 특성상 오사카 또는 교토에서 출발하는 것이 합리적이다.

<u>간사이국제공항</u>에서는 리무진버스를 이용하는 방법이 있는데 나라 호텔, 킨테츠近鉄 나라奈良역, JR 나라역에 정차한다.

<u>오사카</u>에서는 JR, 킨테츠 전철을 이용한다. JR은 오사카大阪역에서 쾌속 열차로 45분, 난바難波역에서 쾌속 열차로 36분이 소요된다. 나라역에는 동쪽 출구와 서쪽 출구가 있는데 대부분의 볼거리는 동쪽 출구로 나가 왼쪽으로 걸으면 만날 수 있다. JR 나라역 동쪽 출구 앞에 버스 정류장이 있는데 복잡한 노선, 비싼 요금, 출발 시간 등을 감안하면 걷는 것이 유리하다. 킨테츠 전철은 오사카 난바역에서 쾌속 급행열차로 34분이 소요된다. 처음 여행하는 사람은 난카이南海 난바難波역과 헷갈려 하는 경우가 많으니 주의가 필요하다. 간사이 스루 패스 소지자는 킨테츠 전철을 이용하는 것이 합리적이며 킨테츠 나라역에 도착하여 2번 출구로 나가면 편리하다.

<u>교토</u>에서 나라 구간도 JR과 킨테츠 전철을 이용한다. JR은 교토京都 역에서 쾌속 열차로 45분, 킨테츠 전철은 킨테츠 교토역에서 급행열차로 45분이 소요된다.

## 나라 추천 일정 1DAY

**10:00**

**산조도리 상점가**
역과 관광 센터 사이에 있는 상점가로 웬만한 기념품은 이곳에 다 있다고 보면 된다. 천천히 상점가를 둘러보며 가볍게 걸어 보자.

**11:00**

**코후쿠지**
유네스코 세계문화유산에 등재된 사찰을 빼놓을 수 없다. 8세기경에는 간사이 7대 사찰 중 하나였을 만큼 대단한 권세를 누린 곳이다.

**12:00**

**나라 국립박물관**
일본 3대 박물관 중 하나로 궁정 건축가 가타야마 도쿠마가 설계한 중요문화재다. 특별 전시기간에는 일본 전국에서 사람들이 몰려든다.

**15:00**

**니가츠도**
일본의 국보인 니가츠도는 큰 관음상과 작은 관음상인 십일면관음상을 모신다. 본당 난간에서 내려다보는 니가츠도의 모습은 감탄할 만하다.

**14:00**

**토다이지**
역시 세계문화유산에 등재된 곳으로 신라에서 가져온 『화엄경』을 설법한 곳으로 알려져 있다. 다이부츠덴, 산가츠도 등을 꼼꼼히 둘러보자.

**12:40**

**나라 공원**
누가 뭐래도 나라의 대표적인 관광 스폿이다. 사슴과 사람이 자연스럽게 어우러지는 모습을 목격할 수 있다.

**16:00**

**카스가타이샤**
사슴을 신성시하는 나라의 전통에 의해 조성된 신사다. 천 년이 넘는 오랜 세월 동안 발해 온 고고하고 화려한 건축미를 엿볼 수 있다.

**17:00**

**나라마치**
나라의 예스러움을 그대로 간직한 거리. 골목 사이사이에 자리한 카페와 숍을 천천히 둘러보며 기념품도 하나 구입해 보자.

나라 공원

## Sightseeing ①
### 산조도리 상점가 三条通り商店街

JR 나라역과 관광 센터 사이에 있는 상점가를 말한다. 비브레 백화점을 중심으로 형성된 고니시도리小西通り, 음식점과 기념품점이 몰려 있는 아케이드 히가시무키도리東向通り, 서민적인 냄새가 폴폴 풍기는 모치이도노센타가이もちいどのセンター街로 이어지기 때문에 웬만한 기념품은 이곳에서 구입할 수 있다. 본래 나라가 번성했던 8세기경의 이곳은 '고대 태양의 길, 산조오지三条大路'로 불리는 중심가였다.

영업 11:00~20:00(점포에 따라 다르다)
가는 방법 JR 나라奈良역 동쪽 출구로 나와 왼쪽으로 도보 4분. 킨테츠近鉄 나라역 2번 출구로 나와 오른쪽으로 도보 5분.

## Sightseeing ②
### 이스이엔 依水園

원내는 크게 전정, 삼수정, 미술관, 후정으로 구분된다. 기록에 의하면 전정前庭은 코후쿠지 사찰에 속하여 마니슈인摩尼珠院 별당이 있던 곳이었으나 1670년에 개인 소유가 되어 다실 삼수정三秀亭으로 조성되었다. 현재 삼수정에서는 아름다운 정원을 바라보며 젠자이와 차를 즐길 수 있으며, 식사(사전 예약제)도 가능하다.

주소 奈良市水門町74  전화 0742-25-0781
영업 09:30~16:30  휴일 화요일, 연말연시(4, 5, 10, 11월 무휴)
요금 일반 650엔, 중·고교생 400엔, 초등학생 250엔
가는 방법 JR 나라奈良역 동쪽 출구로 나와 왼쪽으로 도보 10분. 킨테츠近鉄 나라역에서 도보 15분. 토다이지東大寺 서쪽에 위치.

## Sightseeing ③
### 요시키엔 吉城園

코후쿠지 사찰에 속했던 요시키엔은 18세기 말에 조성된 일본 정원이다. 개인이 소유하기 시작하면서 1919년에 지금의 건물과 정원이 완성되었다. 원내는 연못 정원, 이끼 정원, 다화 정원으로 구분되어 있다. 이끼 정원에는 차를 마시는 다실이 있고, 연못 정원에서 지하수맥이 풍부하게 흘러나와 이끼가 자라기에 좋은 환경을 갖추었다.

홈페이지 www.pref.nara.jp/39910.htm
주소 奈良市登大路町60-1  전화 0742-23-5911
영업 정원 09:00~17:00 다실 09:00~17:00
휴일 정원 12월 15일~28일 다실 12월 28일~1월 4일
요금 250엔, 중학생 이하 120엔, 외국인 무료
가는 방법 JR 나라奈良역 동쪽 출구로 나와 도보 37분. 킨테츠近鉄 나라역 2번 출구로 나와 정면으로 도보 20분.

## Sightseeing ④
### 사루사와 연못 猿沢池

둘레 360m의 호반은 749년에 인공적으로 조성되었다. 코후쿠지 오중탑과 함께 나라 8경에 속하는 곳이다. 매년 코후쿠지의 방생회가 개최되며, 호수에서 자라는 자라, 거북, 잉어 등을 관찰하며 호반을 산책할 수 있는 관광명소다. 전설에 따르면 옛날에 사루사와 연못에 용이 살았는데 후에 용신龍神이 되었다고 한다. 일본이 자랑하는 문인 아쿠타가와 류노스케의 소설 『용龍』은 구름을 불러 비를 내리게 하고 하늘로 승천한 사루사와 연못의 용을 소재로 썼다.

가는 방법 JR 나라奈良역 동쪽 출구로 나와 왼쪽으로 도보 20분. 킨테츠近鉄 나라역 2번 출구로 나와 오른쪽으로 도보 8분.

Sightseeing

## 코후쿠지 | 興福寺

**유네스코 세계문화유산**

669년에 후지와라노 가마타리의 쾌차를 기원하기 위해 세운 사찰로, 본래의 명칭은 야마시나지였다. 나라에서 창건되어 아스카飛鳥로 옮겨졌다가 다시 710년에 아스카에서 헤이조쿄로 수도를 천도하면서 지금의 자리로 옮겨져 코후쿠지가 되었다. 황실로부터 신망이 두터운 후지와라 가문의 비호를 받은 사찰이었던 까닭에 8세기경에 간사이 7대 사찰 중 하나에 속할 정도로 대단한 권세를 누린 권력 지향 사찰이었다. 730년에 세운 50.8m의 오중탑은 나라를 상징하는 탑으로, 지금까지 5번의 화재로 모두 소실되었고 지금의 것은 1426년에 다시 세워졌다. 국보관은 아수라상이 유명하며 국보급 불상과 문화재가 전시되어 있다.

홈페이지 www.kohfukuji.com
주소 奈良市登大路町48
전화 0742-22-7755  영업 경내 24시간
동금당·국보관 09:00~17:00
요금 경내 무료. 동금당 일반 300엔, 중고생 200엔, 초등학생 100엔. 국보관 일반 700엔, 중고생 600엔, 초등학생 300엔. 동금당·국보관 공통권 일반 900엔, 중고생 700엔, 초등학생 300엔
가는 방법 JR 나라奈良역 동쪽 출구로 나와 왼쪽으로 도보 20분. 킨테츠近鉄 나라역 2번 출구로 나와 정면으로 도보 5분.

Sightseeing

## 나라 현청 무료 전망대 | 奈良県庁無料展望台

작은 휴게소 같은 전망대는 그리 높진 않지만 인근에 높은 건물이 없어 나라 공원과 시가지를 한눈에 볼 수 있으며, 나라 시내의 명소가 보이는 각 방향에 그림 패널을 설치하여 자세히 소개하고 있다. 전망대에서 계단을 통해 옥상으로 가면 토다이지가 제대로 보인다. 6층에 카페테라스 겸 구내식당이 있다.

주소 奈良市登大路町30
전화 0742-27-8406
영업 08:30~17:30(4~5월은 19:00까지)
휴일 때에 따라 다름
가는 방법 JR 나라奈良역 동쪽 출구로 나와 왼쪽으로 도보 28분. 킨테츠近鉄 나라역 2번 출구로 나와 정면으로 도보 9분. 나라 현청으로 들어가 왼쪽 엘리베이터를 타고 R층 버튼.

Sightseeing
❼
## 나라 국립박물관 奈良国立博物館

일본의 3대 국립박물관은 도쿄, 교토, 나라 국립박물관이다. 본관은 1895년에 궁정 건축가 카타야마 도쿠마가 설계한 중요문화재다. 관내는 15개의 전시실을 갖추고 있는 본관과 신관으로 나뉘며, 봄가을 특별 전시회 기간에는 평소에 구경조차 할 수 없는 예술 작품을 공개하기 때문에 일본 전국에서 많은 사람이 몰려든다. 소장품 중에는 불상을 비롯하여 한반도에서 건너간 유물도 많다.

홈페이지 www.narahaku.go.jp
주소 奈良市登大路町50
전화 0742-22-7771
영업 09:30~17:00(기간에 따라 연장 개관하므로 홈페이지 참조할 것)
휴일 월요일, 1월 1일
요금 일반 520엔, 대학생 260엔, 18세 미만 무료
가는 방법 JR 나라奈良역 동쪽 출구로 나와 왼쪽으로 도보 34분. 킨테츠近鉄 나라역 2번 출구로 나와 정면으로 도보 20분.

Sightseeing
❽
## 나라 공원 奈良公園

사슴들을 자연스럽게 방목하여 관광객과 어우러지도록 만든 생태 공원인 나라 공원은 1880년에 길이 동서 약 4km, 남북 2km 크기로 조성되었다. 나라 하면 떠오르는 동물인 사슴을 공원과 그 주변에서 쉽게 만날 수 있다. 공원을 중심으로 코후쿠지, 토다이지, 카스가타이샤 등 유네스코 세계문화유산이 펼쳐지기 때문에 나라에 가면 누구나 들르게 되는 곳이다. 주말에는 현지인들이 어린이와 함께 소풍을 나와 사슴에게 먹이를 주는 등 문화재, 사슴, 사람이 자연스럽게 어우러지는 모습이 부럽기만 한 곳이다.

홈페이지 nara-park.com
전화 0742-22-0375
가는 방법 JR 나라奈良역 동쪽 출구로 나와 왼쪽으로 도보 20분. 킨테츠近鉄 나라역 2번 출구로 나와 정면으로 도보 5분.

## 또각또각, **나라마치** 奈良町를 걷다가……

사루사와 연못을 지나 주변을 거닐다보면 마주하게 되는 골목이 있다. 나무로 만들어진 집의 외벽, 지붕, 울타리들이 과거 혹은 영화 세트장의 모습 같다. 나라마치는 200년 전의 나라의 모습이 그대로 숨 쉬는 곳으로 예스러움을 간직하고 있다. 작은 골목골목 사이에는 옛 집의 인테리어를 그대로 살린 잡화점과 음식점, 카페들이 들어서 있다. 한없이 한적해 보이는 골목 안에는 깨알 같은 재미들이 보물찾기처럼 숨어 있고 100여 년이 지난 현재까지 대를 잇고 있는 장인들의 공방도 눈에 띈다. 골목들은 서로 이어져 길을 잃을 수도 있는데 중간 중간 위치를 알려 주는 사인이 있어 안심이다. 상점들은 대부분 5시쯤이면 문을 닫기 시작하니 나라마치를 거닐며 기념품도 구입할 생각이라면 조금 일찍 서두르는 것이 좋겠다.

홈페이지 naramachiinfo.jp 전화 0742-26-8610
가는 방법 JR 나라奈良역에서 동쪽 출구로 나와 도보 25분 소요. 킨테츠近鉄 나라역 2번 출구로 나와 오른쪽 방향으로 도보 20분.

## 신이 타고 온 사슴

오래전 역 부근까지 내려와 있는 사슴을 보고 깜짝 놀란 적이 있다. 그만큼 나라는 사슴과 함께 떠올리게 되는 곳이다. 울타리가 없는 공원에서 사슴과 친해지는 것은 어렵지 않다. 가만히 있어도 사람들에게 친숙해져 있는 사슴들이 스스로 다가온다. 나라의 상징인 사슴은 '신이 타고 온 동물'이라고 해서 1,000여 년 전부터 지금까지 귀하게 여겨지고 있다. 옛날에는 사슴을 죽이면 극형에 처했을 정도로 사슴 자체가 신격화되었다고 한다. 하지만 한때 농작물을 망친다는 이유로 몰살당하기도 했던 전력도 있다. 지금은 나라를 찾는 이유가 될 정도로 사슴은 많은 사랑을 받고 있는데 사슴이 좋아하는 사슴용 센베이인 '시카센베이'를 이용해 함께 기념사진을 찍어 보는 것도 좋다. 단, 뿔이 있는 숫사슴들은 조금 위협적이니 조심하여야 한다.

## Sightseeing ⑨
# 토다이지 東大寺

**유네스코 세계문화유산**

토다이지는 728년에 쇼무 천황이 죽은 황태자를 위하여 세운 작은 암자로 일본에서는 처음으로 신라에서 가져온 『화엄경』을 설법한 곳이다. 일본에 불교가 전래된 지 200주년이 되는 752년에 다이부츠덴大仏殿 금당이 완성되었고, 이후에 종루, 강당, 탑 등이 세워지면서 일본에서는 유례가 없는 거대한 사찰로 성장하게 되었다. 그러나 헤이안 시대 말기인 1180년에 다이라노 시게히라의 난토야키우치 사건으로 대부분의 사찰이 소실되었으며, 일부 재건되기도 하였으나 1567년의 '미요시의 난'으로 전체가 소실되는 불운을 겪었다. 세계 최대의 목조 건물인 다이부츠덴 및 청동 다이부츠로 유네스코 세계문화유산에 등재되었다.

**홈페이지** www.todaiji.or.jp
**주소** 奈良市雑司町406-1
**전화** 0742-22-5511
**영업** 경내 24시간. 다이부츠덴·계단당·산가츠도 07:30~17:30(계절에 따라 변동된다)
**가는 방법** JR 나라奈良역 동쪽 출구로 나와 왼쪽으로 도보 45분. 킨테츠近鉄 나라역 2번 출구로 나와 정면으로 도보 27분.

### 東大寺
# 난다이몬 南大門

국보인 난다이몬은 토다이지의 정문이다. 926년에 태풍으로 파괴되었다가 1199년에 높이 21m에 이르는 기둥 18개를 사용하여 기단에서부터 높이 25.46m로 복원하였다. 문 안쪽 좌우에는 높이 8.4m의 거대한 목조 인왕상과 사자석상이 안치되어 나쁜 기운이 침범하지 못하도록 하였다.

**가는 방법** JR 나라奈良역 동쪽 출구로 나와 왼쪽으로 도보 45분. 킨테츠近鉄 나라역 2번 출구로 나와 정면으로 도보 27분.

東大寺
## 다이부츠덴 大佛殿

752년에 완성된 다이부츠덴 금당金堂은 1180년과 1567년의 내전으로 완전히 소실되고, 1709년에 높이 46.8m, 너비 57m로 재건되었다. 내부에는 높이 14.7m, 기단 둘레 70m의 동으로 제작된 비로자나대불상이 안치되어 있다. 현지인들은 관람하기 전에 입구에 있는 향로에서 몸에 연기를 쐬는 의식을 통하여 악한 기운을 없애고 몸과 마음을 깨끗하게 하고 참배한다. 다이부츠덴 안에 있는 거대한 기둥에는 조그만 구멍이 뚫려 있다. 이 구멍을 통과해서 나오면 1년 동안의 불운을 막을 수 있다고 한다.

영업 3월 08:00~17:00
4~9월 07:30~17:30, 10월 07:30~17:00
11~2월 08:00~16:30
요금 일반 600엔, 초등학생 이하 300엔

東大寺
## 산가츠도 三月堂

국보인 산가츠도의 정식 명칭은 홋케도法華堂이다. 매년 3월에 법회가 개최되기 때문에 일상적으로 산가츠도라고 부르게 되었다. 기록에 의하면 작은 암자로 시작된 토다이지의 전신인 킨쇼센지金鐘山寺의 구조물로 지어진 것이어서 토다이지 전체 건축물 중에서 가장 오래된 것으로 추정된다. 내부에는 많은 불상이 모셔져 있다. 일시적 휴관이 잦은 편이니 방문할 계획이라면 미리 확인하자.

영업 3월 08:00~17:00,
4~9월 07:30~17:30,
10월 07:30~17:00, 11~2월 08:00~16:30
요금 일반 500엔, 초등학생 300엔
가는 방법 다이부츠덴을 나와 왼쪽 산책로를 따라 도보 8분. 곳곳에 이정표가 있다.

東大寺
## 니가츠도 二月堂

불당은 752년에 세워졌으나 화재로 소실되어 1667년에 도쿠가와 이에쓰나의 도움으로 지금과 같이 재건된 일본의 국보다. 본존으로는 큰 관음상과 작은 관음상인 십일면관음상을 모신다. 십일면관음상은 밀교에서 전래된 비불인 까닭에 승려들조차도 전체를 볼 수 없으며, 오직 큰 관음상의 뒷모습 일부만이 공개되어 있다. 매년 3월 1~14일 사이에 거행되는 설법 행사 '슈니에'는 11명의 승려가 십일면관음상 앞에서 집전을 시작하여 13일 새벽에 성수를 바치는 '오미즈토리'로 절정을 이룬다. 본당으로 통하는 가파른 계단을 오르면 다이부츠덴을 바라볼 수 있는 난간이 나오는데, 이곳에 서야만 니가츠도의 진면목을 알 수 있다.

영업 3월 08:00~17:00
4~9월 07:30~17:30 10월 07:30~17:00
11~2월 08:00~16:30
가는 방법 JR 나라奈良역 동쪽 출구로 나와 왼쪽으로 도보 52분. 킨테츠近鉄 나라역 2번 출구에서 도보 38분. 다이부츠덴을 나와 왼쪽 산으로 도보 8분. 곳곳에 이정표가 있다.

Sightseeing

## 카스가타이샤 春日大社

**유네스코 세계문화유산**

전국 1천여 카스가타이샤의 총본산이다. 신화에 따르면 무신인 다케미카즈치노 미코토가 흰 사슴을 타고 나타났다고 하여 사슴을 신성시하는 나라의 전통에 의해 조성되었다. 710년에 황실로부터 신망이 두터운 후지와라노 가문이 자신들의 조상을 기리기 위하여 세운 신사로 1,300년이 넘는 오랜 전통이 느껴지는 고고함과 화려함이 돋보인다. 이곳에는 약 2천여 개의 등롱이 있는데, 본전으로 이어지는 길목에 빼곡하게 세워진 등롱과 서쪽 회랑에 걸린 등롱이 매우 인상적이다. 매년 2월 3일, 8월 14~15일에 행해지는 전통 행사인 만토로万燈籠는 약 1천 개의 등과 2천 개의 석등이 밝혀져 환상적인 분위기를 자아낸다.

홈페이지 www.kasugataisha.or.jp
주소 奈良市春日野町160
전화 0742-22-7788
영업 4~9월 06:00~18:00,
10~3월 06:30~17:00
요금 500엔. 국보전 일반 500엔, 대학생·고등학생 300엔, 초·중학생 200엔. 만요식물원 일반 500엔, 초·중학생 이하 250엔
가는 방법 JR 나라奈良역 동쪽 출구로 나와 왼쪽으로 도보 52분. 킨테츠近鉄 나라역 2번 출구로 나와 정면으로 도보 37분.

니시노쿄

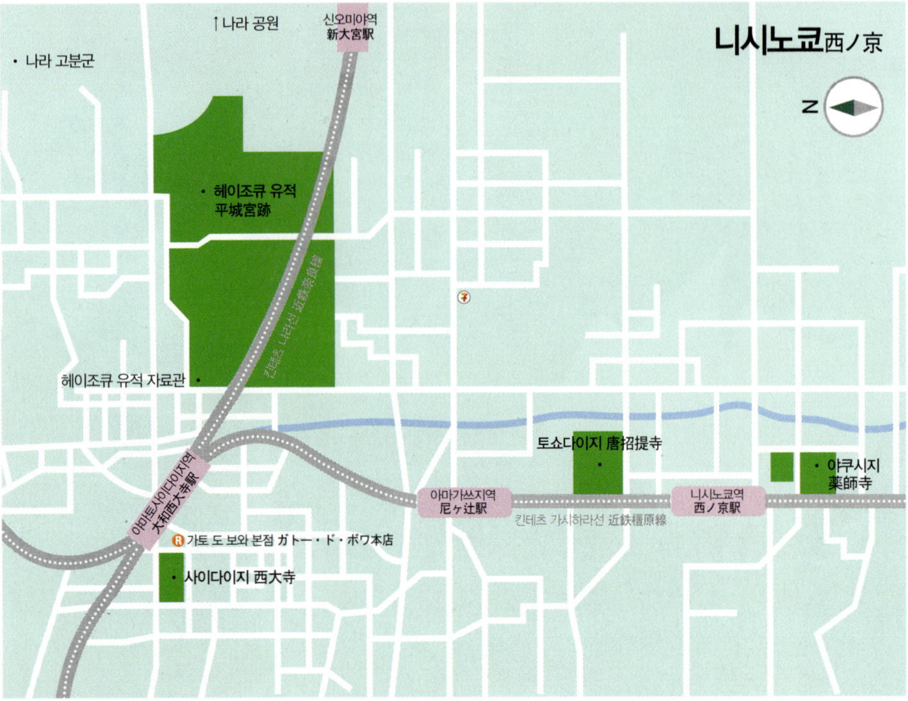

# 니시노쿄 西ノ京

## Sightseeing

### 1 헤이조큐 유적 平城宮跡

**유네스코 세계문화유산**

710년에 여제 겐메이 천황이 아스카에서 헤이조큐로 천도하면서 중심에 대극전大極殿을 지었다. 이곳은 74년 동안의 도읍지에 불과하지만, 역사적으로 그 74년을 나라 시대라고 부른다. 권위를 상징하기 위해 중국 당나라 장안성을 모방하여 헤이조큐로 통하는 주작대로朱雀大路를 사이에 두고 좌경과 우경으로 나눠 주거지를 만들었다. 대극전은 즉위식과 연회 만찬 등 국가 의식이 거행되는 건물이었으며, 약 10년에 걸친 복원 작업을 통하여 2010년에 완공되었다.

홈페이지 heijo-kyo.com
주소 奈良市二条大路南4丁目6-1
전화 0742-35-8201
영업 09:00~16:30
휴일 월요일, 연말연시
가는 방법 JR 나라奈良역 동쪽 출구 앞 버스 정류장 또는 킨테츠近鉄 야마토사이다이지大和西大寺역에서 노선버스 12번을 타고 헤이조큐세키平城宮跡 정류장 하차. 킨테츠 야마토사이다이지역 북쪽 출구로 나와 오른쪽으로 도보 20분.

## Sightseeing ②
## 사이다이지 西大寺

나라 시대인 764년에 창건되어 토다이지에 견줄 만한 큰 규모의 사찰이었으나 헤이안 시대 후기에 재난으로 쇠퇴하였다. 그 후, 가마쿠라 시대의 고승 에이손이 재건하였으며, 1502년의 화재로 전소되었다가 에도 시대에 지금과 같은 가람 배치로 복원되었다. 본존은 석가여래입상이 명작이며, 본당 앞에는 동탑의 기단과 초석이 남아 있다. 아이젠도愛染堂에는 중요문화재로 지정된 고승 에이손의 초상이 있다.

홈페이지 www.naranet.co.jp/saidaiji
주소 奈良市西大寺芝町1-1-5
전화 0742-45-4700
영업 08:30~16:30(6~9월은 17:30까지)
요금 경내 무료, 본당 400엔, 중고생 350엔, 초등학생 200엔, 본당·시오도·아이젠도 공통권 일반 800엔, 초등학생 400엔
가는 방법 킨테츠近鉄 야마토사이다이지大和西大寺역 하차하여 남쪽 출구로 나와 도보 3분.

## Sightseeing ③
## 야쿠시지 薬師寺

### 유네스코 세계문화유산
680년에 덴무 천황이 황후의 병환이 나을 수 있도록 기원하기 위하여 지은 사찰이다. 본래는 아스카에서 창건되었으나 헤이조쿄 천도로 718년에 지금의 장소로 옮겨졌다. 이후 금당, 동탑, 서탑, 대강당 등을 갖춘 규모가 큰 사찰로 번창하였으나 1528년의 내전으로 동탑만 남고 모두 소실되었다. 금당은 약 400년간 복원되지 못하고 가당假堂으로 존재하다가 1976년에 하쿠호 시대 양식으로 복원되었으며, 이후에 서탑과 대강당도 복원하였다. 동탑은 얼핏 6층으로 보이지만 실제는 3층 구조이며, 야쿠시지에서 유일하게 1,300년 역사를 고스란히 간직한 구조물이다.

홈페이지 www.nara-yakushiji.com
주소 奈良市西/京町457
전화 0742-33-6001
영업 08:30~17:00
요금 일반 1,100엔, 중고생 700엔, 초등학생 300엔
가는 방법 킨테츠近鉄 전철 니시노쿄西/京역 동쪽 출구로 나와 정면으로 보이는 건널목에서 왼쪽으로 도보 2분. 또는 노선버스 63, 70, 72번 야쿠시지 정류장 하차하여 도보 3분.

Food
④
## 가토 도 보와 본점 ガトー・ド・ボワ本店

가토 도 보와는 프랑스에서 2년마다 열리는 세계 최고봉의 양과자 콩쿠르에서 우승을 차지한 하야시 마사히코가 운영하는 케이크점이다. 1991년 일본 최초의 우승자로 현재까지도 그 인기와 맛, 데코레이션을 이어 오고 있다. 다양한 쇼트 케이크와 생과자, 구운 과자와 쇼콜라, 초콜릿 등이 진열장에 가득하다. 계절감을 중요시하는 하야시가 매달 새롭게 연구하여 선보이는 이달의 과자 시리즈가 추천 메뉴다. 30석 규모의 카페 안은 매우 소박한 느낌이다. 대부분이 테이크아웃 손님들이라 자리는 넉넉한 편이다.

홈페이지 www.gateau-des-bois.com
주소 奈良市西大寺南町1-19-101
전화 0742-48-4545
영업 09:00~19:00
휴일 목요일, 셋째 수요일
요금 일반 800엔, 중고생 300엔, 초등학생 100엔
가는 방법 킨테츠近鉄 야마토사이다이지大和西大寺역 남쪽 출구에서 사이다이지 방향으로 도보 2분.

Sightseeing

## 토쇼다이지 唐招提寺

### 유네스코 세계문화유산
당나라 고승 간진이 759년에 천황의 초청으로 일본에 건너와 토다이지에서 5년을 지낸 후에 제자들을 위해서 지은 사찰이다. 초기에는 경장, 보장 등이 있는 작은 사찰에 불과하였으나 그의 제자 뇨호가 8세기 후반에 헤이조큐의 지원을 받아 금당과 강당을 지어 확장하였다. 금당과 강당은 전란에도 훼손되지 않고 원형이 잘 보존되었으며 경장, 보장, 금당, 강당, 고루는 모두 국보로 지정되어 있다. 본존으로 중앙에 미륵불인 비로자나불좌상, 왼쪽에 천수관음상, 오른쪽에 약사여래를 모시고 있다.

홈페이지 www.toshodaiji.jp
주소 奈良市五条町13-46
전화 0742-33-7900
영업 08:30~17:00
요금 일반 600엔, 중고생 400엔, 초등학생 200엔
가는 방법 킨테츠近鉄 가시하라橿原선 니시노쿄西ノ京역 동쪽 출구로 나와 왼쪽으로 도보 8분. 또는 노선버스 63, 70, 72번 토쇼다이지 정류장 하차.

## 호류지 法隆寺

고구려와 백제에서 불교를 전수받은 요메이 천황의 둘째 아들인 쇼토쿠 태자가
불교 국가를 꿈꾸며 601년에 궁전을 짓고 호류지 등의 사찰을 지으면서
일본 역사에 등장하기 시작한다. 그러나 내전으로 634년에 궁전과 사찰은
거의 소실되고 호류지만 겨우 당시의 모습으로 남았다.
우리에게는 담징의 금당벽화로 잘 알려진 곳이다.

**가는 방법** JR 오사카大阪역에서 쾌속 열차로 45분, JR 난바難波역에서 쾌속 열차로 30분이 소요된다. JR 교토京都역에서는 쾌속 열차로 70분, JR 나라奈良역에서 쾌속 열차로 12분이 걸린다.

# Sightseeing

## ❶ 호류지 法隆寺

**유네스코 세계문화유산**

세계에서 가장 오래된 목조 건물로 아스카 시대의 모습이 남아 있는 호류지는 1993년에 일본 최초로 유네스코 세계문화유산으로 등재된 사찰이다. 금당 안 동쪽 방에 안치된 국보 약사여래좌상에 대한 기록에 의하면 요메이 천황이 자신의 병을 고치기 위해 불상을 만들고자 하였으나 뜻을 이루지 못하고 사망하여 쇼토쿠 태자가 유언에 따라 607년에 약사여래를 본존으로 모시는 절을 세웠다고 한다. 호류지는 서원과 동원으로 나뉘어 있으며, 현재 중문, 회랑, 오중탑, 금당, 대강당, 종루, 경장이 위치한 서원 가람은 1,400년의 역사를 자랑하는 호류지의 중심이다.

홈페이지 www.horyuji.or.jp
주소 奈良県生駒郡斑鳩町法隆寺山内1-1
전화 0745-75-2555
영업 08:00～17:00(11월 4일～2월 21일은 16:30까지)
요금 일반 1,500엔, 초등학생 750엔
가는 방법 JR 호류지역 남쪽 출구에서 노선버스로 5분. 또는 북쪽 출구로 나와 정면으로 도보 30분. 만약 호류지를 들러 나라 공원까지 1일 여행으로 생각한다면 JR 호류지역에는 오전 7시경에 도착하여야 하는데 이른 아침에 호류지행 버스가 없으므로 호류지까지 걸어가야 한다(약 1.6km). 또한 호류지에서 오전 10시경에는 나라 공원으로 출발하여야 한다.

### 法隆寺
## 중문 中門

곡선으로 휘어진 난간과 난간을 받치고 있는 기둥이 아스카 양식의 진수를 보여주는 중문은 국보로 지정된 서원 가람의 정문이다. 670년에 재건한 것이며, 문을 지키는 인왕상은 711년에 완성하였다. 백제의 영향을 받은 대표적인 문이다.

### 法隆寺
## 오중탑 五重塔

국보로 지정된 오중탑은 높이 31.5m로 일본에서 가장 오래된 목조탑이다. 탑 1층의 벽에는 동서남북으로 유마거사와 문수보살, 석가의 입적, 사리의 분할, 미륵보살의 설법이 묘사되어 있다.

### 法隆寺
## 금당 金堂

세계에서 가장 오래된 목조 건물인 금당 역시 국보로 지정되어 있다. 안에는 요메이 천황의 명복을 비는 금동약사여래좌상, 황후의 명복을 비는 금동아미타여래좌상, 쇼토쿠 태자의 명복을 비는 금동석가삼존상, 3기의 불상을 수호하는 인왕상이 있다.

### 法隆寺
## 대강당 大講堂

불법을 전하고 법요를 행하는 시설로 지었으나 925년에 낙뢰로 종루와 함께 소실되었다가 990년에 재건되었으며, 990년에 본존인 약사삼존상과 사천왕상도 제작되었다. 국보로 지정되어 있다.

### 法隆寺
## 대보장원 大宝蔵院

중요한 유물들을 보관하고 있는 곳이다. 쇼토쿠 태자와 관련된 불상, 의상, 가면, 악기, 탱화를 전시한다. 특히 백제 관음당에 모셔진 백제의 유물인 높이 2.11m의 백제관음상이 볼만하다.

### 法隆寺
## 몽전 夢殿

쇼토쿠 태자 등신불인 구세관음상을 중심으로 관음보살입상, 행신승도좌상, 도전율사좌상 등이 있으며 모두 국보로 지정되었다.

# Wakayama 와카야마

벚꽃이 흩날리는 4월. 사람으로 번잡한 오사카를 떠나 와카야마로 가자. 와카야마성과 고즈넉한 기미이데라의 벚꽃은 또 다른 매력이 있다. 시간이 있다면 마리나 시티의 쿠로시오 시장에서 참치 해체 쇼도 감상하자.

간사이 스루 패스로 갈 수 있는 곳이지만 어떤 곳인지 몰라서 잘 찾지 않는 곳, 고야산이 와카야마현에 속해 있다는 것을 아는 사람은 몇 되지 않을 것이다. 와카야마현은 태평양과 접해 있으며 지형의 대부분이 산악 지대를 이루고 있다.

와카야마현의 대표 볼거리 중 일본 100대 명산의 하나로 꼽히는 고야산을 빼놓을 수 없다. 죽은 자들이 편히 쉴 수 있는 곳으로 일본의 많은 거물이 고야산에 잠들어 있으며 잠들길 원한다고 한다. 그 외에도 간사이의 하와이라고 불리는 온천 휴양지인 시라하마가 있다. 시라하마는 바다를 끼고 있어 그 풍광이 시원스럽고 아름답다. 여름 휴가 시즌에는 일본 전 지역에서 인파가 몰려들어 조용한 시골 마을이 축제 분위기가 된다. 와카야마현에서의 일정이 하루만 주어진다면 멀리 갈 필요 없이 와카야마시를 구경하는 것도 좋다. 와카야마성의 벚꽃은 아름답고 버스로 30분 정도만 나가면 바다 옆에 자리 잡은 마리나 시티에서 즐거운 시간을 보낼 수 있다.

대부분의 사람이 오사카를 찾을 때마다 주로 들르는 지역은 교토, 나라, 고베. 이곳을 여러 차례 방문했다면 이제는 다른 지역으로 살짝 눈길을 돌려 보는 건 어떨까. 또 다른 일본의 매력을 느끼게 될지도 모른다.

## 와카야마 들어가기

오사카에서는 난카이南海선 난바難波역에서 본선 급행열차를 타고 69분 이동하면 난카이 와카야마시和歌山市역에 도착한다.

간사이 스루 패스를 소지하고 특급열차 사잔サザン을 이용할 경우에는 특급 요금 500엔이 추가된다.

JR을 이용할 경우에는 신오사카新大阪역 또는 텐노지天王寺역에서 JR 특급열차 쿠로시오くろしお를 타고 1시간 이동하면 JR 와카야마和歌山역에 도착한다.

## 와카야마 1DAY

**10:00**

**와카야마성**
번잡한 오사카성보다 한적한 와카야마성에서 느긋하게 벚꽃 산책을 즐겨 보자.

**11:30**

**키미이데라**
일본의 100대 우물로 선정된 3개의 우물이 있는 이곳에서 소원을 빌어 보자.

**13:00**

**마리나 시티**
바다를 끼고 있는 리조트 아일랜드 마리나 시티에서는 남녀노소 모두가 즐거워진다.

## 고야산 1DAY

**10:00**

**다이몬**
고야산으로 들어가는 정문이었던 다이몬의 인왕상은 사악한 기운을 막아준다고 전해진다.

**11:00**

**단조가란**
고야산의 중심인 단조가란. 16개의 기둥에 그려진 보살상은 만다라를 표현하고 있다.

**15:00**

**여인당**
한때 여인들의 출입을 통제했던 고야산은 참배 목적에 한해 이곳 여인당까지 출입을 허용했다.

**13:00**

**오쿠노인**
홍법 대사의 묘역이 있는 곳으로 2km나 되는 참배로를 따라 거닐다 보면 나도 모르게 숙연해진다.

**12:00**

**콘고부지**
유네스코 세계문화유산으로 등재된 진언종 사찰의 총본산. 내부에는 역대 천황의 위패가 있다.

와카야마시

마리나시티
## 쿠로시오 시장 黑潮市場

바다를 끼고 있는 지역답게 근해뿐만 아니라 전 세계에서 수확한 양질의 해산물을 맛보고 구입할 수 있는 어시장이다. 하루에 세 번 열리는 참치 해체 쇼는 기대할 만하다. 시장 내부는 1950년 일본 어시장의 모습을 재현해 놓았는데 조금은 어두운 느낌이지만 활기 넘친다. 참치, 성게알, 연어알 등 신선한 해산물이 가득 올려진 해산물 덮밥은 베스트 메뉴. 또한, 구입한 해산물을 바로 옆 백사장 바비큐 코너에서 직접 구워 먹을 수 있어 인기다.

전화 073-448-0008  영업 10:00~17:00(상점마다 다름)
휴일 부정기적 휴무(연 2회)

마리나시티
## 포르투 유럽 ポルトヨーロッパ

프랑스, 이탈리아, 스페인의 거리를 재현한 테마파크로 아름다운 바다에 에워싸여 더욱 이국적이고 로맨틱한 분위기를 자아낸다. 포르투 유럽은 유럽의 도시를 재현한 포르투 유럽 존과 어트랙션이 모여 있는 유원지 존으로 나뉜다. 스릴 만점의 어트랙션부터 어린이들도 안심하고 즐길 수 있는 놀이기구, 다채로운 이벤트가 방문객을 맞는다. 특히 하이다이빙은 22m 높이에서 한번에 다이빙하는 가장 인기 있는 어트랙션이다.

영업 10:00~17:00  휴일 부정기적
요금 세트권(입장+놀이기구) 일반 3,500엔, 어린이 2,900엔
입장권 일반 1,500엔, 어린이 900엔

마리나시티
## 키노쿠니 후르츠무라 紀ノ国フルーツ村

와카야마 지방의 인근 농가에서 직송한 신선한 과일과 야채를 저렴한 가격으로 판매하고 있다. 특히 와카야마산 귤은 일본에서도 최고의 당도를 가진 맛이라고 평가받고 있다. 와카야마에 들렀다면 다른 건 몰라도 귤은 꼭 먹어 봐야 한다. 귤을 이용한 음료나 잼 등이 많은 것이 그 이유를 대변한다. 그 외에도 손으로 직접 만든 건강식품 두부와 두유를 판매하며 쿠로사와 목장의 우유로 만든 소프트아이스크림, 롤 케이크 등은 부드러운 맛과 감칠맛이 일품이다.

영업 10:00~17:00(상점마다 다름)  휴일 부정기적

마리나시티
## 키슈 쿠로시오 온천 紀州黒潮温泉

해저 1,500m로부터 뿜어 나오는 원천을 이용하는 온천 시설로 마리나 시티와 마주하고 있다. 상쾌한 바닷바람이 느껴지는 노천탕과 바다가 한눈에 보이는 대욕장에는 고온, 중온, 저온의 3개의 탕이 마련되어 있어 몸과 마음의 피로를 풀어내는 데 그만이다. 키슈 쿠로시오 온천수는 신경통, 근육통, 관절염, 오십견, 관절 경직, 타박상, 만성 소화기병, 치질, 냉증, 화상, 만성 피부염, 동맥경화증 등에 효험이 있다고 하니 당일치기 온천욕으로는 이만한 게 없을 것이다.

영업 10:00~24:00  요금 일반 830엔, 초등학생 520엔

# 시라하마 白浜

일 년 내내 눈부신 햇살이 쏟아지는 시라하마는 1,300년의 역사를 자랑하는 온천 지역이다. 간사이 지역의 하와이로 불리며 여름 휴가철을 보내기 위해서는 미리 예약하는 것이 필수다. 외국 관광객들보다는 일본 내 관광객들이 대부분을 차지하고 있지만 시원하게 부는 바람과 검푸른 바다, 반짝반짝 빛나는 모래와 밝은 햇빛이 시라하마에서 잠시 쉬어도 좋다는 눈인사를 보내온다. 시라하마의 여행은 당일치기보다는 1박 2일의 일정으로 꾸리는 것이 좋다. 만약 짧은 일정으로 간사이를 방문하는 것이라면 시라하마는 다음 기회로 미루는 것이 좋다.

**가는 방법** 신오사카新大阪역 또는 텐노지天王寺역에서 JR 특급열차 쿠로시오くろしお 탑승하여 2시간 25분 후 시라하마白浜역 도착. 시라하마는 버스 노선이 좋지 않고 배차 시간이 길어서 렌터카를 이용하거나 1일 버스 승차권인 토쿠토쿠とくとく 프리 티켓을 이용하는 것이 합리적이다. 전체를 모두 둘러볼 것이 아니라면 버스 요금을 미리 알아보는 게 우선이다.
메이코 버스明光バス **1일권** 1,100엔, 어린이 550엔
메이코 버스 **2일권** 1,500엔, 어린이 750엔
메이코 버스 **3일권** 1,700엔, 어린이 850엔(시라하마역 관광 센터에서 판매)
**홈페이지** www.nanki-shirahama.net/korean

### Sightseeing ①
## 엔게츠도 円月島

시라하마의 상징적인 섬으로 특히 일몰이 아름다운 무인도다. 린카이우라臨海浦에 떠 있는 엔게츠도의 원래의 명칭은 다카시마高島였으나, 중간에 원형의 구멍(엔게츠)이 있어서, 지금의 이름으로 불리기 시작했다. 섬 중앙의 원형 구멍은 오랜 세월에 걸친 침식작용에 의해 만들어졌다. 여름에는 오후 6시 30분경, 겨울에는 오후 4시 30분경에 일몰이 시작되는데 이 시간대에는 붉게 물들어 가는 엔게츠도의 모습을 보기 위해 관광객들이 몰리기 시작한다.

가는 방법 시라하마白浜역에서 메이코明光 버스로 17분, 린카이臨海 정류장 하차 후 도보 1분.

### Sightseeing ②
## 시라라하마 해수욕장 白良浜海水浴場

흰 모래가 반짝반짝 빛난다고 해서 붙여진 이름인 시라라하마 해수욕장은 늘어선 야자나무 때문에 하와이의 와이키키 해변을 쏙 빼닮았다. 유독 하와이를 좋아하는 일본인들이 일본에서 가장 좋아하는 해변의 하나로 이곳을 꼽는다. 실제로도 하와이 와이키키 비치와 우호 자매 제휴를 맺고 있으며 해변 가까운 곳에 노천온천인 시라스나しらすな가 있다. 수영복을 입고 입욕하는 혼욕탕으로 해수욕과 온천욕을 동시에 즐겨 보도록 하자.

가는 방법 시라하마白浜역에서 신유자키新湯崎행 버스로 시라라하마白良浜 하차.

### Sightseeing ③
## 사키노유 崎の湯

바다를 바라보며 온천을 즐길 수 있는 사키노유는 15평 남짓하는 온천임에도 시라하마의 대표 온천으로 1,400년의 오랜 역사를 가지고 있다. 뽀얗게 올라가는 수증기와 유황 냄새, 바위에 부딪치는 태평양의 속삭임을 들으며 그야말로 신선놀음이 부럽지 않은 온천욕을 즐길 수 있다. 5개의 탕으로 모두 바다를 바라볼 수 있도록 만들어졌다. 주의할 점은 모두 바다와 접하고 있기 때문에 샴푸나 비누 등을 사용할 수 없다는 것.

영업 4~6월, 9월 08:00~18:00, 7~8월 07:00~19:00, 10~3월 08:00~17:00
요금 500엔
가는 방법 시라하마白浜역에서 신유자키新湯崎행 버스로 유자키湯崎 하차 후 도보 4분.

### Sightseeing ④
## 토레토레 어시장 とれとれ市場

저렴한 가격에 퀄리티 좋은 해산물을 만날 수 있는 어시장으로 특히 해산물 덮밥인 카이센동이 유명하다. 하루 세 번 참치 해체쇼를 보여 주고 해체한 즉시 기다리고 있는 손님들에게 판매한다. 토레토레 어시장의 가장 큰 장점은 어시장에서 구입한 해산물을 입구에 위치한 바비큐장에서 구워 먹을 수가 있다는 것. 1인당 300엔의 자릿세에는 간장, 소금, 접시 등이 포함되어 있다.

주소 和歌山県西牟婁郡白浜町堅田2521 とれとれ市場南紀白浜
전화 073-942-1010  영업 08:30~18:30
가는 방법 시라하마白浜역에서 신유자키新湯崎행 버스로 토레토레이치바마에とれとれ市場前 하차 후 도보 2분.

Sightseeing
### ⑤ 산단베키 三段壁

절벽 산책로 산단베키는 높이 50m로 파도의 침식으로 인해 사각기둥을 수십 개 세워 놓은 것 같은 형상이다. 산단베키에는 산단베키 동굴이 있으며 엘리베이터를 타고 36m 아래로 내려가야 한다. 예전에는 이곳에 배를 숨겨 두었다고 한다. 산단베키에서 뛰어내리면 극락세계로 간다는 말도 있어 해마다 자살자가 늘어나 지금은 접근 금지 표지판과 줄을 쳐 놓아 아쉬움이 있다.

홈페이지 sandanbeki.com
영업 산단베키 동굴 08:00~17:00
요금 산단베키 동굴 일반 1,300엔, 초등학생 650엔
가는 방법 시라하마白浜역에서 산단베키행 버스 종점 하차 후 도보 2분.

자살을 막기 위한 표지판

Sightseeing
### ⑥ 센조지키 千畳敷

센조지키는 태평양 쪽으로 뻗어 나온 신생대 제3기층 사암으로 이루어진 대암반으로 거대한 암석이 오랜 시간에 걸쳐 침식되어 만들어진 넓은 대지이다. 그 모습이 일본의 다다미 1천 장을 펼친 넓디넓은 면적이라고 하여 센조지키라는 이름이 붙었다고 한다. 황금색을 띠는 암반의 모습과 해 질 녘 붉게 물들어 가는 일몰의 조화가 아름다워 엔게츠도와 마찬가지로 인기 스폿 중 하나다.

홈페이지 town.shirahama.wakayama.jp
주소 和歌山県西牟婁郡白浜町1600
가는 방법 시라하마白浜역에서 메이코明光 버스로 린카이臨海 하차 후 도보 2분.

Sightseeing
### ⑦ 어드벤처 월드 アドベンチャーワールド

어드벤처 월드는 100만㎡의 넓은 부지에 동물의 다양함을 관찰할 수 있는 지연 테마파크다. 야생동물 약 200종류가 생활하는 모습을 가까이서 관찰할 수 있는 사파리 월드, 돌고래들의 속도감 넘치는 다이내믹한 점프를 볼 수 있는 마린 월드, 다양함이 돋보이는 인조 이 돔 등으로 구성되어 있다.

홈페이지 aws-s.com
영업 10:00~17:00(때에 따라 변동 있음)
휴일 부정기적
요금 입장권 일반 4,500엔 중고생 3,500엔 초등학생 2,500엔
가는 방법 시라하마白浜역에서 메이코明光 버스로 아도벤챠와루도アドベンチャーワールド 정류장에서 하차.

Sightseeing

## ① 와카야마성 和歌山城

와카야마성은 일본 100대 성 중의 하나다. 텐슈카쿠에서는 와카야마 시내를 조망할 수 있다. 와카야마성은 도요토미 히데요시의 동생인 히데나가가 1585년에 축성하였다. 그 후, 도쿠가와 이에야스의 10남인 요리노부가 주인이 되어 번성하였다. 와카야마성은 낙뢰와 태평양전쟁으로 두 차례 소실되었는데 마침내 1958년 철근콘크리트로 복원하여 현재의 모습을 갖추게 되었다. 특이하게 텐슈카쿠는 대천수각과 소천수각이 이어진 연립식 구조로 되어 있다. 현재 성의 주요 건축물 중 몇 동은 중요문화재로 지정되었으며, 성터는 국가 사적으로 지정되어 있다. 와카야마성에는 동물원이 있는데 1915년 4월 7일에 문을 열었으며 약 130마리의 동물을 사육, 전시하고 있다.

홈페이지 wakayamajo.jp
주소 和歌山市七番丁23
전화 073-422-8979
영업 09:00~17:30
휴일 12월 29~31일
요금 텐슈카쿠 일반 410엔, 초등학생 200엔
가는 방법 난카이南海선 와카야마시和歌山市역 하차 후 버스 정류장에서 40, 42, 44, 52번 버스 타고 코엔마에公園前 정류장에서 하차하여 도보 10분 소요.

## 和歌山城
## 모미지다니 정원 紅葉渓庭園

와카야마성 안에 있는 아름다운 정원으로 원래 '니시노마루'라 부르다가 가을 단풍이 너무 아름다워 '모미지다니(단풍 계곡) 정원'이라 부르게 되었다고 한다. 텐슈카쿠 북쪽에 있는 언덕을 내려가면 양쪽에 하얀 벽과 돌담이 있는 좁은 길이 나타나는데 이 길을 걸어가면 억새 지붕이 얹힌 낡은 문이 보인다. 문에 들어서면 아름다운 모미지다니 정원이 나타난다. 1619년 도쿠가와 요리노부가 만들기 시작한 정원으로 공사를 시작하고 나서 10여 년에 걸쳐 완성되었다. 정원 내에는 차를 즐길 수 있는 다실인 고쇼안紅松庵이 있다. 이끼로 덮인 신비스럽고 고즈넉한 정원에서 따뜻한 말차와 화과자를 즐기며 여유를 가져 보는 것도 좋겠다.

홈페이지 wakayamajo.jp
주소 和歌山市七番丁23
전화 073-431-8648
영업 09:00~17:00
휴일 12월 29~31일
요금 정원 무료, 고쇼안 말차 세트 460엔

Sightseeing
② 
# 키미이데라 紀三井寺

간사이 지역에서 가장 빨리 벚꽃이 피는 곳이며 일본 벚꽃 100선에 이름을 올린 키미이데라는 한자에서 알 수 있듯이, 3개의 우물이 있는 절이다. 770년 당나라 승려가 창건한 사찰로 3개의 우물을 각각 깃쇼이吉祥水, 요류스이楊柳水, 쇼조스이淸浄水라 부른다. 이 3개의 우물은 일본의 100대 우물로도 선정되었다. 하늘과 바다가 붉게 물드는 해 질 녘 키미이데라는 산책을 나온 가족들과 둘만의 오붓한 시간을 갖기 위한 연인들의 데이트 코스로 사랑받고 있다.

홈페이지 www.kimiidera.com
주소 和歌山市紀三井1201
전화 073-444-1002
영업 08:00~17:00
휴일 12월 29~31일
요금 일반 200엔, 초중생 100엔
가는 방법 JR 키미이데라紀三井寺역에서 도보 15분. 또는 난카이南海선 와카야마시和歌山市역 버스 정류장에서 40, 42번 버스를 타고 키미이데라 정류장 하차(버스 노선은 잦은 변동이 있으니 확인할 것).

Sightseeing
③
# 마리나 시티 マリーナシティ

와카야마시의 테마파크로 지중해의 항구도시를 모티브로 한 리조트 아일랜드 마리나 시티는 바다를 끼고 있기 때문에 여름철에는 해수욕과 요트를 즐기는 여행객들이 자주 찾는 곳이기도 하다. 신선한 일본 생선의 진미를 맛보고 바로 구입할 수 있는 쿠로시오 시장黒潮市場과 유럽 거리를 아기자기하게 재현해 놓은 포르투 유럽ポルトヨーロッパ, 와카야마 지방 농가에서 재배한 야채와 과일을 비교적 저렴하게 구입할 수 있는 키노쿠니 후르츠무라紀ノ国フルーツ村가 있으며, 해저 1,500m에서 솟아나는 온천을 즐길 수 있는 키슈 쿠로시오 온천紀州黒潮温泉도 있어 즐길 거리가 가득하다.

홈페이지 www.marinacity.com/kor
주소 和歌山市毛見1527
전화 073-448-0300
가는 방법 난카이南海선 와카야마시和歌山市역 하차 후 버스 정류장에서 42, 12번 버스로 30분 소요.

촬영 스폿!
이 자리에 카메라를 올려 놓고 찍으면 모두 예술 사진을 찍을 수 있다는 사실~

# 고야산 高野山

고야산은 와카야마현에 있는 일본 불교 진언종의 성지로 약 1,000m 높이에 있는 험준한 산악 지대 전체를 말한다. 819년경에 당나라에서 불교와 밀교를 공부하고 돌아온 홍법 대사에게 사가 천황이 고야산 일대에서의 수행을 허락하며 조성된 진언종의 성지다. 고야산은 117개의 절이 산 여기저기에 분산되어 있는 종교도시로 그중 50여 사찰은 숙식을 제공하는 템플 스테이 슈쿠보宿坊를 겸하고 있다.
현재 고야산에 있는 6개의 건물이 유네스코 세계문화유산으로 등재되어 있다.
오사카에서 고야산까지는 왕복 4시간 가까이 소요되기 때문에 당일 코스로 여행을 계획한다면 아침 7시경에는 난카이 난바역을 출발해야 여유롭다. 고야산 일대는 쇼핑이나 식도락과는 거리가 먼 곳이니 오사카를 출발하면서 도시락, 간식 등을 준비하는 것도 좋은 방법이다.

**가는 방법** 난카이南海 난바難波역 1~4번 플랫폼에서 출발하는 고야高野선 고쿠라쿠바시・고야極楽橋・高野山행 특급열차로 80분, 쾌속 급행열차로 100분이 소요된다. 이어서 고쿠라쿠바시역에서 케이블카로 갈아탄 다음 고야산역까지 5분이 소요된다. 만약 고쿠라쿠바시 고야산행 전철이 없을 경우는 같은 플랫폼에서 출발하는 하시모橋本행 급행열차를 타고 하시모토역까지 간 다음(55분 소요), 하시모토역에서 고쿠라쿠바시행으로 갈아타면 된다(45분 소요).
**홈페이지** www.koyasan.or.jp

Sightseeing
# 고야산 高野山

도보로만 여행할 수 없는 지역이므로 고야산역에 도착하면 역 앞 노선버스 정류장에서 2번 또는 3번 버스를 이용하여야 한다. 버스를 3회 이상 이용한다면 1일 패스(800엔)가 경제적이며, 간사이 스루 패스는 추가 요금 없이 그대로 사용할 수 있다. 고야산역 3번 노선버스는 다이몬-단조가란-콘고부지 여행에 이용하고, 2번 노선버스는 오쿠노인 참배로-오쿠노인-도쿠가와 가문 영묘-여인당 여행에 이용하면 된다.

Sightseeing
# 다이몬 大門

### 유네스코 세계문화유산

지금과 같은 자동차 도로가 생기기 전에는 고야산으로 들어가는 정문이었다. 본래는 지금의 위치보다 훨씬 아래쪽 계곡에 산문이 있었으나 낙뢰로 소실되었고 현재의 문은 1705년에 도쿠가와 쓰나요시가 높이 25.1m의 2층 누각으로 재건한 것이다. 처마에 빨강, 파랑, 노랑의 물결무늬를 그려 넣고, 꽃, 학, 잉어도 조각하였다. 문 양쪽에는 인왕상을 세워 사악한 기운이 들지 못하게 만들었다. 다이몬은 1965년에 국가 중요문화재로 지정되었으며, 1984년에 대대적인 보수공사를 하였다.

가는 방법 고야산高野山역 앞 3번 정류장에서 다이몬大門행 버스를 타고 16분 소요. 종점 하차.

Sightseeing
# 단조가란 壇上伽藍

### 유네스코 세계문화유산

당나라 유학을 마치고 돌아온 홍법 대사가 사가 천황의 후원으로 816년부터 이곳에 가람을 짓기 시작하였으나 험한 산세로 인하여 실제로는 11세기에 들어서 가람다운 면모를 갖추었다. 단조가란은 고야산의 중심지이며, 한가운데에 위치한 주홍색의 근본대탑根本大塔은 1937년에 문헌을 근거로 복원한 것이다. 높이 48.5m의 탑 안으로 들어가면 진언종의 본존인 대일여래상이 있고, 16개의 기둥에 각각 보살상을 그려 밀교의 만다라를 표현하였다. 국보로 지정된 부동명왕의 본존이 모셔진 부동당不動堂은 1197년에 지은 것으로 고야산에서 가장 오래된 건물이다.

영업 경내 일출~일몰 근본대탑 08:30~17:00
요금 경내 무료, 금당 200엔 근본대탑 200엔
가는 방법 고야산高野山역 앞 3번 정류장에서 다이몬大門행 버스로 콘도마에金堂前 정류장 하차. 또는 2번 정류장에서 오쿠노인마에奧之院前행 버스를 타고 센주인바시千手院橋 정류장 하차하여 도보 5분.

Sightseeing
④
## 콘고부지 金剛峯寺

### 유네스코 세계문화유산
유네스코 세계문화유산으로 등재된 진언종 사찰의 고야산 총본산이다. 본래 콘고부지는 고야산 전체의 사찰을 의미하였으나 1869년에 정치적으로 고야산 사원들을 정리, 합병하면서 지금과 같은 형태로 분리되었다. 1593년에 도요토미 히데요시가 지은 주전主殿은 1863년에 재건된 것으로, 동서로 54m, 남북으로 63m 길이의 서원형 건축물이다. 내부에는 역대 천황과 진언종 방장의 위패가 놓여 있다.

홈페이지 www.koyasan.or.jp
영업 08:30~17:00
요금 일반 500엔, 초등학생 200엔
가는 방법 고야산高野山역 앞 3번 정류장에서 다이몬大門행 버스를 타고 콘고부지마에金剛峯寺前 정류장 하차. 또는 2번 정류장에서 오쿠노인마에奧之院前행 버스를 타고 센주인바시千手院橋 정류장 하차하여 도보 3분.

Sightseeing
⑤
## 오쿠노인 奧之院

### 유네스코 세계문화유산
이치노하시一の橋에서 오쿠노인 참배로를 따라 약 2km를 들어가면 진언종의 창시자인 홍법 대사 묘역이 있는 '오쿠노인 고보다이시고뵤'가 나온다. 오쿠노인 참배로 양쪽의 아름드리 삼나무 사이로 황실, 다이묘大名, 승려 등의 묘와 등롱 20만 기가 세워져 있다. 전국시대의 명장 오다 노부나가, 도요토미 히데요시와 같은 인물이 홍법 대사가 입적한 오쿠노인에 묘를 쓴 것에 영향을 받아 극락왕생을 기원하는 사람들이 이곳에 묘를 만들었다. 기록에 의하면 전국 다이묘의 60%가 이곳에 묘를 썼다고 한다.

영업 일출~일몰
가는 방법 고야산高野山역 앞 2번 정류장에서 오쿠노인마에奧之院前행 버스를 타고 오쿠노인마에 정류장 하차.

Sightseeing
**⑥**
## 도쿠가와 가문 영묘 德川家霊廟

**유네스코 세계문화유산**

유네스코 세계문화유산인 닛코 동조궁日光 東照宮을 건립한 도쿠가 이에미쓰가 1643년에 가장 존경했던 할아버지 도쿠가와 이에야스와 2대 장군 도쿠가와 히데타다를 위하여 조성한 묘역이다. 본래는 다이토쿠인大德院 사찰의 일부였으나 1869년의 사찰 통합으로 묘지만 남게 되었다. 영묘는 작지만 화려하게 금박을 입혔으며 처마에 섬세한 조각을 다양하게 새겨 국가 중요문화재로 지정되었다.

영업 08:30~17:00
요금 200엔
가는 방법 고야산高野山역 앞 2, 3번 정류장에서 오쿠노인마에奧之院前행 버스를 타고 다이토쿠인마에大德院前 정류장 하차하여 도보 3분.

Sightseeing
**⑦**
## 여인당 女人堂

고야산에는 7개의 출입문이 있었으며, 각 출입문에는 여인당이 설치되어 있었다. 19세기 말까지 고야산은 여인들의 출입을 일체 허락하지 않고 통제하였는데, 참배 목적에 한하여 이곳 여인당까지만 접근을 허락하였다. 20세기 근대화 과정에서 이곳 한 곳을 제외한 여인당은 모두 철거되었다.

영업 08:30~17:00
요금 무료
가는 방법 고야산高野山역 앞 2, 3번 정류장에서 오쿠노인마에奧之院前행 버스를 타고 뇨닌도마에女人堂前 정류장 하차.

# Step to Osaka

## Step to Osaka 1

# 오사카 일반 정보

오사카부는 긴키 지방에서 가장 넓은 평야로 동쪽으로는 나라현, 북동쪽으로는 교토부, 북서쪽으로는 효고현, 남쪽으로는 와카야마현에 인접하고 있으며 서쪽으로는 오사카만을 바라보면서 세토내해를 통해 주코쿠, 시코쿠, 규슈와 연결되어 있다. 예로부터 교통의 요충지로 상공업이 발달하였으며 지금도 그 명성을 유지하고 있다. 면적은 일본의 도도부현 중 가장 협소하지만 인구는 도쿄 다음으로 많다.

오사카라는 지명이 생겨난 것은 15세기 말이며 그 이전에는 '나니와'라는 명칭으로 불렸다. 그래서 지금도 오사카의 지명 중에는 '난바'가 있으며 이는 '나니와'와 같은 말이다. 오사카 시내의 번화가로는 우메다, 난바, 신사이바시, 텐노지 등이 있다.

### ➕ 면적
1,905.14㎢로 서울 면적의 3배 이상이다.

### ➕ 인구
약 8,840,086명

### ➕ 언어
일본어를 사용하며 백화점이나 호텔에서도 영어가 통하지 않는 경우가 있으나 최근에는 관광객이 늘어나면서 외국어가 가능한 직원이 상시 대기하는 경우가 많다. 대부분의 교통수단, 관광지, 식당에는 한국어, 영어 안내판이 마련되어 있어 언어를 모르더라도 어려움이 없다.

### ➕ 이동시간 및 시차
비행기로 약 1시간 30분에서 1시간 50분 정도 소요된다. 시차는 따로 없다.

### ➕ 비자
대한민국 여권을 소지한 경우 최대 90일까지 무비자 입국이 가능하다.

### ➕ 전압
110V가 기본이다. 대부분의 한국 가전은 110~220V의 전압에서 모두 사용 가능한 프리볼트 제품으로 별도의 변압기 없이 사용할 수 있으나 콘센트 모양이 한국과 달라 별도의 플러그를 준비해야 한다.

### ➕ 기후
연평균 기온은 15.6℃, 강수량은 1,390mm로 세토내해瀨戶內海 연안 기후의 영향으로 한여름에는 비교적 강수량이 적어 무더위가 기승을 부린다. 바람은 지형적으로 서쪽이 트여 있어 겨울철에는 강한 서풍이 분다.

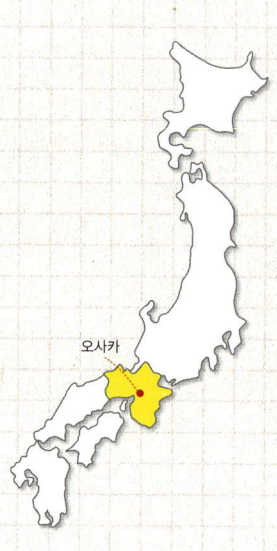

오사카

### ➕ 화폐

일본 화폐는 엔(¥)을 사용한다. 동전과 지폐가 함께 통용되는데 한국 내 대부분의 은행에서 어렵지 않게 환전이 가능하다. 일본 내에서 급하게 엔화가 필요한 경우 공항, 은행, 편의점, 호텔 등에서 환전할 수 있으며 가끔 지하철역에 자동 환전기가 있어 편리하게 사용할 수 있다.

### ➕ 신용카드

쇼핑몰이나 백화점 등에서는 대부분 사용 가능하지만 작은 규모의 레스토랑이나 카페, 상점 등에서는 현금만 받는 경우가 많다. 일본은 카드 사용을 잘 하지 않기 때문에 여행 시에는 환전을 넉넉히 준비하는 것이 좋다. 사용 카드는 때마다 다르긴 하지만 가장 문제없이 사용할 수 있는 것은 JCB카드이며 이벤트가 많아 할인혜택도 받을 수 있다.

### ➕ 소비세

백화점, 슈퍼마켓은 물론이고 편의점이나 아주 작은 상점에서 물건을 구입할 때에는 적혀 있는 금액의 8%가 세금으로 추가된다.

### ➕ 대중교통

JR, 난카이, 킨테츠 전철, 한큐 전철, 한신 전철, 지하철, 버스 등 다양한 교통수단이 있는데 오사카 시내만 여행한다면 가장 편리한 교통수단은 지하철이다. 교통 요금은 한국보다는 조금 비싼 편이다.

### ➕ 무료 와이파이

간사이국제공항을 비롯 버스 정류장, 지하철역, 세븐일레븐 편의점 등에서 사용 가능하고, 최초 접속 시 몇 가지 내용에 동의한 후 이메일 인증만 받으면 된다. 그 외에 라피트 열차 내, 신사이바시스지 등 몇몇 상점가에서 접속이 가능하다.

### ➕ 우편

여행을 기억하기 위해 엽서를 부치는 경우가 있다. 엽서의 경우 보통 우편으로 보내면 10일(요금은 100엔 전후) 정도 걸린다. 저가 항공의 수하물 제한으로 쇼핑한 물건을 소포로 부친다면 운송비와 물건 가격의 20% 내외의 세금이 붙는다. 운송비는 무게와 운송 방법에 따라 달라지는데 1~5kg 미만일 경우 선박은 2,500엔, 항공은 5,000엔 정도 예상해야 한다. 자세한 사항은 일본 우체국 홈페이지를 참고하자.

일본 우체국 홈페이지 www.post.japanpost.jp/int/service/i_parcel_kr.html

Step to Osaka 2

# 오사카 여행 준비

오사카로 떠나기 위한 마음이 준비되었다면 이젠 실전이다. 여권을 준비하고 항공권과 호텔을 예약하고 예산을 짜고 쇼핑 목록을 작성하고……. 다음의 사항을 꼼꼼히 체크하고 미리미리 준비해서 나중에 발을 동동 구르는 일이 없도록 하자.

## 1. 여권 발급

해외에서 나의 신분을 확인해 줄 수 있는 것이 여권이다. 여권 없이는 어떤 방법으로도 해외에 나갈 수 없고 거주할 수도 없다. 또한 여권 번호 없이는 항공권, 승선권을 구입할 수조차 없다. 여권을 분실하거나 훼손했을 경우에는 본인이나 대리인이 재발급을 받아야 한다. 해외에서 간혹 여권 분실사고가 일어나는데 그때를 대비해 출국 시 여권 사진 2매와 여권 복사본을 미리 준비해 두는 것이 안전하다.
여권은 복수여권과 단수여권이 있으며, 복수여권은 5년 또는 10년간 사용 가능하고, 단수여권은 1년 유효기간 내에 단 1회만 사용 가능하다. 여권을 이미 갖고 있다면 오사카 출국 시 유효기간 만료일이 6개월 이상 남아 있는지 확인해야 한다.

### 여권 발급 받기

광역시청과 도청, 서울시 모든 구청 여권과에서 거주지와 관계없이 여권을 발급받을 수 있어 편리해졌다. 여권은 발급 신청을 하고 대개 일주일 내로 받을 수 있지만 휴가철에는 10일 이상 걸리는 경우도 있으니 여행 계획이 있다면 미리 준비하는 것이 좋다.

구비 서류 여권 발급 신청서, 여권용 사진 1매, 신분증(주민등록증이나 운전면허증), 발급 수수료
복수여권 수수료 10년 50,000원~, 5년 42,000원~, 8세 미만 30,000원
단수여권 수수료 20,000원
*만 25세 미만의 군 미필자의 경우, 국외 여행 허가서 필히 지참
*여권용 사진은 반드시 규정에 맞게 찍어야 함
외교부 여권 안내 홈페이지 www.passport.go.kr
전화번호 02-733-2114

## 2. 항공권 혹은 승선권 예약하기

### 항공권

여권을 신청한 후 바로 해야 할 일은 항공권 예약이다. 항공권은 많은 시간을 두고 미리 예약하는 것이 좋다. 최근에는 저가 항공이 등장해 10만 원대의 금액으로 오사카에 갈 수 있게 되었고, 저가 항공일수록 경쟁이 치열해 서두르지 않으면 항공권을 손에 쥘 수 없게 되었다. 여행객이 몰리는 성수기에는 항공료도 비싸지기 때

문에 예약 시기가 중요하다.

먼저 할인 항공권 판매 사이트를 검색해 가격 비교를 하는 것이 우선이다. 그 밖에 여행 동호회에서 공동 구매를 신청하거나 여행사에서 항공권과 호텔을 묶어 판매하는 에어텔 상품을 구입하는 것도 한 방법이다. 원하는 호텔에 묵을 수는 없지만 알뜰하게 여행할 수 있다.

여행 인구가 늘어나면서 비교적 우리나라와 가까운 도쿄, 오사카, 후쿠오카 등은 주말여행으로 인기몰이를 하고 있다. 주말 항공권은 품귀현상을 빚을 정도로 구하기 쉽지 않고 가격도 만만치 않다. 주말을 이용해 여행할 계획이라면 서너 달 전에 서둘러 예약하고, 방학을 맞아 시간 조절이 비교적 자유로운 여행객이라면 주중에 출발하는 항공권을 예약하도록 하자. 간혹 항공사마다 1~5만 원대의 항공권을 내놓고 있으니 홈페이지를 자주 들락거리며 확인하면 좋다. 초저가 항공권을 얻기 위해 그만한 노력은 당연하다.

### ➕ 취항 항공사

| | |
|---|---|
| 인천 … 오사카 | 대한항공, 아시아나, 이스타, 진에어, 제주항공, 티웨이, 일본항공, 전일본공수, 피치항공 |
| 김포 … 오사카 | 대한항공, 아시아나, 제주항공, 일본항공, 전일본공수 |
| 부산 … 오사카 | 대한항공, 아시아나, 이스타, 진에어, 제주항공, 에어부산, 일본항공, 피치항공 |
| 대구 … 오사카 | 대한항공, 티웨이 |

## 승선권

비행기와 달리 승선권은 가격 변동이 거의 없다. 가격도 조금 저렴하고 승선감도 좋지만 오가는 데 하루씩 총 이틀이 소요되기 때문에 주말 여행자들에게는 무리다. 슬로여행을 계획한다면 적극 추천한다. 특히 오사카항은 도시와 인접해 쉽게 이동할 수 있다는 장점이 있으며 개인 물건도 비행기보다는 더 많이 실을 수 있다. 부산에서 출발하기 때문에 배편으로 가는 길은 부산, 경남 지역 사람들에게는 더없이 유리한 방법이 아닐 수 없다. 하늘 길로 가든 바닷길로 가든 예약은 미리 하는 것이 제일이다.

### ➕ 취항 선사

| | |
|---|---|
| 부산 … 오사카 | 팬스타 ㅣ 일, 화, 목 (주 3회 운항) |
| 오사카 … 부산 | 팬스타 ㅣ 월, 수, 금 (주 3회 운항) |

홈페이지 www.panstar.co.kr/osaka

## 3. 숙소 예약하기

항공권이나 승선권 예약이 끝나면 이제는 숙소를 예약하는 일이 남는다. 일본 숙소는 미리 예약하지 않으면 숙박할 수 없는 경우가 종종 있으니 예약은 필수다. 특히 금요일, 토요일, 일본 연휴에는 숙박료가 기본 1,000~2,000엔 정도 더 비싸진다. 전화로 직접 예약하는 방법도 있지만 요즘은 호텔 예약 사이트를 이용해 더욱 저렴하게 예약할 수 있다. 물론 여러 번 확인하고 대기해야 하는 번거로움이 있지만 시간을 투자한 만큼 혜택은 크다. 참고로 일정이 변경되어 예약을 취소해야 하는 경우엔 수수료를 물게 되는데, 사이트에 따라 규정이 다르니 확인이 필요하다.

이런 방법이 번거롭다면 여행사를 이용할 수도 있다. 간혹 동호회를 통한 공동 구매로 숙소를 예약하면 조금 저렴하게 묵을 수 있다. 숙소 예약을 편리하게 하는 또 다른 방법은 일본의 체인 호텔을 이용하는 것. 한국이나 중국에 진출한 일본계 체인 호텔 멤버십에 가입하고 카드를 만들면 여러 가지 혜택을 받을 수 있다. 예를 들어 방이 없을 때 회원들만 이용 가능한 방이 있다든가 10번 숙박하면 1번은 무료로 이용할 수 있다든가 하는 것이다. 혹은 특정 요일을 정해 20~30%까지 할인하는 경우가 있으니 일본에 자주 가는 여행객들에겐 좋은 소식이다.

숙소를 정할 때에는 보통 숙박료가 큰 비중을 차지하겠지만 그보다 더 중요한 것은 위치다. 특히 여성 여행자라면 다소 비싸더라도 외지지 않고, 지하철 등 교통편이 편리한 곳을 찾는 게 좋다. 아무 데나 누울 수만 있으면 된다는 생각으로 외진 곳을 선택하면 피로 누적은 물론, 여행의 전체 일정을 망칠 수도 있으니 유의하자.

### ✚ 호텔 예약 사이트

| 호텔스컴바인 | www.hotelscombined.co.kr |
| 호텔스닷컴 | kr.hotels.com |
| 아고다 | www.agoda.co.kr |
| 자란넷 | www.jalan.net/kr |
| 에어비앤비 | www.airbnb.co.kr |

### 일본의 다양한 숙박 시설

**특급 호텔** 말 그대로 사우나, 헬스장, 수영장 등 모든 시설이 잘 갖춰진 호텔을 말한다. 일본은 호텔 객실이 작기로 소문나 있는데 특급 호텔 역시 큰 편은 아니다. 보통 1인 싱글 숙박료는 17,000엔 이상이다.

**비즈니스호텔** 여행객이 가장 많이 이용하는 저렴한 호텔로, 일본에서는 출장을 다니는 비즈니스맨들을 위해 만들어졌다. 방이 작아 둘이 쓰면 스치듯 움직여야 하지만 큰 불편함은 없다. 비즈니스호텔의 장점은 대부분 역과 가까운 곳에 위치한다는 것이며, 보통 1인 싱글 숙박료는 6,000엔 이상이다.

**캡슐 호텔** 일본에서만 운영되는 독특한 방식의 호텔로 말 그대로 캡슐처럼 생긴 공간을 제공한다. 혼자 눕거나 앉을 수 있을 정도로 공간이 좁고, 저렴한 것이 특징이다. 대부분 남성 전용이며 보통 1인당 3,000엔 이상이다.

**에어비앤비** 세계 최대 숙박 공유서비스로 자신의 방이나 집을 임대해 주는 서비스다. 현지인처럼 장기간 살아본다거나 가격이 저렴하다는 장점이 있지만 호텔과 달리 직접 해야 하는 것들이 많아 번거로울 수 있다. 대부분 가정집으로 위치가 애매한 경우도 있고, 불미스러운 일도 종종 일어나기 때문에 예약하기 전에는 후기를 꼭 살피고 선택해야 한다.

**아파트먼트 호텔** 일반 아파트를 대여해 주는 숙박시설로 주방기구가 갖춰져 있어 여행 중 현지인처럼 살아볼 수 있다. 일반 호텔보다는 가격이 저렴한 편이며, 호텔 시스템으로 운영되어 문의에 대한 대처가 빠른 편이다. 에어비앤비에 비해 안전하며 편리하다.

**료칸** 일본 문화를 체험하기에 료칸만한 곳이 또 있을까. 값은 비싸지만 진정한 일본을 느끼고 싶다면 하루 정도 숙박해봐도 좋다. 석식으로 내놓는 가이세키 요리는 눈으로 먹는다는 말이 있을 정도로 예술에 가깝다. 숙박료는 보통 1인당 13,000엔 이상이다.

**민슈쿠** 민박과 비슷한 의미의 민슈쿠는 개인 생활을 보장받을 수 없으나 가격이 저렴하다는 장점이 있다. 최근 오사카에는 한인 민슈쿠가 많이 생겼으니 민슈쿠에서 숙박할 계획이라면 미리 알아보는 것이 좋다. 숙박료는 1인당 3,500엔 이상이다.

## 4. 여행 정보 수집하기

여행을 떠나기 전에 정보를 미리 수집해야 동선을 짜거나 예산을 준비할 수 있다. 인터넷에 오사카를 검색하면 수십 개의 동호회가 나오는데, 그중 본인의 목적에 맞는 곳에 가입하고 정보를 얻으면 된다. 잘 모르는 부분에 대한 답변을 빠르게 받고 싶다면 회원수가 많은 곳에 가입하는 편이 좋다. 종종 숙소를 공동 구매하거나 친구를 만들어 함께 여행할 수 있으니 참고하도록 하자.
이 외에도 여행 가이드북에서 정보를 찾는 것도 도움이 된다. 여행지의 지도와 관광명소, 필요한 언어, 물가 등의 정보를 한눈에 알 수 있으니 출발 전에 구입해 가야 할 곳을 미리 체크해 놓도록 하자.

## 5. 환전 및 일정 잡기

비행기 예약도 하고 호텔 예약까지 마쳤다면 이제는 환전이다. 쇼핑 리스트를 한번 작성해 보고 필요한 금액을 환전하면 된다. 일본은 대부분 신용카드 사용이 가능하지만 작은 숍일 경우 현금만 취급할 수 있으니 환전은 필수다. 아웃렛 같은 쇼핑몰에서는 카드 사용이 가능한데, 이때는 내가 가지고 있는 카드가 외국에서도 사용 가능한지 확인해야 한다.

환전은 주거래 은행에서 환율 우대를 받는 것이 가장 좋으며 딱히 정해진 은행이 없다면 인터넷 환전이나 스마트 폰 앱도 괜찮다. 미리 환전 신청을 하고 가까운 은행에서 찾으면 수수료 우대를 받을 수 있다. 비행기를 예약하면 환전 우대 쿠폰을 보내 주는 경우도 있고, 여행 동호회 사이트에서 쿠폰을 공유하는 경우도 많으니 참고하자.

공항이나 부산국제여객터미널 등에서도 환전할 수 있으나 수수료 우대 혜택을 받기 어려우니 미리 환전해 가는 것이 조금이나마 절약하는 길이다.

## 6. 각종 패스 및 입장권 구입하기

여행 일정이 정해지면 가장 먼저 해야 할 일은 한국에서 각종 패스와 입장권을 구입하는 일이다. 물론 현지에서도 구입할 수 있지만 소통의 불편함이 있고 긴 줄을 기다려야 하는 돌발 상황이 발생할 수 있다. 심지어 한국에서 미리 구입하면 할인되는 경우도 많아 미리 준비하는 게 좋다. 일부 패스나 입장권 중에는 국내에서 판매 불가한 것들이 있는데, 그럴 땐 현지의 구입처를 미리 확인하고 가면 여행길이 술술 풀릴 것이다.

## 7. 인터넷 면세점 쇼핑하기

시내 면세점에서 직접 확인하고 물건을 구입하는 것도 좋겠지만 집에서 편안하게 인터넷 면세점 쇼핑을 즐겨도 된다. 인터넷 면세점 쇼핑이 좋은 이유는 가입만 하면 신규 가입 쿠폰과 쇼핑 금액에 따른 할인 쿠폰, 기념품, 특가 이벤트 등 혜택이 다양하다는 것이다. 만약 원하는 상품이 사이트에 없다면 전화나 이메일로 문의하거나 직접 매장에서 물건을 확인하고 스페셜 오더로 물건을 받을 수 있다.

물론 공항에서 출국 수속을 끝내고 탑승 전까지 여유로운 쇼핑을 즐길 수도 있다. 인터넷 면세점 쇼핑만큼 다양한 혜택을 누릴 수는 없지만 왠지 특권을 누리고 있다는 생각이 들기도 한다. 면세 쇼핑을 굳이 하지 않아도 구경하는 것만으로도 이미 마음은 설렌다.

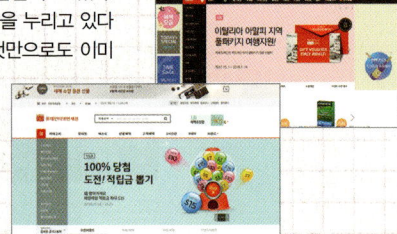

## 8. 로밍, 유심칩, 포켓 와이파이 예약

인터넷은 이제 떼려야 뗄 수 없는 관계가 되었다. 더군다나 내 나라가 아닌 곳에서의 인터넷 연결은 든든한 조력자다. 실시간으로 지도, 정보 검색, SNS 소통을 할 수 있도록 데이터 로밍이나 포켓 와이파이를 미리 예약하도록 하자. 단, 포켓 와이파이는 여럿이서 와이파이를 공유하는 개념이므로 혼자일 땐 추천하지 않는다.

## 9. 여행 가방 꾸리기

자, 이제 출발만 남았다. 두근거리는 마음을 진정시키고 짐을 꾸려 보자. 이것저것 계획 없이 넣다 보면 정작 필요한 물건을 빼놓고 가는 경우가 많다. 또한 배낭을 메고 갈 것인지, 트렁크를 끌고 갈 것인지 결정을 내려야 한다. 자신의 여행 목적을 생각하지 않고 귀엽기만 하고 실용성은 없는 트렁크를 구입했다가 여러 개의 쇼핑 봉투를 낑낑대며 고생스럽게 돌아오는 사람들을 여럿 봤다. 일본은 살 거리가 넘치므로 이 부분을 충분히 고려해야 하며, 가방의 일부 공간은 비워두고 출국해야 한다. 짐의 무게를 좌우하는 것은 대개 의류로 여행 일정에 맞게 2~3벌만 쥬비하고 코인 세탁을 이용, 그날그날 세탁해 입는 것이 합리적이다. 보통 세탁은 한 번 돌리는 데 100엔, 탈수는 30분에 100엔이며, 세제는 한 번 사용에 1~2엔 정도다.

| 준비물 | 체크 | 준비물 | 체크 |
|---|---|---|---|
| 여권 | | 엔화 | |
| 신용카드 | | 호텔 바우처 | |
| 항공권 | | 세면도구 | |
| 옷, 속옷 | | 상비약 | |
| 우산 | | 보조배터리 | |
| 멀티플러그 | | 화장품 | |
| 신발, 슬리퍼 | | 보조 가방 | |
| 카메라 | | 필기구 | |

## 10. 최종 점검 및 출국

출발 하루 전에는 여권, 항공권, 각종 패스와 입장권, 여행 경비를 모두 챙겼는지 확인한다. 당일에 서두르다 보면 잊는 경우가 많으니 반드시 눈에 띄는 곳에 둔다. 출발 당일에는 최소 2시간 전에 공항에 도착해야 하는데 포켓 와이파이나 면세점에서 물건을 인도 받아야 한다면 3시간 전에 도착하도록 하자.

Step to Osaka 3

# 오사카 출입국 정보

여행의 첫발은 한국에서 출국 수속을 밟는 일이다. 늦어도 출발 2시간 전에는 공항이나 항에 도착해 아래 순서에 따라 진행하면 어려움이 없다. 연휴나 휴가 기간에는 3시간 전에 도착해 여유롭게 준비를 마쳐야 한다. 자, 그럼 출발해 보자.

## 한국에서

### 1. 인천국제공항에서 출국하기

#### 1) 공항 도착

인천국제공항에서 출국하는 경우 리무진버스를 이용하거나 승용차, 혹은 인천국제공항철도를 이용하여 공항으로 가면 된다. 공항철도 직통열차를 이용할 경우 서울역에서 인천국제공항까지 약 45분 걸린다. 루트가 다양해 편리하게 이용할 수 있는 리무진버스의 경우 서울역에서 인천공항까지 약 70분 정도 소요되는데 혼잡한 시간대에는 시간을 잘 계산해서 출발해야 한다.
2018년 1월 18일에는 인천국제공항 제2터미널을 오픈해 SKY TEAM 항공사 중 4개 항공사인 대한항공, 에어프랑스, 델타항공, KLM은 제2터미널로 이전하게 되었다. 앞으로 여러 항공사의 이동이 있을 수 있으니 반드시 탑승항공사의 터미널을 확인해 두도록 하자.

#### 2) 탑승 수속하기

탑승 예정인 항공사 체크인 카운터에서 탑승권을 발급받는다. 여권과 미리 발급 받은 전자 항공권(E-티켓)을 제시하면 좌석 번호가 적힌 탑승권을 받게 된다. 이때 탑승권에 적힌 탑승 시간을 잘 기억하자. 출발 시간만 기억하고 면세 쇼핑을 하다가 비행기를 놓치는 경우도 종종 있다.
탑승권을 받으면 수하물을 부친다. 배낭이나 소형 트렁크는 기내 반입이 허용되지만 크기가 애매한 경우는 부치는 게 편리하다. 액체류나 젤류는 반입 금지 품목에 속하는데 필요하다면 지퍼 팩에 넣으면 된다. 단, 용량이 100ml를 넘을 수 없다.

#### 3) 출국장에서 보안 심사받기

탑승권을 받았다면 잠시 주변에서 5분 정도 대기했다가 출국장으로 들어간다. 5분 대기는 수하물로 부친 본인의 짐에 아무런 문제가 없는지 확인하는 시간이다. 출국장에 들어서면 먼저 소지한 물건들을 검사받는다. 노트북이나 외투, 주머니 속에 있는 동전 등 소지품을 컨베이어 벨트에 올리고 엑스레이 검색대를 통과해야 한다. 고가의 물건을 소지하고 있으면 검색대 양끝에 있는 세관 신고대에서 미리 신고하는 게 좋다. 그렇지 않으면 입국 시 불이익을 당할 수 있다.

물품 검색이 모두 끝나면 여권과 탑승권을 들고 자동출입국심사를 한다. 자동출입국심사는 만 19세 이상 국민이면 누구나 바로 이용 가능하다. 단, 만 7~18세 국민, 이름, 생년월일 등 인적사항이 최근 변경된 국민, 주민등록증 발급 후 30년이 지난 국민은 자동출입국심사를 받을 수 없고 대면출입국심사를 받아야 한다.

### 4) 면세점 쇼핑하기

탑승 시간까지 남는 시간에는 면세점을 돌며 쇼핑에 빠져 보자. 출발 전 미리 구입한 물건이 있다면 면세품 인도장에서 찾아가면 된다. 이때도 마찬가지로 액체류, 젤류는 따로 봉투에 담아 밀봉해 주는데 현지에 도착해 개봉하고, 일본에서 출국 시에는 수하물로 부쳐야 한다.

인천국제공항 면세점은 외국인이 선호하는 면세점 1위로 아이쇼핑만으로도 즐겁다. 제2출국장에도 면세점과 카페가 마련되어 있으나 면세점별로 취급하는 품목이 다르다는 것을 명심하자.

### 5) 비행기 탑승, 입국 카드 작성하기

보통 비행기 출발 30~40분 전부터 탑승이 시작된다. 이 시간은 반드시 엄수해야 할 시간으로 쇼핑에 빠져 있다가는 곤란한 일을 겪게 될지도 모른다. 외국 항공사나 저가 항공사는 대부분 제2출국장에서 탑승을 하는데 모노레일을 타고 이동해야 하니 시간 계산은 필수다.

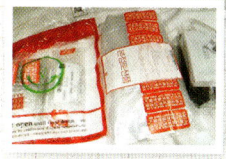

오사카까지는 약 2시간 정도 소요되며 이때 기내에서 나눠 주는 입국 카드와 세관 신고서를 영어로 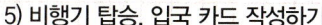작성한다. 기내에서 제공되는 간단한 식사와 음료를 즐기면 기내 면세품 판매를 시작하는데 간혹 공항 면세점보다 저렴한 경우도 있다. 구입하고자 하는 물건이 있으면 돌아오는 비행기로 받을 수 있도록 예약하면 된다. 이래저래 시간을 보내다 보면 비행기는 일본 하늘에 도착해 있다. 이제부터 오사카 여행의 시작인 셈이다.

### 인천국제공항 무료 편의시설 즐기기

#### 공항 전망대

인천국제공항 여객터미널 4층에는 공항 전망대 에어스타 테라스Airstar Terrace가 있다. 공항 활주로를 감상하며 영화 속 한 장면처럼 차 한잔을 즐길 수 있다. 공항 전망대에는 북카페, 무료 인터넷존, 커피숍 등을 운영하고 있으며 공항 대기장에 아름다운 조명이 들어오는 저녁 시간에 가장 빛을 발한다. 혼자서도 충분히 휴식을 취할 수 있는 좌석이 많으니 공항에 일찍 도착했다면 한번 이용해 보도록 하자.

#### 무료 샤워실

이른 오전이나 늦은 밤 출국하는 여정이라면 개운하게 샤워를 하고 여행을 시작해 보는 건 어떨까. 여객터미널 4층 환승 동의 동편과 서편, 탑승 동 중앙, 총 세 군데 샤워실이 있어서 출국 심사를 마친 여행객만 이용할 수 있다. 수건도 무료로 대여해 주며 헤어드라이어도 있어 쾌적한 여행을 시작할 수 있다.

### 인천국제공항에서 새벽 출국을 위한 숙소

#### 다락휴

인천국제공항 교통센터 1층에 위치한 다락휴는 캡슐 호텔로 운영되지만 일본의 캡슐 호텔과는 형태가 다르다. 싱글룸과 더블룸이 있으며 룸에 따라 샤워시설이 갖춰져 있다. 주말 특히 금요일, 토요일에는 대부분 만실이므로 미리 예약해야 한다. 새벽에 출국하는 경우에는 다락휴가 제격. 자세한 내용은 홈페이지를 참조하자.

홈페이지 www.walkerhill.com/capsulehotel/kr

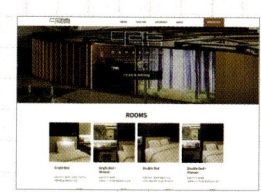

## 2. 김포국제공항에서 출국하기

인천국제공항보다는 서울에서 가까워 교통이 편리하며 버스 요금도 저렴하다. 김포국제공항은 국제선과 국내선 2개의 청사로 나뉘어 있는데 버스는 대개 국제선 청사에 먼저 정차하고 그다음 국내선 청사에 정차한다. 국내선 청사에 내렸다면 1층 국제선 청사로 가는 무료 셔틀을 이용하면 된다. 지하철을 이용한다면 김포공항역에서 내려 표지판을 따라가면 되는데 이동하는 시간이 만만치 않으니 여유를 가지고 미리 준비해야 한다.

서울에서 가깝다는 장점은 있지만 편의시설은 인천국제공항과 비교하면 안 될 정도로 협소하다. 1층은 입국장이며 탑승 수속은 2층에서 이루어진다. 수속이 끝나면 3층 출국장으로 가서 출국 심사를 받고 미리 구입한 면세품을 인도받거나 면세점 쇼핑을 즐기면 된다. 출발 30~40분 전에는 반드시 탑승구에 도착하자.

## 3. 김해국제공항에서 출국하기

부산을 포함한 남쪽 지역 여행자들이 주로 이용하는 김해국제공항은 부산 시내에서 버스로 약 40분가량 떨어져 있다. 대부분 공항까지 차를 이용하기 때문에 도로 정체가 극심하기로 유명하다. 김해국제공항에서 출국할 경우에는 반드시 시간을 체크하고 여유 있게 출발하거나 김해 경전철을 이용해 공항역에서 내려 늦지 않도록 하자.

김해국제공항은 국내선과 국제선 청사로 나뉘어 있다. 1층은 입국장, 2층은 탑승 수속과 출국 심사를 할 수 있다. 김포국제공항보다도 작아 편의시설이나 면세점 등이 부족하니 면세 쇼핑을 할 계획이라면 미리 시내 면세점이나 인터넷 면세점에서 구입하고 출국 심사 후 면세품을 인도받는 것이 좋다.

## 4. 부산국제여객터미널에서 출국하기

부산에서 배편을 이용하는 여행자들도 버스나 지하철 등을 이용해 2시간 전에 항에 도착하도록 한다. 부산국제여객터미널은 부산역에서 도보 30분 정도 소요된다. 출국 수속은 인천국제공항과 동일하며 단, 모든 짐은 본인이 직접 휴대하고 승선해야 한다.

부산국제여객터미널에서 출국하는 경우 항공료보다 좀 더 저렴하다는 장점이 있었으나 최근에는 저가 항공사가 늘어나면서 가격 경쟁력은 많이 낮아졌다. 다만 항공편을 이용할 때보다는 좀 더 여유롭고 낭만적인 분위기를 느낄 수 있다는 장점이 있다. 특히 장시간 이동하면서 선내에서 다양한 이벤트를 준비하는 경우도 있어 여행객들에게 즐거운 경험이 되기도 한다.

## 일본에서

## 간사이국제공항에서 입국하기

### 1) 입국 신고하기
간사이국제공항은 터미널이 두 곳으로 나뉘어 있다. 비행기에 따라 모노레일을 타고 이동해 입국 신고를 해야 하기 때문에 입국 심사 방향을 따라 이동하도록 하자. 입국 심사대에 도착하면 일본인, 외국인 구분에 따라 입국 심사를 받는다. 순서가 되면 일본 심사관 앞에 여권과 입국 카드를 제시하면 된다.

### 2) 수하물 찾고 세관 심사받기
입국 심사가 끝나면 공항에서 부친 수하물을 찾아야 한다. 내가 타고 온 비행기의 편명이 나오는 수하물 수취대로 찾아간다. 만약 시간이 지나도 수하물이 나오지 않으면 공항에서 수하물에 붙여준 태그와 같은 번호의 수하물 스티커를 관계자에게 제시하도록 한다.

수하물을 찾은 후에는 세관 심사를 받는다. 세관 심사대에서는 여권을 제시하는데 세관원은 혼자 왔는지, 여행 목적은 무엇인지 등 간단한 질문을 한다. 간혹 수하물을 일일이 오픈하여 심사하거나 몸수색을 위해 이동하기도 하는데 당황할 필요는 없다. 오사카국제여객터미널도 같은 순서대로 입국이 이루어진다.

### 3) 입국장 나가기
여행의 시작을 알리는 입국장은 다양한 사람들로 언제나 북적거린다. 출국장과 달리 대부분 기대에 부푼 얼굴들이다. 리무진버스나 택시를 이용할 사람들은 입국장 맞은편 출구를 통해 나가면 된다. 교통비가 비싸고 교통 체증이 심한 일본에서 리무진버스나 택시는 별로 추천하고 싶지 않다. 열차를 이용할 사람들은 입국장 2층으로 올라가 건너편 지하철로 이동하면 된다. 이곳에서는 오사카 시내로 들어가는 난카이선과 JR을 탑승할 수 있다. 난바역까지 난카이선 라피트 알파는 29분, 베타는 35분, 급행열차는 45분이 소요되며 JR은 53분 소요된다. 버스는 1시간 이상 소요된다. 오사카 국제여객터미널에서는 1층에서 셔틀버스를 타고 나와 지하철을 이용해 도심으로 들어가면 된다.

> 난카이 공항 급행열차 920엔
> 난카이 라피트 알파 1,430엔
> JR 1,060엔~
> 공항 리무진버스 난바역 1,050엔, , JR 오사카역 1,550엔

**Step to Osaka 4**

# 오사카 교통 패스와 입장권

교통비가 비싼 일본에서 패스는 없어서는 안 될 필수품이다. 일본을 방문한 외국인 관광객들을 위한 패스는 내국인은 구입할 수 없다. 패스의 종류는 많고 다양해서 일정에 맞게 선택하면 이득이다. 대부분의 패스는 일본 간사이국제공항이나 주요 역에서 판매하고 있지만 기다리느라 시간을 낭비할 수 있으니 한국 여행사를 통해 구입하는 편이 좀 더 편하고 저렴하다. 간혹 예고 없이 이용구간이나 혜택 등이 달라질 수 있으니 구입 전에 확인하도록 하자.

## 1. 간사이 공항에서 도심으로 들어갈 때 유용한 패스

### 1) 칸쿠토쿠와리 라피트킷푸 関空トク割りラピートきっぷ
특급열차인 라피트를 저렴하게 이용할 수 있는 티켓이다. 난카이 전철 매표소에서 판매한다.
　요금 일반석 1,130엔, 특석 1,340엔

### 2) 칸쿠치카토쿠 킷푸 関空ちかトクきっぷ
난카이 전철 편도 요금과 오사카 지하철 요금이 포함된 티켓으로 난바역에서 다른 역으로 이동할 때 100~200엔 저렴하게 이동 가능하다. 단, 환승은 난바역에서만 가능하다는 것. 공항 난카이 전철 매표소와 지하철역에서 판매한다. 　요금 1,000엔

### 3) 요코소 오사카 킷푸 ようこそ大阪きっぷ
특급열차인 라피트의 편도 티켓과 오사카 지하철 1일권이 묶여 있는 티켓으로 여행 목적에 따라 400~700엔 정도 저렴하다. 간사이 공항 난카이 전철 매표소에서 구입할 수 있다. 　요금 1,500엔

## 2. 오사카 여행 시 편리한 패스

### 1) 오사카 주유 패스 大阪周遊パス
오사카 지하철과 버스를 무제한 탑승하고 오사카 시내 명소 38곳을 무료로 입장할 수 있어 오사카 지역만을 집중적으로 여행하는 데 적합한 패스이다. 교통비를 절약하고 많은 혜택과 특전을 얻을 수 있기 때문에 그 가치가 높다. 함께 제공되는 '토쿠(TOKU)×2쿠폰'을 제시해야만 무료입장이나 할인 등의 특전을 받을 수 있는 곳이 있으므로 잊지 말고 패스와 함께 가지고 다니도록 하자. 주유 패스는 1일권과 2일권이 있는데 2일권은 이틀 연속으로 사용해야 하며 특정 날짜를 따로 지정할 수 없다.
　요금 1일권 2,500엔, 2일권 3,300엔
　홈페이지 www.osaka-info.jp/osp/kr

## 사용범위

1일권은 오사카 시내를 운행하는 오사카 시영 지하철, 시영 버스, 뉴 트램, 한큐 전철, 한신 전철, 난카이 전철, 게이한 전철, 킨테츠 전철에 탑승할 수 있다. 그뿐만 아니라 오사카 시내의 30곳 이상의 명소나 시설을 무료로 이용할 수 있으며 할인이나 선물 특전을 받을 수 있다. 2일권은 1일권과 혜택이 동일하지만 오사카 시영 버스와 시영 지하철, 뉴 트램만 탑승할 수 있다.

## 사용방법

개찰기에 카드를 넣으면 뒷면에 날짜가 찍혀 나온다. 다시 말하면 찍힌 날짜부터 사용이 개시되는 것이다. 간혹 개찰기가 없거나 고장이 나면 역무원에게 보여주면 된다. 무료입장이 가능한 시설은 다음과 같다.

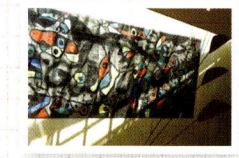

| | | | |
|---|---|---|---|
| 공중정원 전망대 | 헵 파이브 대관람차 | 우메다 조이 플러스 와일드 리버 | 오사카 시립 동양 도자기 미술관 |
| 톤보리 리버 크루즈 | 도톤보리 ZAZA | 츠텐카쿠(평일 한정) | 시텐노지 |
| 오사카 시립 미술관 | 텐노지 동물원 | 오사카부 사카시마 청사 전망대 | 오사카 기업가 박물관 |
| 오사카성 텐슈카쿠 (천수각) | 오사카성 니시마루 정원 | 오사카 시립 자연사 박물관 | 피스 오사카 |
| 오사카 역사박물관 | 오사카 시립 과학관 | 텐포잔 대관람차 | 오사카 주택 변천 박물관 |
| 나가이 식물원 | 사쿠야노하나관 | 산타마리아 데이 크루즈 | 산타마리아 트와일라잇 크루즈 |
| 레고랜드 (아이 동반 시) | 카미가타 우키요에관 | 캡틴라인 | 천연온천 나니와노유 |
| 스파스미노에 | 나카노시마 리버크루즈 | 게이타쿠엔 정원 | Japan Night Walk Tour |
| 도톤보리 River Jazz Boat | 오사카성 망루 | 수상버스 아쿠아 라이너 | 수상버스 텐마바시 베스트뷰 크루즈 |
| 오카와 강 벚꽃 크루즈 | 오사카성 고자부네 놀잇배 | | |

## 주의 사항

구입한 패스와 쿠폰은 재발행되지 않으므로 분실하지 않도록 주의해야 한다. 일정이 바뀌어 패스를 사용하지 않았다면 반드시 구입처에서 환불받도록 하자. 패스와 쿠폰 모두 미사용이어야 한다.

## 2) 오사카 주유 패스 확장판 大阪周遊パス

오사카 주유 패스 1일권의 모든 특전과 사철별 선택 노선을 이용할 수 있다. 확장판은 간사이국제공항에서만 구입할 수 있으므로 귀국일에 사용할 계획이라면 도착 후 바로 구입해야 한다.

### 난카이 확장판
오사카 주유 패스 1일권과 간사이국제공항-난바역의 난카이선 이용 / 간사이국제공항 · 난카이역에서 구입 / 3,200엔

### 한신 확장판
오사카 주유 패스 1일권과 한신선 이용 / 한신 우메다역 · 고베 산노미야역 · 한신 전철 서비스센터에서 구입 / 2,900엔

### 한큐 확장판
오사카 주유 패스 1일권과 한큐선 이용(일부 교토선 이용 가능) / 한큐 우메다역 · 고베 산노미야역에서 구입 / 2,900엔

## 3) 엔조이 에코 카드 エンジョイエコカード

오사카 내에서 운영하는 지하철과 뉴 트램, 버스를 하루 동안 무제한으로 이용할 수 있는 패스다. 평일은 800엔이지만 주말, 공휴일에는 600엔에 구입할 수 있다. 오사카 지하철 기본요금이 200엔이므로 이동 거리를 생각해 구입 여부를 결정하면 된다. 오사카를 여러 번 방문했고 오로지 쇼핑이 목적이라면 엔조이 에코 카드를 추천한다. 지하철역 티켓판매기와 유인 창구에서 구입 가능하다. 카드를 제시하면 주요 명소의 입장료도 할인된다.

## 4) 오사카 카이유 킷푸 大阪海遊きっぷ

간사이 최대 수족관인 카이유칸을 무료입장하고 오사카 지하철과 시내버스를 1일 동안 무제한으로 탑승할 수 있는 패스이다. 베이 에어리어 지역에 위치한 관광시설의 할인을 받을 수 있다.

### 오사카 시내판
카이유칸 무료입장 오사카 시영 지하철, 버스 무제한 탑승 / 지하철역 정기권 발매소 · 오사카 비지터스 인포메이션 센터(우메다, 난바) · 간사이국제공항 구입 / 2,550엔(아동 1,300엔)

## 5) 간사이 스루 패스 Kansai Thru Pass

간사이 지역 여행의 가장 최적화된 패스로 오사카, 고베, 교토, 나라, 히메지, 와카야마, 고야산까지 정해진 기간 동안 자유롭게 다닐 수 있는 패스다. 2일권과 3일권이 있으며 비연속적으로 사용할 수 있어 편리한 여행을 할 수 있다.

요금 2일권 4,000엔, 3일권 5,200엔
홈페이지 www.surutto.com

### 사용범위
총 41개의 노선에서 이용 가능하며 JR을 제외한 버스, 지하철, 전철 탑승이 가능하다. 간사이국제공항 리무진버스와 나라 교통 버스는 이용할 수 없다.

### 사용방법
다른 패스와 마찬가지로 개찰기에 카드를 넣으면 뒷면에 날짜가 찍혀 나온다. 간사이 스루 패스도 노선 주변의 주요 명소나 시설 350여 곳의 할인을 받을 수 있다. 무료입장이나 할인 혜택을 받을 때는 패스 구입 시 함께 받은 분홍색 책자에서 쿠폰을 잘라 패스와 함께 제시해야 한다. 패스가 있어도 쿠폰이 없으면 혜택을 받지 못할 수 있다.

### 주의 사항
구입한 패스와 쿠폰은 재발행되지 않으며 마그네틱이 손상된 경우 교환이 가능하다. 미사용 패스는 구입처에서 환불받을 수 있다.

## 6) 신 JR 간사이 와이드 패스 新 JR Kansai Wide Area Pass

간사이 주요 지역인 오사카, 교토, 나라, 고베, 히메지, 간사이국제공항, 오카야마, 구라시키, 시라하마, 와카야마, 기노사키 온천, 시가 · 쓰루가, 다카마쓰를 모두 여행할 수 있는 패스이다. 고속 열차 산요 신칸센(노조미, 고다마 포함) 및 간사이국제공항에서 교토까지 특급열차 하루카를 이용할 수 있으며 각종 특급열차 및 기존 노선을 이용할 수 있는 특별한 레일 패스다.

요금 5일권 9,500엔
홈페이지 www.westjr.co.jp/global/kr

### 사용범위
간사이 스루 패스와 동일한 모든 지역과 그 외 오카야마, 구라시키, 시라하마 등 다양한 지역을 신칸센으로 여행할 수 있다. 또한 JR 특급열차, 보통열차 모두 탑승이 가능하기 때문에 다양한 지역을 둘러볼 수 있다.

### 주의 사항
첫 열차 이용 시 역 개찰구에서 직원에게 패스와 여권을 제시하면 이용자격 확인 후, 패스 뒷면에 이용개시일과 이용기한을 표기해 준다. 그다음부터는 각 역 직원에게 패스를 보여주고 승차하면 된다(단, 기존에 판매되던 JR 간사이 와이드 패스는 JR 창구에서 교환하여 사용해야 한다.

### 7) JR 간사이 웨스트 패스 JR Kansai West Pass

간사이국제공항에서 오사카, 교토, 고베, 나라, 히메지, 와카야마, 쓰루가 등 JR 노선을 이용할 수 있으며 간사이국제공항에서 하루카를 이용해 교토까지 갈 수 있다. JR 모든 열차의 탑승이 가능하나 특급열차 이용 시에는 특급 요금을 따로 지불해야 한다. 패스권도 다양해 선택의 폭이 넓다.

요금 1일권 2,300엔, 2일권 4,500엔, 3일권 5,500엔, 4일권 6,500엔

### 8) JR 간사이 미니 패스 JR Kansai Mini Pass

간사이의 핵심 코스인 오사카, 교토, 고베, 나라를 JR로 둘러볼 수 있는 패스이다. 간사이국제공항에서 시내로 들어오는 순환 노선 칸조선을 포함한 JR 노선 시내 전 구간도 포함된다. 단, 특급열차와 사철, 버스 이용 시에는 추가 요금을 지불해야 한다. 히메지 구간은 이용 불가하다.

요금 3일권 3,000엔

### 9) 킨테츠 레일 패스 Kintetsu Rail Pass

간사이의 핵심 코스인 오사카, 교토, 나라와 함께 나고야까지 1일 혹은 2일 동안 킨테츠선을 무제한 이용할 수 있다. 주부 지역에서 가장 큰 도시 중 하나인 나고야를 경험하고 싶다면 추천하지만 나라, 교토만 여행할 계획이라면 사용하지 않는 것이 좋다.

요금 1일권 1,500엔, 2일권(연속) 2,500엔

### 10) 한큐 투어리스트 패스 Hankyu Tourist Pass

한큐 투어리스트 패스는 오사카, 교토, 고베를 연결하는 한큐선을 주어진 기간 내에 자유로이 이용할 수 있는 티켓이다. 오사카를 중심으로 교토와 고베만 여행한다면 저렴하게 여행할 수 있으며 비연속으로 사용할 수 있다. 구입처는 한국 여행사를 통해 가능하며 일본에서는 간사이국제공항 1층 투어리스트 데스크나 한큐 우메다역의 한큐 투어리스트 센터 오사카·우메다에서 판매한다.

요금 1일권 800엔, 2일권(비연속) 1,400엔
홈페이지 www.hankyu.co.jp/kr

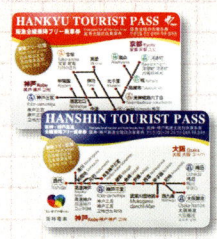

### 11) 한신 투어리스트 패스 Hanshin Tourist Pass

한신 투어리스트 패스는 오사카, 고베를 연결하는 한신선을 1일 동안 무제한 탑승할 수 있으며 한신 본선, 고베 고속선, 한신 난바선, 무코가와선을 이용할 수 있다. 판매처는 한신 투어리스트 패스와 마찬가지로 한국 여행사를 통해 가능하며 일본에서는 간사이국제공항 1층 투어리스트 데스크나 한큐 우메다역의 한큐 투어리스트 센터 오사카·우메다에서 판매한다.

요금 1일권 700엔

**Step to Osaka 5**

# 오사카 여행 숙소 리스트

아무리 좋은 여행이라 하더라도 그날그날의 피로를 풀어 주지 않으면 여행 내내 피곤하고 짜증이 나게 된다. 그렇기 때문에 편안한 잠자리를 제공하는 숙소를 정하는 일은 매우 중요하다. 숙소는 직접 호텔 홈페이지를 통해 예약하거나 많은 호텔스닷컴, 아고다 같은 예약 사이트를 이용하는 것도 좋은 방법이다. 간혹 3박 이상 예약 시 30% 할인이나 룸 업그레이드 등 다양한 혜택이 주어지기도 한다. 여기서는 오사카, 교토, 고베, 나라의 괜찮은 숙소를 추천 리스트로 모아 봤으니 참고해 보도록 하자.

## 1. 오사카

### 오사카 도큐레이 호텔
Osaka Tokyu Rei Hotel ★★★★

우메다에 위치한 비즈니스호텔로 지하철과 가까워 이동이 편리하다. 체인 호텔로 배낭여행객 같은 주머니 가벼운 여행객들에게 인기 만점이다.

홈페이지 www.osaka-i.tokyuhotels.co.jp/ja
주소 大阪市北区堂山町2-1
전화 06-6315-0109
가는 방법 지하철 타니마치谷町선 히가시우메다東梅田역 헵 나비오 출구에서 도보 5분 소요.

### 호텔 일 그란데 우메다
Hotel Il Grande Umeda ★★★

한국인들이 선호하는 호텔로 깨끗하고 모던한 분위기를 연출한다. 역과 매우 가깝고, 투숙객에게 무료 와이파이가 제공된다.

홈페이지 www.ilgrande.com
주소 大阪市北区西天満3-5-23
전화 06-6361-7201
가는 방법 지하철 사카이스지堺筋선 미나미모리마치南森町역 2번 출구에서 도보 3분 소요.

### 하튼 호텔 니시우메다
Hearton Hotel Nishiumeda ★★★

오래된 호텔이라 시설은 다소 낡았지만 대체로 깨끗한 편이고 주변이 조용하다. 전 구역에서 무료 와이파이를 이용할 수 있고, 오사카역과 우메다역 모두 가깝다.

홈페이지 www.hearton.co.jp/nishiumeda
주소 大阪市北区梅田3-3-55
전화 06-6342-1111
가는 방법 우메다梅田역 7번 출구에서 도보 7분 소요. JR 오사카大阪역 사쿠라바시桜橋 출구 바로 앞.

### 토요코인 오사카 난바
Toyoko Inn Osaka Nanba ★★

한국에도 있는 일본 비즈니스 체인 호텔이다. 토요코인 호텔의 최대 강점은 대부분이 역과 가까운 곳에 있어 찾기 쉽다는 것이다. 오니기리, 빵과 음료 등 간단한 조식이 무료로 제공된다.

홈페이지 www.toyoko-inn.kr
주소 大阪市浪速区元町2-8-7
전화 06-4397-1045
가는 방법 지하철 미도스지御堂筋선 난바難波역 5번 출구에서 도보 10분. 킨테츠近鉄선 난바역과 JR 난바역에서 도보 15분 소요.

### 힐튼 오사카 호텔 Hilton Osaka Hotel ★★★★★

말이 필요 없는 특급 호텔로 아름다운 전망을 자랑한다. 오사카 시내 인기 지역에 위치한 만큼 가격대는 다소 높아 배낭여행객보다는 커플 여행객들이 선호하는 호텔이다. 간혹 주중 숙박 프로모션 행사를 진행한다.

홈페이지 www.hilton.co.jp
주소 大阪市北区梅田1-8-8
전화 06-6347-7111
가는 방법 지하철 요츠바시四ツ橋선 니시우메다西梅田역 북쪽 출구를 나오면 바로 앞.

### 난바 워싱턴 호텔 플라자
Nanba Washington Hotel Plaza ★★★

도톤보리 끝에 위치한 호텔로 한국인 관광객들에게 잘 알려져 있다. 객실은 많고 주변에 편의시설이 많으나 다소 시끄럽다.

홈페이지 nanba.washington.jp
주소 大阪市中央区日本橋1-1-13
전화 06-6212-2555
가는 방법 킨테츠近鉄선 닛폰바시日本橋역 6번 출구에서 도보 5분 소요.

### 비아 인 신오사카 Via Inn Shin-Osaka ★★
3성급의 호텔로 숙박료가 저렴하며 화려하진 않지만 오니기리, 빵 등 조식이 무료로 제공된다. 전 객실에서 무료로 와이파이를 이용할 수 있고, JR 간사이 와이드 패스로 여행을 할 경우에 편리하다. 주변이 조용해서 하루의 피로를 풀어내는 데 제격이다.

홈페이지 shinosaka.viainn.com
주소 大阪市東淀川区西新宿淡路1-1-7
전화 06-6327-6111
가는 방법 JR 신오사카新大阪역 동쪽 출구에서 도보 3분 소요.

### 호텔 게이한 유니버설 시티
### Hotel Keihan Universal City ★★★★
아이를 동반한 가족 여행을 계획한다면 한 번쯤 숙박해 보고 싶은 호텔이다. 유니버설 스튜디오 재팬 입구에 위치한 호텔로 유니버설 스튜디오에서 시간을 보낼 계획이라면 적극 추천한다. 무료 와이파이도 제공되며 밝은 컬러로 꾸민 객실에 기분이 절로 좋아진다.

홈페이지 www.hotelkeihan.co.jp/city
주소 大阪市此花区島屋6-2-78
전화 06-6465-0321
가는 방법 JR 유메사키ゆめ咲선 유니바사루시티ユニバーサル・シティ역 바로 앞.

### 호텔 몬테레이 그래스미어 오사카
### Hotel Monterey Grasmere Osaka ★★★★
난바나 신사이바시지와는 거리가 좀 떨어졌지만 시설은 매우 좋은 편이며 22층에 로비가 있어 객실의 전망 또한 나쁘지 않다. 지하 1층에는 대형 마트 라이프가 있어 식료품이나 도시락 등 다양한 간식거리를 구입할 수 있다. 또한 바로 옆 건물이 OCAT 건물로 공항으로 가는 리무진버스가 출발해 무거운 트렁크를 끌고 많이 움직이지 않아도 된다.

홈페이지 www.hotelmonterey.co.jp/grasmere_osaka
주소 大阪市浪速区湊町1-2-3
전화 06-6645-7111
가는 방법 JR 난바難波역 북쪽 출구 바로 앞. 지하철 요츠바시四ツ橋선 난바역 북쪽 출구에서 도보 1분 소요. 센니치마에千日前선 난바역 서쪽 출구에서 도보 1분 소요. 미도스지御堂筋선 난바역 북서, 북남 출구에서 도보 8분 소요. 한신阪神선, 킨테츠近鉄선 오사카 난바大阪難波역 서쪽 출구에서 도보 1분 소요.

### 오사카 후지야 호텔 Osaka Fujiya Hotel ★★★
100여 년의 역사를 자랑하는 후지야 호텔은 한국인들이 많이 찾는 호텔 중 하나이다. 오사카 번화가에 위치해 관광을 하기에도 좋으며 한국어가 가능한 직원도 있다.

홈페이지 www.osakafujiya.jp/korean
주소 大阪市中央区東心斎橋2-2-2
전화 06-6211-5522
가는 방법 나가호리츠루미료쿠치長堀鶴見緑地선 나가호리바시長堀橋역 7번 출구에서 도보 5분 소요.

### 이비스 스타일스 오사카 Ibis Styles Osaka ★★★
도톤보리의 끝인 소에몬초에 위치한 호텔로 관광 중심지에 있어 편리하다. 소에몬초는 유흥가로 주말 밤에는 조금 시끄러운 편이나 위험한 곳은 아니다. 안내 데스크에는 한국어 직원이 있다.

홈페이지 accorhotels.com
주소 大阪市中央区宗右衛門町2-13
전화 06-6211-3555
가는 방법 킨테츠近鉄선 닛폰바시日本橋역 2번 출구에서 도보 5분 소요. 지하철 미도스지御堂筋선, 센니치마에千日前선 닛폰바시역 14번 출구에서 도보 10분 소요.

### 난바 오리엔탈 호텔 Namba Oriental Hotel ★★★★
난바 오리엔탈 호텔은 상점가에 위치해 편리하게 쇼핑과 관광을 할 수 있다. 전반적으로 깔끔하고, 시원스럽게 탁 트인 인테리어와 실내 정원이 무척 아름답다.

홈페이지 www.nambaorientalhotel.co.jp
주소 大阪市中央区千日前2-8-17
전화 06-6647-8111
가는 방법 난카이南海선 난바難波역 북쪽 출구에서 도보 5분 소요.

### 네스트 호텔 오사카 신사이바시
### Nest Hotel Osaka Shinsaibashi ★★★
2016년 7월에 리모델링하여 가격 대비 시설이나 조식, 서비스 등도 만족스럽다. 코인 세탁기가 있어 편리하며 1층 로비에서는 무료 와이파이를 이용할 수 있다.

홈페이지 www.nesthotel.co.jp/osakashinsaibashi
주소 大阪市中央区南船場2-4-10
전화 06-6263-1511
가는 방법 나가호리츠루미료쿠치長堀鶴見緑地선 나가호리바시長堀橋역 2번 출구에서 나와 바로 옆.

### 애로우 호텔 Arrow Hotel ★★

역하고 거리는 조금 멀지만 저렴한 가격대로 꾸준한 사랑받는 호텔이다. 근처에 아메리카무라, 신사이바시스지와 같은 상점가가 있어 쇼핑 여행을 계획하는 이들을 만족시킨다. 5성급의 호텔과 비교할 수는 없지만 전체적으로 객실 관리도 잘 되어 있는 편이다. 친절한 한국인 직원이 있고, 전 객실에 무료 와이파이가 제공되어 편안하게 묵을 수 있다.

홈페이지 www.arrow-hotel.com
주소 大阪市中央区西心斎橋2-9-32
전화 06-6211-8441
가는 방법 미도스지御堂筋선 신사이바시心斎橋역 7번 출구에서 도보 5분. 난바難波역 25번 출구에서 도보 10분.

### 도미 인 프리미엄 난바
Dormy Inn Premium Namba ★★★

도돈보리와 덴덴타운에서 도보 5분 거리이며, 신사이바시 쇼핑 아케이드도 도보 10분 거리에 있어 위치가 매우 좋은 편이다. 14층 규모로 전체 230개의 객실을 보유하고 있고, 한국인이 많이 찾는데 대체로 평가도 좋다. 호텔 내에는 대욕장도 있어서 여행을 마치고 숙소에 돌아와 쌓인 피로를 말끔히 씻어낼 수 있다.

홈페이지 hotespa.net
주소 大阪市中央区島之内2-14-23
전화 06-6214-5489
가는 방법 지하철 미도스지御堂筋선 난바難波 3, 4번 출구에서 도보 18분 소요. 킨테츠近鉄선 지하철 센니치마에千日前선, 사카이스지堺筋선 닛폰바시日本橋역 5번 출구에서 도보 5분 소요.

### 호텔 힐라리즈 Hotel Hillarys ★★★

덴덴타운에 위치한 깔끔한 호텔로 로비에는 무료 드링크 바가 있으며 오전에는 빵이 제공된다. 코인 세탁기가 있어 편리하며 자전거 렌탈도 가능하여 보다 즐거운 여행을 계획할 수 있다. 로비에 설치된 컴퓨터로 무료 인터넷 사용이 가능하다. 전 객실에 유선 랜이 구비되어 있어 노트북이 있는 여행자라면 무료 인터넷이 가능하다.

홈페이지 www.hillarys.jp
주소 大阪市浪速区日本橋3-4-10
전화 06-6633-0600
가는 방법 지하철 미도스지御堂筋선 난바難波 3, 4번 출구에서 도보 10분 소요. 킨테츠近鉄선 지하철 센니치마에千日前선 닛폰바시日本橋역 10번 출구에서 직진, 도보 8분 소요.

### 크로스 호텔 오사카 Cross Hotel Osaka ★★★★

미도스지도리에 위치한 크로스 호텔은 멀리서도 선명한 붉은색의 X가 눈에 들어온다. 내부의 인테리어는 모던하고 고급스럽다. 관광명소로의 접근성이 좋으며 직원의 서비스가 훌륭하다.

홈페이지 www.crosshotel.com
주소 大阪市中央区心斎橋筋2-5-15
전화 06-6213-8281
가는 방법 미도스지御堂筋선 난바難波역 14번 출구에서 도보 4분 소요. 신사이바시心斎橋역 4-B 출구에서 도보 6분 소요. 난카이南海선 난바難波역에서 도보 10분 소요.

## 2. 교토

### 호텔 그란비아 교토 Hotel Granvia Kyoto ★★★★★

편의시설이 집결해 있는 교토역과 연결되어 있어 편리하지만 숙박료는 비싼 편이다.

홈페이지 www.granvia-kyoto.co.jp
주소 京都市下京区烏丸塩小路下ル JR京都駅中央口
전화 075-344-8888
가는 방법 JR 교토京都역 가라스마도리烏丸通과 연결되어 있음.

### 교토 타워 호텔 Kyoto Tower Hotel ★★★

교토타워에 있는 호텔로 찾아가기 쉽다. 지하에는 유료 온천이 있으며 숙박하는 사람들에겐 교토타워 입장권을 제공한다.

홈페이지 www.kyoto-tower.co.jp/tower_hotel
주소 京都市下京区烏丸通七条下ル東塩小路町 721-1
전화 075-361-3212
가는 방법 JR 교토京都역에서 도보 2분 소요.

### APA 호텔 교토 기온 APA Hotel Kyoto Gion ★★★

시조도리 대로변에 위치하여 편리하고 쇼핑이 용이하며 쉽게 찾을 수 있다. 어디서든 접근성이 좋다.

홈페이지 www.apahotel.com
주소 京都市東山区祇園町南側555
전화 075-551-2111
가는 방법 한큐阪急 카와라마치河原町역 2번 출구 혹은 1번 남쪽 출구에서 동쪽으로 도보 15분 소요. 게이한京阪선 기온시조祇園四条역에서 도보 5분 소요.

### 토지안 Tojian

배낭여행자를 위한 최고의 게스트하우스. 숙박비가 저렴하고 저녁마다 세계 각국의 배낭여행자들이 모여 낭만을 얘기한다. 맥주가 무한정 공짜로 제공된다.

홈페이지 www.tojianguesthouse.com
주소 京都市南区西九条南田町44
전화 075-691-7017
가는 방법 JR 교토京都역에서 도보 15분 소요. 킨테츠近鉄선 도지東寺역에서 도보 7분 소요.

### 호텔 이이다 Hotel Iida ★★★

교토 JR 기차역에서 도보 2분 걸리는 위치에 있는 접근성 좋은 호텔이다. 교토스러움이 물씬 느껴지는 호텔의 객실은 다다미 바닥으로 꾸며져 멋스럽다. 숙박객이 이용할 수 있는 대중탕도 마련되어 있어 여행 피로를 풀기에도 그만이다.

홈페이지 www.hotel-iida.co.jp
주소 京都市下京区不明門通塩小路上る東塩小路町717
전화 075-341-3256
가는 방법 JR 교토京都역에서 도보 2분 소요.

## 3. 고베

### 고베 메리켄 파크 오리엔탈
Kobe Meriken Park Oriental ★★★★★

고베의 아름다움을 한눈에 볼 수 있는 호텔로 객실마다 숙박비의 차이가 크다. 하버랜드에 위치하고 있다.

홈페이지 www.kobe-orientalhotel.co.jp
주소 神戸市中央区波止場町5-6
전화 078-325-8181
가는 방법 JR 산노미야三/宮역 앞 산노미야 버스 터미널 8번 정류장에서 무료 셔틀버스 타고 20분 소요. 가이간海岸선 미나토모토마치みなと元町역 2번 출구에서 도보 8분 소요.

### 호텔 선루트 소프라 고베
Hotel Sunroute Sopra Kobe ★★★

고베의 중심지인 산노미야역에 위치하고 있어 이동이 편하고 쇼핑하는 데 있어서 부담이 없다. 객실에서는 무료 인터넷이 가능하여 투숙객들에게 즐거움을 준다.

홈페이지 www.sopra-kobe.com
주소 神戸市中央区磯辺通1-1-22
전화 078-222-7500
가는 방법 JR선과 한큐阪急선, 한신阪神선 산노미야三宮역 남쪽 출구에서 남동쪽으로 도보 7분 소요.

## 4. 나라

### 슈퍼 호텔 JR 나라에키마에
Super Hotel JR Naraekimae ★★★

숙박비가 저렴한 비즈니스호텔이다. 여성 전용 객실이 있으며 조식은 간단하게 무료로 제공된다. 코인 세탁기가 있어 편리하며 연박 시 할인 혜택이 있다.

홈페이지 www.superhotel.co.jp
주소 奈良市三条町500-1
전화 0742-20-9000
가는 방법 JR 나라奈良역 중앙 출구에서 바로 정면 왼쪽. 킨테츠近鉄 나라역 4번 출구에서 도보 15분 소요.

## Step to Osaka 6
# 서바이벌 일본어

### ✚ 기본인사

| | | |
|---|---|---|
| 안녕하세요(아침 인사). | おはようございます。 | 오하요- 고자이마스 |
| 안녕하세요(점심 인사). | こんにちは。 | 곤니치와 |
| 안녕하세요(저녁 인사). | こんばんは。 | 곤방와 |
| 안녕히 가세요./안녕히 계세요. | さようなら。 | 사오-나라 |
| 실례합니다./죄송합니다./미안합니다. | すみません。 | 스미마셍 |
| 예./아니요. | はい。/いいえ。 | 하이/이-에 |
| 부탁합니다. | おねがいします。 | 오네가이시마스 |
| 감사합니다. | ありがとうございます。 | 아리가토- 고자이마스 |

### ✚ 숫자

| | | | | | | |
|---|---|---|---|---|---|---|
| 1 | いち | 이치 | 6 | ろく | 로쿠 |
| 2 | に | 니 | 7 | しち，なな | 시치, 나나 |
| 3 | さん | 산 | 8 | はち | 하치 |
| 4 | よん，し | 욘, 시 | 9 | きゅう，く | 큐-, 쿠 |
| 5 | ご | 고 | 10 | じゅう | 쥬- |

### ✚ 공항에서

| | | |
|---|---|---|
| 통로 쪽/창가 쪽 좌석으로 주세요. | 通路側の/窓側の座席、お願いします。 | 쓰-로가와노/마도가와노 자세키 오네가이시마스 |
| 마일리지를 적립해 주세요. | マイレージのとうろくをしてください。 | 마이레-지노 도-로쿠오시테 구다사이 |
| 여행 목적이 무엇입니까? | 旅行の目的は何ですか? | 료코-노 모쿠테키와 난데스카? |
| 관광입니다. | 観光です。 | 칸코-데스 |
| 신고할 것은 없습니까? | 申告するものはありませんか? | 싱고쿠 스루모노와 아리마셍카? |
| 없습니다. / 있습니다. | ありません。 / あります。 | 아리마셍/아리마스 |
| 어디에서 머물 예정입니까? | どこにたいざいしますか? | 도코니 타이자이시마스카? |
| 치산 호텔입니다. | チサンホテルです。 | 치산 호테루데스 |
| 제 짐이 없어졌습니다. | 私の手荷物がなくなりました。 | 와타시노 데니모쓰가 나쿠나리마시타 |
| 분실물 센터는 어디예요? | 遺失物センターはどこですか? | 이시쓰부쓰 센타-와 도코데스카? |

## ✚ 호텔에서

| 한국어 | 일본어 | 발음 |
|---|---|---|
| 제 이름으로 예약했습니다. | 私の名前で予約しました。 | 와타시노 나마에데 요야쿠시마시타 |
| 금연 룸으로 주세요. | 禁煙ルームにしてください。 | 긴엥루-무니시테 구다사이 |
| 아침 식사는 언제 할 수 있어요? | 朝食は、いつできますか？ | 초-쇼쿠와 이쓰 데키마스카? |
| 체크인은/체크아웃은 몇 시까지입니까? | チェックインは/チェックアウトは何時までですか？ | 쳇쿠인와/쳇쿠아우토와 난지마데데스카? |
| 하루 더 숙박이 가능한가요? | もう1晩、泊まれますか？ | 모-히토반 도마레마스카? |
| 제 짐을 저녁까지 맡아 주시겠습니까? | 夕方まで、荷物を預かってもらえますか？ | 유-가타마데 니모쓰오 아즈캇테모라에마스카? |
| 택시를 불러 주세요. | タクシーを呼んでください。 | 다쿠시-오 욘데 구다사이 |
| 룸을 청소해 주세요. | 部屋の掃除をしてください。 | 헤야노 소-지오 시테 구다사이 |
| 수건을 더 주세요. | タオルをもう少しください。 | 다오루오 모-스코시 구다사이 |
| 열쇠를 잃어버렸습니다. | キーをなくしてしまいました。 | 기-오 나쿠시테 시마이마시타 |
| 방에 열쇠를 두고 문을 잠갔습니다. | 部屋の中にキーを置いたまま、ドアを閉めてしまいました。 | 헤야노 나카니 기-오 오이타마마 도아오 시메테 시마이마시타 |
| 방이 너무 추워요. | 部屋がとても寒いです。 | 헤야가 도테모 사무이데스 |
| 뜨거운 물이 안 나와요. | お湯が出ません。 | 오유가 데마셍 |
| 인터넷을 할 수 있습니까? | インターネットをつかえますか？ | 인타-넷토오 츠카에마스카? |

## ✚ 약국/병원에서

| 한국어 | 일본어 | 발음 |
|---|---|---|
| 근처에 약국이/병원이 어디 있나요? | 近くに薬局は/病院はどこですか？ | 지카쿠니 얏쿄쿠와/뵤-잉와 도코데스카? |
| 감기약 주세요. | 風邪薬、ください。 | 가제구스리 구다사이 |
| 멀미약 주세요. | 乗り物酔いの薬、ください。 | 노리모노요이노쿠스리 구다사이 |
| 배탈이 났어요. | おなかが痛いです。 | 오나카가 이타이데스 |
| 감기에 걸렸어요. | 風邪を引きました。 | 가제오 히키마시타 |
| 설사해요. | 下痢をしました。 | 게리오 시마시타 |
| 목이 부었어요. | 喉がはれました。 | 노도가 하레마시타 |
| 계속 콧물이 나요. | ずっと鼻水が出るんです。 | 즛토 하나미즈가 데룬데스 |
| 아이가 열이 납니다. | 子供が熱をだしました。 | 고도모가 네츠오다시마시다 |
| 치료비는 얼마입니까? | 治療費はいくらですか？ | 치료-히와 이쿠라데스카? |
| 해외 여행자보험을 가지고 있습니다. | 海外旅行保険を持っています。 | 가이가이료-우호켄오 못떼이마스 |

## ➕ 식당에서

| 한국어 | 日本語 | 발음 |
|---|---|---|
| 예약하지 않았어요. 두 명 자리 있어요? | 予約はしていません。2人座れるところ、ありますか？ | 요야쿠와 시테 이마셍. 후타리 스와레루 도코로 아리마스카? |
| 얼마나 기다려야 해요? | どれぐらい待つんですか？ | 도레구라이 마쓴데스카? |
| 금연석으로/흡연석으로 주세요. | 禁煙席/喫煙席お願いします。 | 긴엥세키/기쓰엥세키 오네가이시마스 |
| 한국어 메뉴판이 있어요? | 韓国語のメニュー、ありますか？ | 간코쿠고노 메뉴- 아리마스카? |
| 가장 인기 있는 메뉴는 뭐예요? | いちばん人気のあるメニューは何ですか？ | 이치방 닌키노 아루 메뉴-와 난데스카? |
| 조금 뒤에 주문할게요. | 少ししてから注文します。 | 스코시 시테카라 추-몬시마스 |
| 음식은 언제 나오나요? | 料理はいつ出るんですか？ | 료-리와 이쓰 데룬데스카? |
| 맛있습니다. | 美味しいです。 | 오이시-데스 |
| 이 메뉴는 주문하지 않았어요. | このメニューは注文していません。 | 고노 메뉴-와 추-몬시테이마셍 |
| 포장해 주세요. | テイクアウトお願いします。 | 데이쿠아우토 오네가이시마스 |
| 계산서 주세요. | お勘定お願いします。 | 오칸조- 오네가이시마스 |
| 계산이 잘못된 것 같습니다. | 計算がまちがってるみたいですが。 | 게-산가 마치갓테루 미타이데스가 |
| 카드로 계산이 가능한가요? | クレジットカードでもいいですか？ | 구레짓토카-도데모 이-데스카? |
| 영수증 주세요. | 領収書ください。 | 료-슈-쇼 구다사이 |
| 10월 24일 저녁 7시에 2명 예약하고 싶어요. | 10月24日、午後7時に、2人予約したいんですが。 | 쥬가쓰니쥬욘니치 고고시치지니 후타리 요야쿠시타인데스가 |

## ➕ 관광할 때

| 한국어 | 日本語 | 발음 |
|---|---|---|
| 택시 타는 곳이 어디인가요? | タクシー乗り場はどこですか？ | 다쿠시- 노리바와 도코데스카? |
| 걸어서 얼마나 걸려요? | 歩いてどのぐらいかかりますか？ | 아루이테 도노구라이 가카리마스카? |
| 여기가 이 지도에서 어디예요? | ここは、この地図で、どの辺ですか？ | 고코와 고노치즈데 도노헨데스카? |
| 몇 시에 문 닫아요? | 何時に終わりますか？ | 난지니 오와리마스카? |
| 화장실은 어디에 있어요? | トイレはどこですか？ | 도이레와 도코데스카? |
| 사진을 좀 찍어 주세요. | 写真を撮ってください。 | 샤싱오 돗테 구다사이 |
| 사진을 찍어도 되나요? | 写真を撮ってもいいですか？ | 샤싱오 돗테모 이-데스카? |
| 몇 시에 출발합니까? | 何時に出発しますか？ | 난지니 슛파쓰시마스카? |
| 와카야마행입니까? | 和歌山行きですか？ | 와카야마유키데스카? |
| 표를 잃어버렸어요. | きっぷをなくしてしまいました。 | 깃푸오 나쿠시테 시마이마시타 |
| 여기에 적어 주십시오. | ここに書いてください。 | 고코니 가이테 구다사이 |

## ➕ 쇼핑할 때

| 한국어 | 일본어 | 발음 |
|---|---|---|
| 둘러봐도 되겠습니까? | ちょっと見てもいいですか？ | 촛토 미테모 이-데스카? |
| 좀 더 작은 것/큰 것으로 주세요. | もう少し小さい/大きいサイズください。 | 모- 스코시 치-사이/오-키- 사이즈 구다사이 |
| 입어 봐도 되나요? | 着てみてもいいですか？ | 기테 미테모 이-데스카? |
| 얼마예요? | いくらですか？ | 이쿠라데스카? |
| 너무 비싸요. | とても高いです。 | 도테모 다카이데스 |
| 깎아 주세요. | 安くしてください。 | 야스쿠시테 구다사이 |
| 카드로 계산이 가능한가요? | クレジットカードでもいいですか？ | 구레짓토카-도데모 이-데스카? |
| 교환이나 환불 가능 기간은 언제까지예요? | 交換と返品ができる期間はいつまでですか？ | 고-칸토 헨핀가 데키루 기칸와 이쓰마데데스카? |
| 포장해 주세요. | 包装してください。 | 호-소-시테 구다사이 |
| 면세됩니까? 얼마부터 면세가 됩니까? | 免税できますか。 いくらから免税できますか。 | 멘제- 데키마스카? 이쿠라카라 멘제- 데키마스카? |

## ➕ 긴급상황

| 한국어 | 일본어 | 발음 |
|---|---|---|
| 비행기를 놓쳤어요. 다음 항공편에 좌석이 있어요? | 飛行機に乗り遅れました。 次のフライトに空席ありますか？ | 히코-키니 노리오쿠레마시타. 쓰기노 후라이토니 구-세키 아리마스카? |
| 여권을/지갑을 분실했어요. | パスポートを/財布をなくしてしまいました。 | 파스포-토오/사이후오 나쿠시테 시마이마시타 |
| 버스에/지하철에 가방을 놓고 내렸어요. | バスの/地下鉄の中に、カバンを置き忘れました。 | 바스노/지카테쓰노 나카니 가방오 오키와스레마시타 |
| 가방을 소매치기 당했어요. | カバンをすりに盗まれました。 | 가방오 스리니 누스마레마시타 |
| 경찰서가 어디 있어요? | 警察署はどこですか？ | 게-사쓰쇼와 도코데스카? |
| 도난 신고서를 발행해 주세요. | 盗難届けを発行してください。 | 도-난토도케오 핫코-시테 구다사이 |
| 한국어 할 수 있는 분 있으세요? | 韓国語できる方、いますか？ | 간코쿠고데키루카타 이마스카? |
| 구급차를 불러 주세요. | 救急車を呼んでください。 | 규-큐-샤오 욘데 구다사이 |

## ➕ 환전소에서

| 한국어 | 일본어 | 발음 |
|---|---|---|
| 환전소가 어디에 있나요? | どこで両替ができますか？ | 도코데 료-가에가 데키마스카? |
| 한화를 일본 엔화로 교환해 주세요. | 韓国のウォンを円に両替したいんですが。 | 간코쿠노 원오 엔니 료-가에 시타인데스가 |

# 오사카 지하철 노선도

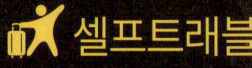

# 해외에서 데이터 고플 땐?
# 와이파이도시락

### 셀프여행에 꼭 필요한 가이드

**와이파이도시락**
**10% 할인**

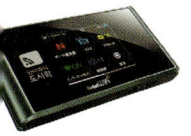

**해외여행 데이터 필수품!「와이파이도시락」을 소개합니다.**

와이파이도시락은 세계 각 국가별 이동통신사의 3G/4G(LTE) 신호를
Wi-Fi신호로 바꿔주는 새로운 개념의 데이터로밍 단말기로써,
해외여행 시 데이터를 도시락처럼 간편하게 휴대하며
언제 어디서든 쉽고 빠르게 와이파이를 사용할 수 있습니다.

www.widemobile.com/?esangsang

지금 예약하세요

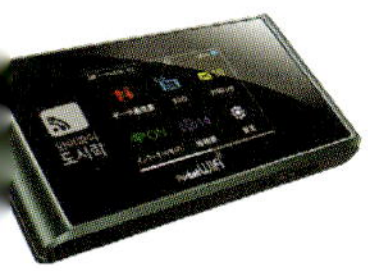

AIRPORT COUPON BOOK
**Smart TRAVEL**

**NAVER** 스마트 트래블

# 검색하고 다양한 할인혜택 받자!

**인천공항 모바일쿠폰 50%~10%**

면세점, 라운지, 식음료, 환전, 여행자보험, 포켓와이파이, 짐 딜리버리, etc

 >>>  >>>

스마트트래블 접속     터치! 쿠폰 선택     해당 매장에 제시하여 혜택 Get!